权威读本

中华人民共和国
专利法
解读

主编
王翔

中国法制出版社
CHINA LEGAL PUBLISHING HOUSE

撰稿人

马正平　陈扬跃

吕丽萍　刘 良　戴 蕾

前　言

我国专利法制定于1984年，并于1992年、2000年、2008年进行了三次修正。2020年10月17日，第十三届全国人民代表大会常务委员会第二十二次会议审议通过了《全国人民代表大会常务委员会关于修改〈中华人民共和国专利法〉的决定》，对专利法进行第四次修正并由国家主席习近平签署第五十五号主席令，予以公布。修改后的专利法自2021年6月1日起施行。

此次修改专利法，主要包括三个方面的重点内容：一是加强对专利权人合法权益的保护，包括加大对侵犯专利权的赔偿力度，完善举证责任，完善诉前行为保全措施，完善专利行政执法，新增诚实信用原则，新增专利权期限补偿制度和药品专利纠纷早期解决机制等。二是促进专利实施和运用，包括完善职务发明制度，新增专利开放许可制度，加强专利公共信息服务等。三是完善专利授权制度，包括进一步完善外观设计保护相关制度，增加不丧失新颖性的情形，完善专利权评价报告制度等。

为了配合修改后的专利法的学习、宣传，帮助广大读者准确地理解专利法，特别是此次修改的立法原意，我们组织编写了本书。由全国人大常委会法工委经济法室副主任王翔同志担任本书主编；全国人大常委会法工委经济法室的马正平、陈扬跃、吕丽萍、刘良、戴蕾等直接参与此次专利法修改的同志承担了本书撰写工作。

本书力求准确、详尽、通俗易懂地阐释专利法的内容，但因时间和水平有限，如有疏漏之处，敬请读者批评指正。

目　　录

第一章 总 则

第一条 **为了保护专利权人的合法权益，鼓励发明创造，推动发明创造的应用，提高创新能力，促进科学技术进步和经济社会发展，制定本法。**

条文主旨

本条是关于本法立法目的的规定。

立法背景

2000 年修改专利法时，根据全国人民代表大会教科文卫委员会关于立法目的中应增加促进技术创新的建议，将 1992 年专利法中的“促进科学技术进步”修改为“促进科学技术进步和创新”。2008 年修改专利法，为进一步体现提高创新能力的要求，增加了“提高创新能力”的立法宗旨，将“保护发明创造专利权”修改为“保护专利权人的合法权益”，同时作了其他一些文字修改。此次未作修改。

条文解读

本法的立法目的是：

一、保护专利权人的合法权益

本法所称“专利权”，是指依照专利法的规定，专利权人对其所获得专利的发明创造（发明、实用新型或外观设计），在法定期限内所享有的独占权或专有权。制定专利法，就是要通过建立专利制度，保护专利权人依法获得的专利权，从而鼓励创新。根据专利法的规定，除法律中明确规定的几种情形外，未经专利权人许可，任何人不得为生产经营目的制造、使用、许诺销售、销售、进口其专利产品，或者使用其专利方法以及使用、销售、进口依照该专利方法直接获得的产品。否则，就构成对专利权的侵犯，侵权人应依法承担法律责任。我国专利法专设了“专利权的保护”一章，对专利权的保护范围，侵犯专利权行为的法律责任，包括民事责任、行政责任和刑事责任等，作出了明确规定，为保护发明创造专利权人的合法权益提供了法律依据。此次修改专利法，最主要的内容也是加强对专利权人合法权益的保护，包括加大对专利侵权行为的惩处力度，提高侵权法定赔偿数额、增加惩罚性赔偿规定；完善专利保护程序和方式，夯实专利行政部门在权利保护中的作用，完善诉讼中的举证责任和诉前行为保全的规定，通过完善程序促进实体权利的保护；完善专利权的保护范围、延长专利权期限，明确局部外观设计可获得专利权，延长外观设计专利权的期限，增设发明专利保护期补偿制度等。

二、鼓励发明创造

依照专利法的规定，被授予专利权的发明创造，专利权人享有专有权。专利权人可以通过自行实施专利取得收益，也可以通过许可他人实施专利取得许可使用费，还可以将专利权作为投资取得股权，当然也可以通过转让其专利权而获得转让费。总之，通过专利法所确立的专利制度，将使得那些具有实用价值和经济意义、被依法授予专利权的发明创造，成为专利权人的财产权利，专利权人可以依此在经济上获益，这对于鼓励发明创造，调动人们开展发明创造活动的积极性，吸引更多的资金、人力投入发明创造活动中，会产生重要的作用。这一点，已被国外实行专利制度300多年的历史所证实，也被我国专利法实施以来在鼓励发明创造方面所产生的重大作用所证实。

三、推动发明创造的应用

制定专利法，实行专利制度的目的，不仅着眼于保护专利权人的利益，鼓励发明创造，重要的还在于推动发明创造的应用。专利法对发明创造推广应用的促进作用，主要体现在以下两个方面：

1. 按照专利法的规定，专利权人对其取得专利的发明创造享有专有权，他可以通过自行实施其专利而取得收益，也可以按照专利法的规定，与他人订立专利实施许可合同，通过许可他人实施其专利而取得被许可人支付的专利许可使用费。一般来说，专利权人得到的经济利益与其取得专利的发明创造的推广范围程度成正比，专利推广应用的范围越广，说明该项专利的经济意义和实用价值越大，专利权人能够得到的收益也越多。这显然有利于调动单位和个人进行发明创造并努力将其推广应用的积极性，而没有必要对其发明创造进行保密、封锁，妨碍其推广应用。同时，为了有利于发明创造的推广应用，防止对专利技术的垄断，专利法还规定了专利实施的强制许可制度，即专利权人自己不实施其专利，又不许可他人以合理条件实施其专利的，国务院专利行政部门可以依法定条件和程序，根据他人的申请，给予该申请人实施该项专利的强制许可。此外，我国专利法还规定了具有我国特色的专利实施的指定许可制度，即对国有企业事业单位的发明专利，对国家利益或者公共利益具有重大意义的，国务院有关主管部门和省级人民政府报经国务院批准，可以决定在批准的范围内推广应用，允许指定的单位实施。当然，无论是专利实施的强制许可还是指定许可，被许可实施者都应向专利权人支付使用费。这既保护了专利权人利益，又可以避免专利权人对其专利技术的不适当垄断，有利于促进专利技术的推广应用。

2. 在法律保护下的专利技术公开，是专利法规定的一项重要制度。按照专利法的规定，申请发明或者实用新型专利的申请人，应当将其申请专利的发明创造的内容，按照清楚、完整，以所属技术领域的技术人员能够实现为准的要求，写成说明书，提交给专利管理机关，并由专利管理机关依法予以公布。正因为有了这项法定的公开制度，才可以实现有关发明创造信息的全社会共享，有关单位和个人可以通过这一途径查到所需要的技术，对已授予专利的发明创造，及时与专利权人联系，取得使用许可，从而有利于发明创造的推广应用。

2008 年修改专利法，为了充分重视推动发明创造的应用，进一步充实了有关强制许可的内容，增加了有利于推动发明创造应用的条款，包括专利共有人在行使专利权时，应当先作出约定，未约定的，共有人可以单独实施或者以普通许可的方式许可他人实施专利等。此次修改，为了促进发明创造的应用，新增了专利开放许可制度，加强了专利转化服务等。

四、提高创新能力，促进科学技术进步和经济社会发展

专利制度的作用，不仅体现在维护专利权人的合法权益、鼓励发明创造、推动发明创造的应用方面，还体现在提高创新能力方面。

制定专利法，实行专利制度，对于鼓励发明创造，促进发明创造的推广应用具有十分重要的作用，而且专利技术公开制度对于充分利用已有的科研成果、避免研究开发工作中的重复、提高科研工作的效率具有积极作用。这些对于促进科学技术的进步，都具有重要意义。

制定和修改专利法的最终目标，是促进经济社会的发展。在现代社会，以专利、商标为核心的知识产权已经成为国家间、企业间竞争的焦点，是世界各国经济实力的主要体现。我国制定和修改专利法，就是要通过不断完善专利制度，合理调整人们在发明创造过程中产生的利益关系，对发明创造及其运用过程中的权利进行明确、规范和保护，从而进一步激发人们的创造热情，推动科技进步，促进经济社会的发展，增强我国的综合实力。

第二条 本法所称的发明创造是指发明、实用新型和外观设计。

发明，是指对产品、方法或者其改进所提出的新的技术方案。

实用新型，是指对产品的形状、构造或者其结合所提出的适于实用的新的技术方案。

外观设计，是指对产品的整体或者局部的形状、图案或者其结合以及色彩与形状、图案的结合所作出的富有美感并适于工业应用的新设计。

条文主旨

本条是关于专利权的客体即可以取得专利保护的发明创造范围的规定。

立法背景

我国专利保护的客体涵盖发明、实用新型和外观设计。为表述方便，本法区分了“发明创造”和“发明”。“发明创造”是一个统称，包括“发明”，还包括实用新型和外观设计。1984 年专利法仅对发明创造是指发明、实用新型和外观设计作出了规定；2008 年修改，将专利法实施细则中关于发明、实用新型和外观设计定义的规定上升为法律。此次修改，根据实践的需要，明确了对产品“局部的”外观设计给予专利保护。

条文解读

依照本条规定，可以取得专利保护的发明创造包括：

1. 发明

专利法意义上的发明有特定的含义。按照世界知识产权组织主持起草的发展中国家发明示范法对发明所下的定义，发明是发明人的一种思想，是利用自然规律解决实践中特定问题的技术方案。本法所称的发明，是指对产品、方法或者其改进所提出的新的技术方案。主要包括产品发明和方法发明两类。产品发明是指人工制造的各种有形物品的发明，如新的机器、设备、材料、工具、用具等的发明。方法发明是指关于把一个物品或物质改变成另一个物品或物质所采用的手段的发明，如新的制造方法、化学方法、生物方法的发明等。由于发明是一种可以产生全新产品或者方法的技术方案，是一种科技含量和创造性都较高的发明创造，因此，各国专利法都将发明作为专利保护的基本对象。

2. 实用新型

本法所称实用新型是指对产品的形状、构造或者其结合所提出的适于实用的新的技术方案。按照这一定义的规定，专利法所称的实用新型，应具备以下特征：第一，实用新型的客体必须是一种产品。非经加工制造的自然存在的物品，以及一切有关的方法，包括产品的制造方法、使用方法、通讯方法、处理方法以及将产品用于特定用途的方法等，不属于实用新型专利的保护范围。第二，实用新型是针对产品的形状、构造或组合而言的，即必须是对产品的外部形状、内部结构或者二者的结合提出的一种新的技术方案。单纯以美感为目的的产品的形状、图案、色彩或者其结合的新设计不属于实用新型的技术方案。第三，实用新型必须具有实用性。即应当具有一定的实用价值并且在产业上能够被制造出来。第四，实用新型必须是“新型”，即具有一定的创新性，属于一种“新的技术方案”。由于实用新型必须是一项新的技术方案，其实质也是一种发明，只不过其对创造性和技术水平的要求要低于发明专利，因此，通常将实用新型的发明称为“小发明”，取得专利的实用新型被称为“小专利”。

3. 外观设计

按照本法的规定，外观设计是指对产品的整体或者局部的形状、图案或者其结合以及色彩与形状、图案的结合所作出的富有美感并适于工业应用的新设计。根据这一定义，作为专利保护的外观设计应具备如下特征：一是外观设计的载体必须是产品。产品是指任何用工业方法生产出来的物品。不能重复生产的手工艺品、农产品、畜产品、自然物等，不能作为外观设计的载体。二是构成外观设计的是产品整体或者局部的形状、图案或者其结合或者它们与色彩的结合。产品的色彩不能独立构成外观设计。可以构成外观设计的组合有：产品的形状；产品的图案；产品的形状和色彩；产品的图案和色彩；产品的形状、图案和色彩。三是该外观设计能应用于产业上并形成批量生产。四是该外观设计是一种富有美感的新的设计方案。符合前述特征，经专利权人申请，可以授予外观设计专利权。但根据专利法第二十五条的规定，对于平面印刷品的图案、色彩或者二者的结合作出的主要起标识作用的设计，不授予专利权。可以通过商标法和著作权法等法律制度获得保护。

发明、实用新型和外观设计的定义，在2008年修改之前，没有在专利法中规定，而是规定在专利法实施细则中。2008年修改专利法，一些常委委员、有关专门委员会提出，发明、实用新型和外观设计的定义是专利法的重要内容，不应将其规定在实施细则中，而应当将其纳入法律。国家知识产权局认为，发明、实用新型和外观设计的定义是驳回专利申请和宣告专利权无效的法律依据，应当规定在法律中。在我国建立专利制度初期，对如何界定发明、实用新型和外观设计的范围更加适合我国国情尚缺乏深入的认识，需要总结经验，因此，将其规定在实施细则中。经过多年的实践，对三类发明创造的定义已逐渐形成统一认识，故应当在专利法中作出明确规定。根据各方面的意见，2008 年专利法专门对发明、实用新型和外观设计的定义作了规定。

关于外观设计定义中的“富有美感”元素，在 2008 年修改专利法过程中，有的委员认为“富有美感”具有主观性，缺乏客观性，建议修改。经研究，外观设计“富有美感”或“具有装饰性”是外观设计专利区别于发明、实用新型的重要特征，应予保留。对如何表述，经查阅有关部门提供的国外外观设计法的规定，日本、韩国、印度尼西亚、印度等国家在外观设计定义中使用“能够引起视觉上美感的设计”“产生视觉美感”“富于美感”“视觉吸引力”等与我国专利法相近似的表述；美国、英国等国家则采用“具有装饰性”“具有装饰效果”的表述。无论哪种表述都体现了外观设计应以装饰作用为基本要素，不应扩展到由主要技术因素或功能因素构成的原则上。对于上述意见，国家知识产权局提出，在多年的实践中，我国依据现行定义而形成的判断标准并没有偏离国际上普遍接受的对外观设计的理解，在这种情况下，将“富有美感”改为“具有装饰性”，将难以向公众解释此种修改会带来何种含义上的变化。因此，未对外观设计定义中的“富有美感”元素进行修改。

此次修改专利法，进一步修改了外观设计的定义，明确对产品“局部”的外观设计给予专利保护。随着产业发展，产品设计日趋精细化，成熟产品的整体外观设计越来越难以创新，局部外观设计逐渐成为外观设计创新的重要表现形式，创新设计者对保护局部外观设计的需求日益强烈。从国际实践看，一些知识产权制度相对发达的国家和地区均对局部外观设计给予了专利保护，如美国、欧盟、日本、韩国等。此次修改专利法，在外观设计的定义中增加了“整体或者局部”的表述，对局部外观设计可以获得专利保护予以明确。

第三条 国务院专利行政部门负责管理全国的专利工作；统一受理和审查专利申请，依法授予专利权。

省、自治区、直辖市人民政府管理专利工作的部门负责本行政区域内的专利管理工作。

条文主旨

本条是关于专利行政管理体制的规定。

立法背景

1984 年专利法规定，中华人民共和国专利局受理和审查专利申请，对符合本法规定的发明创造授予专利权。在 1998 年国务院机构改革中，原中国专利局更名为国家知识产权局，成为国务院主管专利工作和统筹协调涉外知识产权事宜的直属机构；原中国专利局对专利申请的受理、审批、复审工作和专利权的无效宣告业务，委托国家知识产权局下属事业单位即专利局承担。根据机构改革的情况，在 2000 年修改专利法时，将相关规定修改为“国务院专利行政部门负责管理全国的专利工作；统一受理和审查专利申请，依法授予专利权”，同时增加关于地方管理专利工作部门的规定。此次未作修改。

条文解读

1. 依照本条第一款的规定，国务院专利行政部门负责管理全国专利工作。这里讲的“国务院专利行政部门”，按照现行的国务院机构设置，是指国家市场监督管理总局管理的国家知识产权局。根据党的十九届三中全会审议通过的《中共中央关于深化党和国家机构改革的决定》《深化党和国家机构改革方案》和在第十三届全国人民代表大会第一次会议批准的《国务院机构改革方案》基础上制定的《国家知识产权局职能配置、内设机构和人员编制规定》

（以下简称“三定方案”），国家知识产权局的主要职责是：（1）负责拟订和组织实施国家知识产权战略。（2）负责保护知识产权。其中包括拟订严格保护商标、专利、原产地地理标志、集成电路布图设计等知识产权制度并组织实施；组织起草相关法律法规草案，拟订部门规章，并监督实施；负责指导商标、专利执法工作，指导地方知识产权争议处理、维权援助和纠纷调处。（3）负责促进知识产权运用。（4）负责知识产权的审查注册登记和行政裁决。其中包括实施商标注册、专利审查、集成电路布图设计登记；负责商标、专利、集成电路布图设计复审和无效等行政裁决。（5）负责建立知识产权公共服务体系。（6）负责统筹协调涉外知识产权事宜。（7）完成党中央、国务院交办的其他任务。

考虑到专利权是在全国范围内有效的具有独占性质的权利，且专利申请的审查和专利权的授予专业性很强，对审查人员要求很高，我国对专利申请的受理、审查以及专利权的授予，采用集中统一的方式，由国务院专利行政部门负责，不分散由各省、自治区、直辖市人民政府管理专利工作的部门负责。据此，专利法明确规定，国务院专利行政部门统一受理和审查专利申请，依法授予专利权。从国家知识产权局目前的机构设置看，专利的受理和审查工作具体由其下设的事业单位专利局承担。在实践中，为了方便各地的申请人提交专利申请，国家知识产权局在各地省会城市设立了代办处受理专利申请。

需要说明的是，2018年3月机构改革后，专利复审委员会取消，对复审申请、宣告专利权无效请求等，改由国家知识产权局作出审查决定，上述2018年的“三定方案”中也根据机构改革的情况增加了国家知识产权局负责专利复审和无效等行政裁决的职能。相应地，此次修改专利法，删去了关于“专利复审委员会”的表述，或者将“专利复审委员会”修改为“国务院专利行政部门”。同时，根据机构改革的要求，国家知识产权局的专利执法职责交由国家市场监督管理总局的综合执法队伍承担，相应地，在上述2018年的“三定方案”中，关于专利执法的职能表述为“负责指导专利执法工作”。此次修改专利法，根据机构改革的变化，在第六十八条中将查处假冒专利的主管部门，由“管理专利工作的部门”调整为“负责专利执法的部门”。

2. 依照本条第二款的规定，省、自治区、直辖市人民政府管理专利工作的部门负责本行政区域内的专利管理工作。这里讲的省级政府“管理专利工作的部门”，可以是本级政府所设的专门管理专利工作的部门，如专利局或知识产权厅（局），也可以是本级政府确定的其他负责管理专利工作的部门，如科委等部门。具体由哪个部门作为本级政府管理专利工作的部门，应由省、自治区、直辖市人民政府根据《中华人民共和国地方各级人民代表大会和地方各级人民政府组织法》的规定确定。

第四条　申请专利的发明创造涉及国家安全或者重大利益需要保密的，按照国家有关规定办理。

条文主旨

本条是关于申请专利的发明创造涉及国家安全或者重大利益保密问题的规定。

立法背景

专利制度的重要特点之一是它的公开性，申请专利的发明经审查批准后，一般即予以公布。但出于对国家利益的考虑，对涉及国家安全和重大利益需要保密的发明虽给予专利权，许多国家规定不予公开。有关国家条约对此也有明确规定。例如，《与贸易有关的知识产权协定》TRIPS第七十三条规定，不得将本协定的任何规定解释为要求任何成员提供它认为是一旦披露即会与其基本安全利益相冲突的信息；专利合作条约（PCT）第二十七条第八款规定，本条约和细则中的任何规定都不得解释为旨在限制任何缔约国出于维护其安全而采取必要措施的自由，或者为保护该国总体经济利益而限制其居民或国民提出国际申请的自由。1984年制定专利法时，为适应对外开放政策和实行专利制度的需要，也同时为保护国家机密，规定：申请专利的发明创造涉及国家安全或者重大利益需要保密的，按照国家有关规定办理。草案说明中提出，对国防专用发明的专利申请，由国防主管部门办理。对非国防专用的发明，不应不加区别地都列入保密范围，而且大部分发明，如公开出售的产品和向国外转让的技术，一般是无法保密的；需要保密的发明，可以首先向专利局提出专利申请，然后在一定期限内，由有关主管部门提出保密审查意见，应该保密的，按保密专利处理。1984 年专利法对本条作出规定后，1992 年、2000 年、2008 年、2020 年均未作修改。

条文解读

1. 按照本条的规定，对涉及国家秘密的专利申请的保密问题，应按照国家有关规定办理。这里讲的“国家有关规定”，包括《中华人民共和国保守国家秘密法》的规定，也包括国务院制定的《中华人民共和国专利法实施细则》等有关行政法规中的规定。

2. 全国人大常委会于 1988 年制定并于 2010 年修改了《中华人民共和国保守国家秘密法》，该法第二条规定：“国家秘密是关系国家安全和利益，依照法定程序确定，在一定时间内只限一定范围的人员知悉的事项。”该法对保守国家秘密的基本制度作了规定。申请专利的发明创造，涉及依法被确定为国家秘密的事项的，应当依照保守国家秘密法的有关规定执行。

3. 按照现行做法，专利申请涉及国防利益需要保密的，由国防专利机构受理并进行审查；国务院专利行政部门受理的专利申请涉及国防利益需要保密的，应当及时移交国防专利机构进行审查。经国防专利机构审查没有发现驳回理由的，由国务院专利行政部门作出授予国防专利权的决定。国务院专利行政部门认为其受理的发明或者实用新型专利申请涉及国防利益以外的国家安全或者重大利益需要保密的，应当及时作出按照保密专利申请处理的决定，并通知申请人。保密专利申请的审查、复审以及保密专利权无效宣告的特殊程序，由国务院专利行政部门规定。

根据国务院、中央军委于2004年制定的《国防专利条例》第二条的规定，国防专利是指涉及国防利益以及对国防建设有潜在作用需要保密的发明专利。第三条的规定，经国防专利机构审查认为符合本条例规定的，由国务院专利行政部门授予国防专利权。国防专利申请统一由国家国防专利机构负责受理和审查。国务院国防科学技术工业主管部门和中国人民解放军总装备部分别负责地方系统和军队系统的国防专利管理工作。第四条的规定，涉及国防利益或者对国防建设具有潜在作用被确定为绝密级国家秘密的发明不得申请国防专利。国防专利申请以及国防专利的保密工作，在解密前依照《中华人民共和国保守国家秘密法》和国家有关规定进行管理。该条例还对国防专利的申请、审查、授权、实施、管理和保护等具体事项作了规定。

根据专利法第十九条的规定，任何单位或者个人将在中国完成的发明或者实用新型向外国申请专利的，应当事先报经国务院专利行政部门进行保密审查。保密审查的程序、期限等按照国务院的规定执行。

相关规定

《中华人民共和国专利法》第十九条；《中华人民共和国保守国家秘密法》

第五条 **对违反法律、社会公德或者妨害公共利益的发明创造，不授予专利权。**

对违反法律、行政法规的规定获取或者利用遗传资源，并依赖该遗传资源完成的发明创造，不授予专利权。

条文主旨

本条是关于对违反法律及社会公共利益和对违反法律、行政法规获取或者利用遗传资源完成的发明创造不授予专利权的规定。

立法背景

各国专利法和一些有关专利的国际公约都规定，对违反社会公共利益、公共道德的发明创造不授予专利权，否则与实行专利制度的目的相悖，不仅不利于社会发展，反而会对社会造成危害。例如，TRIPS 规定，为保护公共秩序或公共道德，包括保护人类、动物或植物的生命与健康，或为避免对环境的严重破坏所必需，各成员可排除某些发明于可获得专利之外。日本专利法规定，妨碍公共秩序、良好风俗或公共卫生的发明，不授予专利权。其他一些国家的专利法也都有类似的规定。我国专利法的规定，与国际上通行的规定基本上是一致的。1984 年专利法、1992 年专利法、2000 年专利法仅对第一款作了规定，2008 年修改专利法，增加了第二款的规定，主要是根据我国已参加的国际公约即《生物多样性公约》的有关规定，为规范依赖遗传资源进行发明创造的行为，维护国家利益而作出的规定。此次未作修改。

条文解读

一、关于对违反法律、社会公德或者妨害公共利益的发明创造，不授予专利权

依照本条第一款的规定，不授予专利权的发明创造包括：

1. 违反法律的发明创造。这里讲的“法律”，仅指由全国人大及其常委会制定的法律，不包括行政法规、地方性法规和规章等其他规范性文件。发明创造与法律相违背的，不能被授予专利权。例如，用于赌博的设备、机器或工具；吸毒的器具；伪造国家货币、票据、公文、证件、印章、文物的设备等都属于违反法律的发明创造，不能被授予专利权。发明创造并没有违反法律，但是由于其被滥用而违反法律的，则不属此列。例如，用于医疗的各种药品、麻醉品、镇静剂、兴奋剂和用于娱乐的棋牌等。

需要注意的是，本条所称违反法律的发明创造，不包括仅其实施为法律所禁止的发明创造。我国加入的相关国际公约对此作了规定。《保护工业产权巴黎公约》规定，不得以专利产品或者依专利方法制造的产品的销售受到本国法律的限制或者限定为理由，拒绝授予专利权或者宣告专利无效。TRIPS 规定，各成员为了维护公众利益或者社会公德，包括保护人类、动物或植物的生命或健康，或者避免对环境造成严重污染，有必要禁止某些发明在成员地域内进行商业性实施的，可以排除这些发明的专利性，但是以这种排除并非仅仅因为其被法律禁止实施为限。现行专利法实施细则规定，专利法第五条所称违反法律的发明创造，不包括仅其实施为法律所禁止的发明创造。现行专利审查指南提出，专利法实施细则规定的“专利法第五条所称违反法律的发明创造，不包括仅其实施为法律所禁止的发明创造”，具体含义是，如果仅是发明创造的产品的生产、销售或使用受到法律的限制或约束，则该产品本身及其制造方法并不属于违反法律的发明创造。例如，用于国防的各种武器的生产、销售及使用虽然受到法律的限制，但是这些武器本身及其制造方法仍然属于可给予专利保护的客体。

2. 违反社会公德的发明创造。社会公德，是指公众普遍认为是正当的并被接受的伦理道德观念和行为准则。它的内涵基于一定的文化背景，不仅随着时间的推移和社会的进步不断地发生变化，而且因地域不同而各异。发明创造与社会公德相违背的，不能被授予专利权。例如，带有暴力凶杀或者淫秽的图片或者照片的外观设计，非医疗目的的人造性器官或者其替代物，人与动物交配的方法等发明创造违反社会公德，不能被授予专利权。

3. 妨害公共利益的发明创造。公共利益，是指社会公众的共同利益。包括公共安全、环境保护、公共秩序等。妨害公共利益的发明创造，是指该发明创造的实施或使用会给公众或社会造成危害，或者会使社会的正常秩序受到不利的影响。例如，一种可使盗窃者双目失明或者会给使用不慎者造成失明的防盗窃装置，不能被授予专利权；一种因其实施或使用会导致严重环境污染的发明创造，也不能授予专利。但是，如果一项发明创造仅因被滥用而可能造成危害，或在产生积极效果的同时存在某种缺点，如对人体有某种副作用的药品，则不应被认为是妨害公共利益的发明创造。

4. 如果一项申请专利的发明创造的一部分属于违反国家法律、社会公德或妨害社会公共利益的情况，而其他部分是合法的，按照专利审查指南的要求，审查人员应当通知申请人进行修改，删除违反专利法规定的部分。如果申请人不同意删去违反的部分，就不能被授予专利权。

二、关于对违反法律、行政法规的规定获取或者利用遗传资源，并依赖该遗传资源完成的发明创造，不授予专利权

遗传资源是指来自植物、动物、微生物或其他来源的任何含有遗传功能单位的、有实际或潜在价值的遗传材料。依据本法的规定，依赖遗传资源完成的发明创造，其遗传资源的获得和利用（如克隆遗传资源）应当符合中国有关法律、行政法规的规定。依赖遗传资源完成发明创造的，专利申请人在专利申请文件中应当说明遗传资源的直接来源和原始来源；无法说明原始来源的，应当陈述理由。经国家知识产权局审查，如果该遗传资源的获取或者利用违反国家法律、行政法规的，将不授予专利权。对已授予专利权，发现其赖以完成发明创造的遗传资源的获取或利用是违反法律、行政法规的，根据本法第四十五条的规定，任何单位或者个人可以请求国务院专利行政部门宣告该专利权无效。

从严格意义上说，保护遗传资源并不属于专利法的内容，但由于依赖遗传资源完成的发明创造，一旦被授予专利权，便具有了独占性，就会使提供遗传资源的国家不但不能分享专利权人因此获得的经济利益，相反，如果使用其专利，还要支付许可费。这对于遗传资源的提供国来说是不公平的。在实践中，随着生物技术的发展，遗传资源在农业、医药、化工、环保等领域发挥着越来越重要的作用。由于缺乏有效的保护制度和措施，创新能力较强的发达国家容易随意获取和利用他国（主要是发展中的遗传资源丰富的国家）的遗传资源，损害其利益。为此，1993 年生效的 CBD（《生物多样性公约》）规定了一系列遗传资源保护规则。比如，CBD 确立的国家主权原则、事前知情同意原则和惠益分享原则，即各国对其遗传资源拥有主权，遗传资源的取得须经提供这种资源的缔约国事先知情同意，并应就所得惠益与提供国公平分享。一些国家如印度、巴西也制定了专门的保护遗传资源的法律，并相应修订专利法，明确专利申请人应当在申请文件中披露遗传资源的来源，否则将驳回专利申请，对已授权的专利宣告无效。对于是否通过知识产权法律加强对遗传资源的保护，国际上主要有三种意见：（1）印度、巴西等资源丰富的发展中国家提出，为了落实 CBD 的原则，应当修改 TRIPS 等国际公约，规定专利申请人有披露遗传资源来源的义务。（2）以美国为代表的部分发达国家，强烈反对为落实 CBD 原则而修改 TRIPS 等国际公约；其主张在专利法框架之外，由各国单独立法对遗传资源实施保护，并由当事人通过签订合同落实 CBD 的事前知情同意等原则。（3）欧盟国家同意在专利法中落实遗传资源来源的揭示义务，但是反对将其和专利权的效力联系起来。

我国是一个遗传资源较为丰富的国家，随着我国经济的发展和开放程度的不断提高，遗传资源流失的情况时有发生。例如，我国野生大豆遗传资源流失案、“北京鸭”遗传资源流失案等。为了维护我国因遗传资源所应获得的正当利益，通过专利法对遗传资源进行保护，在该法总则中规定对依赖违法获得或利用的遗传资源所完成的发明创造不授予专利权是必要的。

相关规定

《中华人民共和国专利法》第四十五条

第六条 执行本单位的任务或者主要是利用本单位的物质技术条件所完成的发明创造为职务发明创造。职务发明创造申请专利的权利属于该单位，申请被批准后，该单位为专利权人。该单位可以依法处置其职务发明创造申请专利的权利和专利权，促进相关发明创造的实施和运用。

非职务发明创造，申请专利的权利属于发明人或者设计人；申请被批准后，该发明人或者设计人为专利权人。

利用本单位的物质技术条件所完成的发明创造，单位与发明人或者设计人订有合同，对申请专利的权利和专利权的归属作出约定的，从其约定。

条文主旨

本条是关于职务发明创造和非职务发明创造申请专利的权利及专利权归属的规定。

立法背景

从目前主要国家专利授权情况看，相较于非职务发明，职务发明在质量上、数量上都占据主导地位。专利权作为财产权具有独占的性质，明确专利申请权和专利权是专利法需要规定的重要问题之一。职务发明制度，是关于职务发明创造的专利权属在雇员和雇主之间如何分配及奖励的制度。关于职务发明的专利申请权和专利权的归属，在1984年制定专利法时，基于我国国情，确定了属于单位的基本规则，即相比其他一些国家的“发明人优先”原则，我国采“雇主优先”原则。1992年修改专利法时未对职务发明制度作出调整。2000年修改专利法时，为适应国有企业实行出资者所有权与企业法人财产权相分离的改革需要，不再根据是否是全民所有制单位而区分单位对专利权是“持有”还是“所有”，删去了“在中国境内的外资企业和中外合资经营企业的工作人员完成的职务发明创造，申请专利的权利属于该企业”的规定；同时，修改了第六条第三款，允许发明人、设计人与单位通过合同来约定利用本单位的物质技术条件所完成发明创造的归属。此次修改，为促进相关发明创造的实施和运用，在第一款增加规定，进一步明确单位可以依法处置其职务发明创造申请专利的权利和专利权。

条文解读

1. 本条所称的“单位”，包括各国家机关、团体、部队，各类企业、事业单位以及民办非企业单位等。本条所称的“发明人”“设计人”，是指对发明创造的实质特点作出创造性贡献的人，即通过自己的智力劳动，完成产品、方法的发明或者实用新型、外观设计的技术方案的人。在完成发明创造的过程中，只负责组织、管理工作的人，为物质条件的利用提供方便的人，以及从事其他辅助工作的人，如计算机录入人员、实验员、描图员等，不应当被认为是发明人或者设计人。还应指出的是，法人或非法人组织可以成为专利申请权和专利权的主体，但不能作为发明人或设计人。发明人、设计人只能是通过自己的智慧和才能完成发明创造的自然人。

2. 按照本条第一款的规定，属于下列两种情形之一的发明创造，为职务发明创造，其申请专利的权利属于发明人或设计人任职的单位；申请被批准后，该单位为专利权人：

（1）执行本单位的任务所完成的发明创造。例如，科研机构的研究人员为完成本单位下达的科研任务进行的发明创造；企业的工程技术人员在本职工作范围内完成的新产品设计或新的工艺方法等。按照现行有关规定，发明人、设计人完成的发明创造属以下情形之一的，为职务发明创造：①在本职工作中作出的发明创造；②履行本单位交付的本职工作以外的任务所完成的发明创造；③退职、退休或者在调动工作后一定期限内作出的，与其在原单位承担的本职工作或者原单位分配的任务有关的发明创造。本单位，包括临时工作单位。

（2）主要利用本单位的物质技术条件所完成的发明创造。这里讲的本单位的物质条件，包括利用单位的资金、仪器、设备、原材料等；技术条件，包括单位未公开的技术资料等。发明人、设计人主要利用本单位的物质技术条件完成发明创造，尽管不属于执行本单位的任务，也应作为职务发明创造，申请专利的权利和专利权属于单位。但是，本条第三款另有规定的除外。

不少国家的法律都规定，公司、企业的雇员在履行其职务的过程中或者完成雇主专门分派给他的工作中所完成的职务发明创造，其申请专利的权利和专利权归于雇主。我国专利法关于职务发明创造专利权归属的规定，与一些国家的规定大体相同。至于单位与职务发明创造的发明人、设计人之间的利益关系，属于单位内部的关系，应由本单位妥善处理。

3. 除本条第一款规定属于职务发明创造的情形外，发明人或者设计人所完成的发明创造，都属于非职务发明创造，其申请专利的权利和申请被批准后的专利权，属于发明人或者设计人。

4. 按照本条第一款的规定，主要利用本单位的物质技术条件所完成的发明创造，原则上属于职务发明创造，申请专利的权利和申请被批准后专利权归单位。但是，如果使用本单位的物质技术条件完成发明创造的发明人或者设计人与本单位订了合同，对申请专利的权利和专利权的归属作出约定的，按照本条第三款的规定，应依从双方的约定确定申请专利的权利和专利权的归属。例如，单位与发明人或者设计人在合同中约定，由发明人或者设计人向本单位支付物质技术条件的使用费，而专利申请权及专利权归发明人、设计人所有的，或者双方在合同中约定，专利申请的权利和专利权由双方共有的，则从其约定。这一规定，有利于鼓励个人发明创造的积极性，也有利于充分发挥单位物质技术条件的作用，避免闲置。

5. 2000 年修改前的专利法规定，对全民所有制单位取得的属于职务发明创造的专利权，由该单位持有；对非全民所有制单位取得的属于职务发明创造的专利权，由该单位所有。按照党的十四届三中全会《关于建立社会主义市场经济体制若干问题的决定》和党的十五届四中全会《关于国有企业改革和发展若干重大问题的决定》，国有企业实行出资者所有权与企业法人财产权相分离，国有企业以其全部法人财产，依法自主经营，自负盈亏，照章纳税，对出资者承担资产增值、保值的责任，对外独立承担民事责任。因此，没有必要再按不同所有制，规定国有单位对其专利权只是“持有人”，其他单位对其专利权才是“所有人”，而只需要明确谁是“专利权人”就可以了。因此，经2000年修改后的本条规定，对因职务发明创造由单位取得的专利权，不再因单位的所有制性质不同而区分为专利权的“持有人”或“所有人”，而一律称为“专利权人”。

6. 此次修改专利法，增加了单位可以依法处置其职务发明创造申请专利的权利和专利权的规定，主要是强调单位对职务发明创造所享有的权利可以“依法处置”，在实践中可以通过事先约定、事后转让等多种形式，促进发明创造的实施运用。按照专利法的规定，在坚持职务发明创造“单位所有”的原则下，单位可以根据专利实施运用的实践需要，采取多种方式行使其依法处置权：一是对于主要利用本单位的物质技术条件完成的职务发明创造，单位可以依据本条第三款的规定，事先与发明人或者设计人通过订立合同的方式，对其专利申请权或者专利权的归属作出约定，约定专利申请权和专利权属于发明人或者设计人的，发明创造专利申请被批准后，发明人或者设计人即成为专利权人。二是在职务发明创造完成后，单位可以将其专利申请权依法转让，转让给发明人或者设计人的，专利申请被批准后，发明人或者设计人即成为专利权人。三是在职务发明创造专利申请被批准后，单位可以依法转让其专利权，包括转让给发明人或者设计人。此次强调单位的“依法处置权”，主要是为了打消单位在依法处置职务发明创造权利上的顾虑，鼓励单位根据实践需要，充分利用好法律赋予的权利，通过约定、转让等方式积极地促进专利的实施运用，特别是让发明人和设计人可以通过事先约定、事后转让等方式获得专利权，更好地激发发明人和设计人从事科技创新的积极性。

相关规定

《中华人民共和国专利法》第十五条

第七条　对发明人或者设计人的非职务发明创造专利申请，任何单位或者个人不得压制。

条文主旨

本条是关于禁止压制非职务发明创造专利申请的规定。

立法背景

根据专利法第六条第二款的规定，非职务发明创造，申请专利的权利属于发明人或者设计人；申请被批准后，该发明人或者设计人为专利权人。非职务发明创造，是否申请、何时申请、申请何种专利，都应是发明人或者设计人的权利。1984年制定专利法时，我国绝大多数企业事业单位是全民所有制单位，容易出现所谓的“压制”问题，这是作出本条规定的背景。1992年、2000年、2008年修改和本次修改时均未对本条作出修改。

条文解读

一项发明创造，如果其发明人或者设计人既不是在履行其职务过程中完成的，又不是为执行本单位特别分派的任务所完成的，也不是主要利用本单位的物质技术条件所完成的，这样的发明创造就属于非职务发明创造。按照本法第六条的规定，非职务发明创造申请专利的权利属于发明人或者设计人；申请被批准后，发明人或设计人为专利权人。对非职务发明创造的发明人、设计人申请和取得专利的权利给予充分的法律保护，对于充分调动人们从事发明创造的积极性，促进科学技术的进步，具有重要意义。为此，本条特别规定，对发明人或者设计人的非职务发明创造专利申请，包括发明人或者设计人所在单位在内的任何单位或者个人，都不得以任何方式进行压制。不得以任何理由、方式剥夺或者限制发明人或者设计人对自己的非职务发明创造依法申请专利的权利；不得强行要求发明人、设计人将其非职务发明创造作为职务发明创造；发明人或者设计人没有因完成非职务发明创造影响本职工作的，不能以影响本职工作为借口给予处分。即使因发明人、设计人在履行本职工作上存在问题而应当给予处分的，也不得压制其对非职务发明创造依法申请取得专利的权利。

第八条 **两个以上单位或者个人合作完成的发明创造、一个单位或者个人接受其他单位或者个人委托所完成的发明创造，除另有协议的以外，申请专利的权利属于完成或者共同完成的单位或者个人；申请被批准后，申请的单位或者个人为专利权人。**

条文主旨

本条是关于合作完成的发明创造和接受委托完成的发明创造申请专利的权利及专利权归属的规定。

立法背景

1984年制定专利法时，仅对单位合作和委托的权利归属作了规定，即两个以上单位协作或者一个单位接受其他单位委托的研究、设计任务所完成的发明创造，除另有协议外，申请专利的权利属于完成或者共同完成的单位；同时根据单位的不同所有制，规定申请被批准后，专利权归申请的单位所有或者持有。1992年对此未作修改。2000年修改专利法时，不再按不同的所有制区分国有单位对其专利权的“持有”和其他单位对其专利权的“所有”，本条也相应作了修改，同时，合作或者委托关系中的主体也不再限于单位，增加了个人。此次未作修改。

条文解读

1. 两个以上单位或者个人合作完成的发明创造，可以是单位与单位之间的合作（如科研机构、大专院校和企业之间的合作），也可以是单位与个人之间的合作，还可以是个人与个人的合作。合作的方式，可以是合作各方按照分工分别承担一项发明创造的不同部分或者不同阶段，也可以是一方或几方负责提供资金、设备、场地等物质条件，另一方或几方负责进行技术开发活动。合作完成的发明创造，合作各方可通过协议约定申请专利的权利及申请被批准后专利权的归属，以及合作各方的其他权利和义务。如果合作各方没有就合作完成的发明创造申请专利的权利及专利权的归属达成协议的，按照本条的规定，申请专利的权利及取得的专利权应当属于完成或者共同完成发明创造的一方或几方。如发明创造是合作各方共同参与完成的，则申请专利的权利和取得的专利权应属于合作各方共有。对于合作中各方共同完成的发明创造，应当由各完成方共同作为申请人提出专利申请（当然，实际操作中可选定一方作为其他各方的代表，办理有关专利事务），其中一方或几方没有征得其他共同完成方的同意，不得自行提出专利申请。对此，民法典第八百六十条第三款规定："合作开发的当事人一方不同意申请专利的，另一方或者其他各方不得申请专利。”

本条只是对合作完成的发明创造的权利归属作了规定，对于合作各方作为专利权申请权和专利权的共同共有人，其内部权利义务关系，依照民法典的相关规定执行。如《中华人民共和国民法典》第八百六十条第一款规定：“合作开发完成的发明创造，申请专利的权利属于合作开发的当事人共有；当事人一方转让其共有的专利申请权的，其他各方享有以同等条件优先受让的权利。但是，当事人另有约定的除外。”第二款规定：“合作开发的当事人一方声明放弃其共有的专利申请权的，除当事人另有约定外，可以由另一方单独申请或者由其他各方共同申请。申请人取得专利权的，放弃专利申请权的一方可以免费实施该专利。”

2. 关于一个单位或者个人接受其他单位或者个人的委托所完成的发明创造，其申请专利的权利和申请被批准后专利权的归属问题。按照民法的一般原则，在委托合同关系中，受托方根据委托方的委托办理委托事务，其办理委托事务的风险应当由委托人承担；同时，其办理委托事务取得的成果，也应当归于委托人。委托人则应按合同的约定向受托人支付费用和报酬。因此，不少国家的法律规定，接受委托所完成的发明创造，申请专利的权利及取得的专利权属于委托方。而我国专利法为侧重保护实际完成发明创造一方的利益，规定接受委托完成的发明创造，除当事人另有协议外，申请专利的权利和取得的专利权归于完成发明创造的一方，即属于受托方。当然，委托方和受托方以协议约定申请专利的权利和专利权归委托方或者由双方共有的，应按照协议的约定。对此，我国民法典第八百五十九条也有规定："委托开发完成的发明创造，除法律另有规定或者当事人另有约定外，申请专利的权利属于研究开发人。研究开发人取得专利权的，委托人可以依法实施该专利。研究开发人转让专利申请权的，委托人享有以同等条件优先受让的权利。"

相关规定

《中华人民共和国民法典》第八百五十九条、第八百六十条

第九条 **同样的发明创造只能授予一项专利权。但是，同一申请人同日对同样的发明创造既申请实用新型专利又申请发明专利，先获得的实用新型专利权尚未终止，且申请人声明放弃该实用新型专利权的，可以授予发明专利权。**

两个以上的申请人分别就同样的发明创造申请专利的，专利权授予最先申请的人。

条文主旨

本条是关于"一发明创造一专利"原则和先申请原则

的规定。

立法背景

专利权是排他性的权利，同样的发明创造向不同的单位和个人授权会导致权利冲突，向同一单位或个人授予多项专利权，可能导致对一项发明创造获得的专利保护期限超过法定的保护期限。因此，本条确立了“一发明创造一专利”原则，同时规定了该原则在同一申请人同日提出实用新型和发明两项专利申请，以及两个以上的申请人就同样的发明创造分别提出专利申请两种情形下的具体适用规则。1984 年制定专利法时仅规定了先申请原则，2008 年修改专利法增加了“一发明创造一专利”原则。此次未作修改。

条文解读

1. 对于一项发明创造，只能向一个特定主体授予一项专利权，人们通常称之为“一发明创造一专利”原则或“专利不重复”原则。许多国家的专利法都规定了不得重复授予专利权的原则。我国在长期的专利实践中一直坚持“一发明创造一专利”的原则，但 2008 年修改前的专利法对此并未作出明确规定。2008 年修改专利法，将其纳入，作为我国专利制度的一项基本原则。

2. 专利法对发明和实用新型这两种专利权客体都有

“三性”要求，并且两者都可以适用于针对产品的创新，只是法律对两者创造性程度的要求不同。对于实用新型专利，法律对创造性的要求是与现有技术相比“具有实质性的特点和进步”；对于发明专利，法律则要求其创造性与现有技术相比“有突出的实质性特点和显著的进步”。因而，就一项针对产品的技术创新而言，当事人在提出专利申请时，依法拥有分别寻求发明或实用新型专利保护的选择权，但申请人需自行承担因创造性程度达不到法律所规定的发明专利标准而无法获得发明专利授权的风险。本条第一款允许同一申请人可以同日对同样的发明创造既申请实用新型专利又申请发明专利，就是对当事人这种选择权的尊重与确认。在专利审查实践中，由于对发明专利申请须进行实质审查，因而耗时较长、授权相对较晚；而对实用新型专利申请由于不进行实质审查，因而耗时较短、授权相对较早。但是，如果对同一申请人就同样的发明创造分别授予实用新型和发明两项专利权，则不当地扩大了申请人的权利、有违公平原则和“一发明创造一专利”原则。因此，鉴于实用新型专利的法定保护期短于发明专利的法定保护期，该款规定先获得的实用新型专利权尚未终止，且申请人声明放弃该实用新型专利权的，可以授予发明专利。这既有利于尊重和维护申请人的专利申请权与选择权，也有利于维护公平的社会秩序，防止专利申请人通过专利权的重叠及其法定保护期的重叠不当地扩张自己的利益。

2008年修改专利法时，将第二十二条第二款关于新颖性中的“他人”修改为“任何单位或者个人”，这就使得申请人如果就同样的发明创造先后分别提出发明或者实用新型专利申请，将可能导致在后申请因本人的在先申请而丧失新颖性。本款规定只处理“同日申请”的情形，是与第二十二条规定相衔接的，对本人不同日提出的申请只能通过优先权的规定获得保护。

3. 如果对同一项发明创造向两个以上的不同主体授予专利权，显然与专利权的独占或专有的性质相悖。那么，当有两个以上的主体分别完成了同样的发明创造并都提出专利申请时，应当如何处理呢？国际上有两种处理办法。一种办法被称为先发明原则。即两个以上的主体就同样的发明创造提出专利申请时，不论提出申请的先后，专利权都授予最先发明的申请人。这种处理办法虽然有利于保护先发明人的利益，但是也有明显不足。一是不利于充分发挥专利制度鼓励技术公开和交流的作用。因为按照先发明原则，不论先发明人是否提出专利申请，都不影响其在后提出申请时可优先取得专利的权利。因此，先发明人完全可以先不提出专利申请，对其发明保密，一旦他人就同样的发明创造提出专利申请时，先发明人仍可因其发明在先而申请专利并取得专利。二是就已取得的专利权而言，也会因发明在先原则而影响其稳定性。同时，也给专利审查造成很多麻烦。因为查清谁的发明在先往往比较困难，会增加审查的费用，降低审查效率。目前实行先发明原则的只有极少数国家。另一种办法被称为先申请原则。即当两个以上的主体就同样的发明创造申请专利时，不论谁发明在先，专利权授予最先提出专利申请的人。实行这一原则，可以克服先发明原则的弊端，有利于鼓励发明人及时提出专利申请，充分发挥专利制度促进技术公开和交流的作用。同时，由于只需要看谁的申请在先，而不需要花费大量的时间和精力去确定谁是先发明人，这样可以大大提高对专利申请审查的效率。因此，世界上绝大多数国家都实行申请在先的原则。按照本条的规定，我国专利法在处理两个以上的主体分别就同样的发明创造申请专利时，也实行申请在先的原则。

第十条 专利申请权和专利权可以转让。

中国单位或者个人向外国人、外国企业或者外国其他组织转让专利申请权或者专利权的，应当依照有关法律、行政法规的规定办理手续。

转让专利申请权或者专利权的，当事人应当订立书面合同，并向国务院专利行政部门登记，由国务院专利行政部门予以公告。专利申请权或者专利权的转让自登记之日起生效。

条文主旨

本条是关于专利申请权和专利权转让的规定。

立法背景

专利申请权或者专利权可以转让，在 1984 年制定专利法时即作了规定；2000 年修改时，考虑到转让专利申请权或者专利权属于企业自主经营权的范围，删去了之前“全民所有制单位转让专利申请权或者专利权的，必须经上级主管机关批准”的规定。此次未作修改。

条文解读

一、依照本条第一款的规定，专利申请权和专利权都可以转让

1. 按照本法第六条的规定，职务发明创造，申请专利的权利属于发明人或者设计人任职的单位；非职务发明创造，申请专利的权利属于发明人或者设计人。拥有申请专利的权利的单位或个人可以将其专利申请权转让他人。转让后，受让人成为新的专利申请权人，继受取得原专利申请权人的全部权利和义务。

2. 专利权是依法取得的财产权利。专利权人可以按照自己的意愿依法处分其专利权，既可以收取转让费有偿转让其专利权，也可以通过赠与等方式无偿转让其专利权。专利权转让后，专利权的主体变更，受让人成为新的专利权人，对取得专利的发明创造享有独占权，同时应履行专利权人的义务，如缴纳专利年费等。

二、依照本条第二款、第三款的规定，转让专利申请权和专利权，须遵守以下规定

1. 中国单位或者个人向外国人、外国企业或者外国其他组织转让专利申请权或者专利权的，应当依照有关法律、行政法规的规定办理手续。这里讲的“中国单位”，包括依法取得中国法人资格的各类法人和非法人组织；这里讲的中国“个人”，是指我国的公民。应注意，香港、澳门两个特别行政区的单位和个人除外。因为按照香港、澳门两个特别行政区基本法的规定，因本法未列入两个基本法的附件三中，因而不适用于香港、澳门两个特别行政区。这一规定修改了 2000 年原专利法关于“向外国人转让专利申请权或专利权，必须经国务院有关主管部门批准”的规定。这里讲的“应当依照有关法律、行政法规的规定办理手续”，主要是指按照我国关于技术进出口管理的有关规定办理许可（主要针对限制出口的技术）或者登记手续（主要针对自由出口的技术）等。

2. 转让专利申请权或者专利权的，让与人与受让人应当订立合同。该合同为要式合同，即必须以书面形式订立。对转让专利申请权或者专利权的合同，除本法或有关行政法规另有规定的外，应适用《中华人民共和国民法典》的有关规定。

3. 转让专利申请权或者专利权的，让与人与受让人订立转让合同后，应当向国务院专利行政部门办理登记。专利申请权或者专利权的转让自登记之日起生效。需要指出的是，当事人办理登记，是专利申请权或者专利权转移生效的要件，而不是转让合同生效的要件。依照《中华人民共和国民法典》的规定，依法成立的合同，自成立时生效，但是法律另有规定或者当事人另有约定的除外。2000 年修改前的专利法，曾规定“转让专利申请权或者专利权的，当事人必须订立书面合同，经专利局登记和公告后生效”，这一规定引起误解，2000 年修改专利法时将这一表述分为两句话，明确专利申请权或者专利权的转让，而不是转让合同，自登记之日起生效。

4. 按照国务院、中央军委发布的《国防专利条例》的规定，国防专利申请权和国防专利权经批准可以向国内的中国单位和个人转让，禁止向国外的单位和个人以及在国内的外国人和外国机构转让国防专利申请权和国防专利权。转让国防专利申请权或者国防专利权，应当确保国家秘密不被泄露，保证国防和军队建设不受影响，并向国防专利机构提出书面申请，按规定审批。

三、专利的公告

国务院专利行政部门对已经登记的专利申请权或者专利权的转让，应当予以公告，使公众可以知晓专利申请权或者专利权主体的变更情况。

相关规定

《中华人民共和国民法典》第五百零二条

第十一条 发明和实用新型专利权被授予后，除本法另有规定的以外，任何单位或者个人未经专利权人许可，都不得实施其专利，即不得为生产经营目的制造、使用、许诺销售、销售、进口其专利产品，或者使用其专利方法以及使用、许诺销售、销售、进口依照该专利方法直接获得的产品。

外观设计专利权被授予后，任何单位或者个人未经专利权人许可，都不得实施其专利，即不得为生产经营目的制造、许诺销售、销售、进口其外观设计专利产品。

条文主旨

本条是关于专利权人对其专利产品或专利方法所享有的专有权的规定。

立法背景

本条对专利权的内容作出了规定，是专利法中较为重要的条款。1992 年修改专利法，将制造方法专利权的保护延伸到了使用该方法直接获得的产品，同时增加了专利权人享有禁止他人未经其许可而进口其专利产品的权利的规定。2000 年修改专利法，增加了发明和实用新型专利权人有权制止许诺销售行为的内容；2008 年增加了外观设计专利权人有权制止许诺销售行为的内容。此外，关于发明和实用新型效力的例外情形，1984 年规定的是“除本法第十四条规定的以外”，即关于国家推广应用的规定，由于1992年修改专利法时增加了强制许可的内容，例外情形修改为“除本法另有规定的以外”。由于国家推广应用的情形仅涉及发明专利权，强制许可涉及的是发明和实用新型专利权。因此，本条第二款关于外观设计专利权效力的规定，没有规定例外情形。此次未作修改。

条文解读

一、专利权是一种排他性的或称独占性的权利，即专利权人对其专利产品或者专利方法的“实施”享有专有权。何为专利法所称的专利的“实施”，本条对此作了界定：

（1）关于发明和实用新型专利的实施。按照本法有关规定，发明是指对产品、方法或者其改进所提出的新的技术方案；实用新型是指对产品的形状、构造或者其结合所提出的适于实用的新的技术方案。因此，发明可以涉及产品和方法两个方面，而实用新型则只涉及产品而不涉及方法。如果一项专利是关于产品（及其改进）的发明或者实用新型，则该专利的实施就是“为生产经营目的制造、使用、许诺销售、销售、进口其专利产品”的行为；而如果一项专利是关于方法（及其改进）的发明，则该专利的实施就是“为生产经营目的使用其专利方法以及使用、许诺销售、销售、进口依照该专利方法直接获得的产品”的行为。显然，方法专利的实施范围要相对大于产品专利的实施范围，这也被称为“对专利方法的保护延及产品”。当然，仅是延及“依照该专利方法直接获得的产品”。1992年修改专利法时将对方法专利的保护延及依该方法直接获得的产品，主要考虑的是：仅规定对专利方法的使用提供保护是不充分的，因为专利方法是否已经被人使用，比较难以发现，也难以证明。另外，第三人可以在没有对专利方法给予保护的其他国家和地区使用专利方法，然后把依该方法生产的产品输入我国销售或者使用，专利权人虽然在我国享有方法专利保护，但因对该方法专利的保护不能延及依该方法直接获得的产品，也就不能请求对这类侵犯其专利权的行为采取措施。为了使方法专利得到充分有效的保护，1992 年修改专利法时专门将对方法专利的保护延及依该方法直接获得的产品。

所谓许诺销售（offering for sale），是指通过在商店内陈列或在展销会上演示，列入销售征订单，列入推销广告或者以任何口头、书面或其他方式向特定或非特定的人明确表示对其出售某种产品意愿的行为。在实践中，一些单位和个人未经专利权人许可制造侵权产品后，采取在各种媒体上作广告宣传或者在一些展览会、展销会上展出等方式进行促销的现象时有发生。即使专利权人发现了这些促销行为，只能等到行为人实际销售侵权产品后才能主张其权利。这显然不利于尽早制止侵犯专利权的行为，维护专利权人的合法权益。世界贸易组织 TRIPS 第二十八条将许诺销售权作为发明专利权人的专有权作了规定，一些国家也对此作了规定。为了尽早制止侵权行为，进一步保护专利权人的合法权益，使我国的专利制度与国际知识产权制度接轨，2000 年修改专利法时，在发明和实用新型专利的实施行为中增加了“许诺销售”的规定。

（2）关于外观设计专利的实施。依照本法的有关规定，外观设计是指对产品的整体或者局部的形状、图案或者其结合以及色彩与形状、图案的结合所作出的富有美感并适于工业应用的新设计。因而，外观设计专利仅涉及产品而不涉及方法。依照本条第二款的规定，所谓外观设计专利的实施，是指“为生产经营目的制造、许诺销售、销售和进口其外观设计专利产品”的行为。关于“许诺销售”，2000 年修改专利法时只增加了发明、实用新型专利权人的许诺销售权，主要是因为 TRIPS 对发明专利权人有此规定，对外观设计专利权人未规定此项权利。为了更好地保护外观设计专利权人的权益，使外观设计专利权人享有与发明、实用新型专利权人同样的权利，2008 年修改专利法时增加了对外观设计专利权人许诺销售权的规定。目前，域外立法中赋予外观设计专利权人许诺销售权的国家和地区主要有美国、英国、欧盟、日本、韩国等。

2. 所谓专利权人对其专利的独占实施权即专有权，并不意味着只有专利权人自己才可以实施其专利，而是如本条所规定的，专利权人以外的任何单位或个人要实施他人的专利，都必须取得专利权人的许可（本法另有规定的除外）。专利权的行使，可以表现为积极性与消极性两个方面。所谓积极性，是指专利权人行使权利的主动状态，即他可以自己实施其专利，也可以通过订立合同的方式许可他人实施其专利；所谓消极性，是指专利权人行使权利的被动状态，即专利权人有权禁止他人未经许可而实施其专利，又称“禁止权”。凡是任何单位或个人未经专利权人许可、又无法律依据而擅自实施其专利的，均构成对专利权的侵犯，应当依法承担法律责任。

3. 专利权人对其专利产品或方法实施的专有权，本质上是专利权人的私权。但是为了在专利权人的私权与国家利益、公众利益之间实现平衡，防止专利权人滥用权利，专利权人对其专利实施的专有权不是绝对的。本条对专利权人的专有实施权作了“除本法另有规定的以外”的限制。这里所说的“本法另有规定”，一是指本法第四十九条规定的对国有企业事业单位的发明专利，经国务院批准的推广实施；二是指国务院专利行政部门依照本法第六章之规定给予的专利实施的强制许可。只有在这两种法定情况下，按照法定条件和程序，才可以不经专利权人的自愿许可而实施其专利。

相关规定

《中华人民共和国专利法》第四十九条、第五十三条、

第五十四条、第五十五条、第五十六条

第十二条　任何单位或者个人实施他人专利的，应当与专利权人订立实施许可合同，向专利权人支付专利使用费。被许可人无权允许合同规定以外的任何单位或者个人实施该专利。

条文主旨

本条是关于专利实施许可的规定。

立法背景

专利法的立法目的之一是推动发明创造的应用，被授予专利权的发明创造，要么由发明人自己实施，要么由其他单位或个人实施。专利法第十一条规定，专利权被授予后，除本法另有规定的外，其他任何单位和个人未经专利权人许可，都不得实施其专利。本条就是对如何获得专利权人的许可的规定，即实施者与专利权人订立实施专利的许可合同。1984 年专利法即对专利实施许可作了规定，但 1984 年专利法对实施人应当与专利权人订立书面实施许可合同、向专利权人支付专利使用费规定了“除本法第十四条规定的以外”的例外情形，1992 年修改专利法时将例外情形改为“除法律另有规定的以外”，2000 年修改专利法删去了例外情形。2008 年修改专利法，删除了“书面”二字，对实施许可合同的形式不再要求。此次未作修改。

条文解读

依照本条规定，任何单位或者个人实施他人专利，无论其以何种方式获得实施许可，都必须承担与专利权人订立实施许可合同并向专利权人支付专利使用费的法定义务。

1. 所谓许可，一般是指一种可撤销的、允许某人从事某种活动或实施某种行为的承诺。许可一般应由权利人给予（称为约定许可），在特定情况下也可以由政府给予（称为法定许可），这取决于法律的规定。专利权是专利权人依法享有的民事权利。依照本法规定，专利权人可以自己实施也可以许可他人实施其专利。同时，考虑到专利权作为一种带有垄断性的私权，为协调其与公共利益可能发生的冲突，本法还规定了可由专利行政部门依法给予专利实施的强制许可，以及经国务院批准的指定（推广实施）许可。

2. 依照本条规定，任何单位或者个人实施他人专利，无论其实施许可来自专利权人的自愿许可还是由专利行政部门依法给予的强制许可或国务院批准的指定（推广实施）许可，都应当与专利权人订立专利实施许可合同。这里需要说明的是，2008 年修改专利法前，我国专利法规定，任何单位或者个人实施他人专利的，应当与专利权人订立书面实施许可合同。即专利实施许可合同为要式合同。2008 年修改专利法时删除了“书面”二字，即专利实施许可合同为非要式合同，使订立专利实施许可合同的形式更加灵活。

3. 向专利权人支付专利使用费，是被许可实施专利的人应履行的义务，也是专利权人在任何情况下（包括法定许可）所享有的法定权利。只是在不同的许可方式下，该使用费的金额确定方式不同。在约定许可的情形下，由双方约定金额；在强制许可的情形下，有约定则按照约定，约定不成则按照国务院专利行政部门的裁决；在指定许可的情况下，由国家规定。当然，专利权人也有权放弃其收取专利使用费的权利。由于支付使用费是被许可人的法定义务，所以专利权人放弃权利应当是明示的才有效。

4. 无论被许可人以何种方式获得专利实施许可，都没有超越合同的权利，都无权允许合同约定以外的任何单位或者个人实施该专利。这一规定目的在于充分保护专利权人的权利。被许可人只能依据实施许可合同取得专利的实施权，不得行使合同没有明确约定的任何权利。同时，该规定实际上也体现了被许可人“亲自实施”的义务。专利实施许可一般分为普通许可、排他许可、独占许可、部分许可和交叉许可等不同类别，每一类别的许可，许可人与被许可人的权利义务都不尽相同。选择何种许可形式，除法律另有明确规定的情形外，均完全由许可合同的当事人约定。被许可人超越合同约定行使权利，不仅构成违约，而且构成对专利权人的侵权。

相关规定

《中华人民共和国专利法》第六十二条

第十三条　发明专利申请公布后，申请人可以要求实施其发明的单位或者个人支付适当的费用。

条文主旨

本条是关于对发明专利的申请人给予“临时保护”的规定。

立法背景

本法规定专利权的期限是从专利申请日开始计算的，但专利权的取得却以专利权的授予为条件。在提出发明专利申请到被授予专利权之前，其权利主张者仅是申请人，而不具有专利权人的身份。因此，在发明专利申请公布后、专利权被授予前，专利申请人并不享有完整的、充分的、真正的专利权。这是由发明专利申请审查制度的特殊性造成的。本条对临时保护作了规定，明确发明专利申请公布后，申请人可以要求实施其发明的单位或者个人支付适当的费用。本条规定自1984年制定专利法以来，历次均未修改。

条文解读

1. 与实用新型和外观设计单纯的“初步审查”不同，

我国专利制度对发明不仅进行初步审查，而且还采取“实质审查”原则和“早期公开、延迟审查”原则。所谓初步审查，又称为“形式审查”，审查的主要内容是看专利申请文件是否齐备、其形式是否符合法律要求、申请人是否具有合法身份等。对于实用新型和外观设计，只要经过初步审查被认为符合法律要求，就可以被授予专利权，并且将申请内容公开。因此，它们的授权与公开是同步的。在实用新型和外观设计专利被授予之前，公众并不能了解专利申请的内容。但是，对发明专利申请而言，申请内容的公开与专利权的授予却不是同步的。在经过初步审查后，自申请日起满十八个月，发明申请的内容就予以公布，或者根据申请人的请求更早地公布其申请内容，但专利权并不同时授予，而是要等到通过实质审查后，才能被授予专利权。所谓实质审查，就是对发明申请是否具备法律所要求的新颖性、创造性和实用性等授权条件进行审查。这样，就会产生如下矛盾：发明专利申请的内容在被授予专利权之前就已经被公开，因此公众在发明专利申请公开后、专利权被授予前就能够了解到该发明专利申请的内容，并可以根据被公开的专利申请来实施该专利申请所记载的技术方案。而此时，专利权并没有被实际授予，申请人还不具有合法的专利权人的身份，其无权行使禁止权，阻止他人对发明的实施。但是，由于专利权的期限是自专利申请日开始计算的，至少在理论上，发明专利的申请日与授权日之间的这段时间应当是专利权人可以享有权利的期限。而且，由于此时专利权并没有被实际授予，因而在理论上也存在着申请人不能最终获得专利权的可能性。而专利制度本身的作用在于既保护发明人或专利权人的利益，也保护公众利益和促进科技进步、提高全社会的科学技术水平。这就要求在发明专利的申请人与社会公众之间，寻求利益的平衡点。一方面，不能由于一项已经公开的技术尚未取得专利权，就禁止公众善意地实施该技术方案，以牺牲公众利益与整个社会的技术进步为代价来保护申请人的利益；另一方面，也不能无视申请人自身的正当利益而放任公众对申请人发明的掠夺性实施，以伤害申请人发明创造的积极性为代价片面地追求技术的进步。因此，就产生了本条规定的“发明申请公布后，申请人可以要求实施其发明的单位或者个人支付适当的费用”这种临时保护措施。

2. 本条规定的“临时保护”，是对一项尚在申请程序中的发明的专利权处于不确定状态下的“费用请求权”。在这种情形下，法律首先承认公众和社会享受科技进步成果、实施发明技术方案的权利，同时也充分考虑申请人可能最终获得专利权的实际利益，保障公众在享受发明专利申请人所提供的技术成果的同时，给予申请人适当的经济补偿。在实践中，实施该发明的单位和个人往往会以该申请尚未被授予发明专利权而拒绝立即支付使用费。根据专利法实施细则的规定，专利申请人请求管理专利工作的部门调解该纠纷的，只能等到该申请被授予专利权之后才能提出。2000年修改专利法，对发明专利申请公布后、专利权被授予前使用该发明而未支付适当使用费引起争议的诉讼时效作了规定，此次修改，根据民法典关于诉讼时效的规定，专利法对该规定进行了修改完善，规定：发明专利申请公布后至专利权授予前使用该发明未支付适当使用费的，专利权人要求支付使用费的诉讼时效为三年，自专利权人知道或者应当知道他人使用其发明之日起计算，但是，专利权人于专利权授予之日前即已知道或者应当知道的，自专利权授予之日起计算。

相关规定

《中华人民共和国专利法》第三十四条、第三十五条、第七十四条；《中华人民共和国民法典》第一百八十八条

第十四条 **专利申请权或者专利权的共有人对权利的行使有约定的，从其约定。没有约定的，共有人可以单独实施或者以普通许可方式许可他人实施该专利；许可他人实施该专利的，收取的使用费应当在共有人之间分配。**

除前款规定的情形外，行使共有的专利申请权或者专利权应当取得全体共有人的同意。

条文主旨

本条是关于行使共有的专利申请权、专利权的规定。

立法背景

共同专利申请权和专利权在实践中会出现权利共有的情形。如专利法第八条规定，两个以上单位或者个人合作完成的发明创造，当事人没有约定的，申请专利的权利属于完成或者共同完成的单位或者个人。如共同完成人共同提出专利申请、被授予专利权，将出现共有专利权。对于共有专利申请权或者专利权，共有人应当如何分配共有权利，2008 年修改专利法时新增了本条规定。此次未作修改。

条文解读

专利申请权的共有，是指两个以上的单位或者个人共同拥有专利申请权；专利权的共有，是指两个以上的单位或者个人对授予专利权的发明创造具有所有权。本条对共有专利申请权、专利权行使的规定是：

1. 共有人对权利的行使有约定的，从其约定。即专利申请权、专利权的共有人有权对共有权的行使进行协商，作出约定。比如，共有人之间约定，行使共有的专利申请权、专利权必须经全体共有人同意。

2. 共有人对权利的行使未作约定的，共有人可以单独实施或者以普通许可的方式许可他人实施该专利。即本条在规定共有人之间对权利行使的约定优先的前提下，对共有人未作约定的专利权的实施问题作出了规定：一是共有人可以单独实施该专利；二是共有人可以采取普通许可的方式许可他人实施该专利。即许可他人实施该专利时，只能采取普通许可的方式，不能采取排他许可、独占许可等方式，因为这些许可方式会损害其他共有人的利益。比如，排他许可，是指专利权人许可某人实施其专利后，就不能再许可另外的人实施其专利。如果一个共有人以独占许可的方式许可他人实施共有专利，就剥夺了其他共有人许可他人实施共有专利的权利，这对其他共有人不公平。所以，本条对许可他人实施专利的方式作了限制。同时，本条对许可他人实施专利的使用费问题作了规定，即使用费在共有人之间分配。

3. 除上述规定的情形外，行使共有的专利申请权或者专利权，应当取得全体共有人的同意。即在共有人对行使共有的专利申请权或者专利权未作约定的情形下，共有人可以单独实施或者以普通许可方式许可他人实施其专利。除此之外，对其他权利的行使应当取得全体共有人的同意。例如，将共有的专利权进行质押，就应当取得全体共有人的同意。

相关规定

《中华人民共和国专利法》第八条

第十五条 被授予专利权的单位应当对职务发明创造的发明人或者设计人给予奖励；发明创造专利实施后，根据其推广应用的范围和取得的经济效益，对发明人或者设计人给予合理的报酬。

国家鼓励被授予专利权的单位实行产权激励，采取股权、期权、分红等方式，使发明人或者设计人合理分享创新收益。

条文主旨

本条是关于对职务发明创造的发明人或者设计人给予奖励、报酬和激励的规定。

立法背景

发明人或者设计人的智力劳动和单位的物质技术条件对于职务发明创造而言都很重要。根据专利法第六条的规定，职务发明创造的专利申请权和专利权属于单位，同时，专利法也考虑了发明人、设计人的利益，本条规定被授予专利权的单位应当对职务发明创造的发明人或者设计人给予奖励，在发明创造实施后，对发明人或者设计人给予合理的报酬。这也是鼓励发明创造的立法目的的应有之义。2000 年修改专利法时，不再区分专利权的“所有单位”还是“持有单位”，规定“被授予专利权的单位”应当对职务发明创造的发明人或者设计人给予奖励。同时，将发明创造专利实施后，根据其推广应用的范围和取得的经济效益，将对发明人或者设计人“给予奖励”的表述修改为“合理的报酬”。第二款规定为此次修改专利法所增加。

条文解读

1. 本法第六条第一款规定，执行本单位的任务或者主要是利用本单位的物质技术条件所完成的发明创造为职务发明创造。职务发明创造申请专利的权利属于该单位，申请被批准后，该单位为专利权人。根据这一规定，单位享有法律授予专利权人的一切权利。但是，发明创造从根本上来说，是发明人、设计人智力活动的成果。一项发明创造的完成，发明人或者设计人的知识、智慧以及辛勤的劳动，在其中起着至关重要的作用。发明人或者设计人虽然不能享有职务发明创造的专利权，但对其智力劳动，应当给予相应的回报，这有利于发挥个人进行发明创造的积极性，促进科学技术进步和创新。因此，本条规定，对职务发明创造的发明人或者设计人，单位应当给予奖励；在专利实施后，根据实施情况，给予合理的报酬。这里讲的发明人和设计人是指对发明创造的实质性特点作出了创造性贡献的人。在发明创造过程中，只负责组织工作的人、为物质条件的利用提供方便的人以及从事其他辅助工作的人，不应被认为是发明人或者设计人。

2. 依照本条第一款的规定，被授予专利权的单位，不管其被授予专利权的发明创造有没有实施，有没有创造出经济效益，都应当给予发明人或者设计人以奖励。在发明创造专利实施以后，被授予专利权的单位还应根据该发明创造推广应用的范围和取得的经济效益的大小，给予发明人或者设计人合理的报酬。这里所说的“经济效益”，既包括被授予专利权的单位自己实施专利所取得的经济效益，也包括许可他人实施或者转让专利权所取得的经济效益。

3. 关于国家鼓励被授予专利权的单位实行产权激励，采取股权、期权、分红等方式，使发明人或者设计人合理分享创新收益。在提请全国人大常委会初审的专利法修正案草案中，这一内容是在修正案草案第一条关于职务发明的相关规定中，表述为：单位对职务发明创造申请专利的权利和专利权可以依法处置，实行产权激励，采取股权、期权、分红等方式，使发明人或者设计人合理分享创新收益，促进相关发明创造的实施和运用。考虑到对于职务发明，单位是否进行产权激励，如何进行产权激励，属于单位自主决策的范围，法律不宜“一刀切”地提出要求，同时也为体现国家鼓励的导向，经研究明确指出“国家鼓励”，将这些激励性规定作为倡导性规定。考虑到这也是对发明人或者设计人进行激励的规定，故移至第十五条中作为第二款。本款规定比较原则性，是否进行产权激励，采取什么方式，属于单位自主决定的事项。

第十六条 发明人或者设计人有权在专利文件中写明自己是发明人或者设计人。

专利权人有权在其专利产品或者该产品的包装上标明专利标识。

条文主旨

本条是关于发明人、设计人的署名权，专利权人的专利标识权的规定。

立法背景

发明创造是发明人或者设计人的智力劳动成果，为鼓励发明创造，本条第一款赋予了发明人或者设计人在专利文件中署名的权利，这是对发明人或者设计人的精神回报。《保护工业产权巴黎公约》第四条之三也明确规定，发明人有权在专利文件中写明其姓名。专利权人在自己的专利产品或者产品的包装上标明专利标识，可以起到宣传和警示的作用，因此本法对此作了规定。2008 年修改专利法前，本条内容在专利法中是作为两条加以规定的，2008 年修改时将这两条内容合并修改为一条，并将“专利标记和专利号”修改为“专利标识”。此次未作修改。

条文解读

一、发明人、设计人的署名权

1. 署名权是发明人或者设计人的一项重要的人身权利。通过行使署名权，可以让社会了解谁是该项发明创造的发明人、设计人，这体现了对发明人或者设计人智力劳动成果的肯定和尊重。同时，根据本法第六条第二款关于“非职务发明创造，申请专利的权利属于发明人或者设计人；申请被批准后，该发明人或者设计人为专利权人”的规定，对于非职务发明创造来说，发明人或者设计人的署名也是确定申请专利的权利和专利权归属的依据。对于职务发明创造，虽然申请专利的权利和专利权并不属于发明人或者设计人，但本法仍然赋予发明人或者设计人在专利文件中署名的权利，以表明其对该发明创造作出了实质性贡献。对发明人或者设计人智力劳动的成果予以肯定，可以激发发明人或者设计人进行发明创造的积极性，同时也是被授予专利权的单位确定给予奖励和给付报酬对象的依据。

署名权是一种精神权利，属于人身权的一种，同其他权利相比，它具有以下特征：（1）专有性，也称排他性，是指署名权只能由发明人或者设计人享有，其他任何人都不能享有；（2）不可让与性，即署名权是与发明人或者设计人本身不可分离的，与专利申请权和专利权归属的变化无关，即使专利申请权和专利权转让了，受让人也不享有署名权。此外，署名权也是不能继承的。

2. 署名权是法律赋予发明人或者设计人的权利，发明人或者设计人可以行使，也可以不行使。不能以发明人或者设计人没有在专利文件中署名，而认为其不是发明创造的发明人或者设计人。

二、专利权人的专利标识权

专利权人的专利标识权，是指专利权人在自己的专利产品或者该产品的包装上标明专利标识的权利。专利标识是表明该产品属于专利产品的标志，通常标明“专利”或者“中国专利”以及专利号。专利号是指国务院专利行政部门授予专利权的序号。专利权人行使标识权，在自己的专利产品或者产品的包装上标明专利标识，一方面，可以起到宣传的作用，表明自己的产品是获得专利权的产品，从而增加消费者对该产品的信赖，以增强该产品的竞争能力，扩大产品的销路；另一方面，也可以起到警示的作用，表明该产品是专利产品，具有专利权，是受到专利法保护的，他人未经专利权人许可不得随意实施。

三、有些国家把权利人在专利产品上标明专利标识规定为一项义务

专利权人如果未在其专利产品上标示专利标识，他人实施该专利不作为侵犯专利权，权利人不能要求赔偿。这样的规定，对便于公众认识专利产品，简化对专利侵权的认定和取证工作，确有一定作用。但是，这一规定有时很

难操作，有些专利产品，如小的零件，散装的、粉状的产品，就很难在其上标明专利标识。因此，我国专利法把在产品或者包装上标明专利标识规定为专利权人的一项权利，专利权人可以行使，也可以不行使。专利权人未在其产品或者包装上标明专利标识，并不意味着权利人放弃专利保护，他人未经专利权人许可实施该专利的，一样要承担侵权责任。侵权人不能以产品上没有专利标识，不知其属于专利产品为由，要求免除其侵权责任。

第十七条　在中国没有经常居所或者营业所的外国人、外国企业或者外国其他组织在中国申请专利的，依照其所属国同中国签订的协议或者共同参加的国际条约，或者依照互惠原则，根据本法办理。

条文主旨

本条是关于在我国没有经常居所或者营业所的外国人、外国企业或者外国其他组织在我国申请专利应如何办理的规定。

立法背景

1984年专利法第十八条规定：“在中国没有经常居所或者营业所的外国人、外国企业或者外国其他组织在中国申请专利的，依照其所属国同中国签订的协议或者共同参加的国际条约，或者依照互惠原则，根据本法办理。”此后

1992 年、2000 年、2008 年修改专利法时，均未对本条作出修改，此次也保留了该条的全部内容，未作修改。

条文解读

允许外国人在本国申请和获得专利，是《保护工业产权巴黎公约》、世界贸易组织《与贸易有关的知识产权协定》等国际公约规定的一项基本原则，各国专利法律一般都遵循这一原则。1883 年制定的《保护工业产权巴黎公约》第四条之二（1）规定："本联盟国家的国民向本联盟各国申请的专利，与在其他国家，不论是否本联盟的成员国，就同一发明所取得的专利是互相独立的。"上述规定确立了专利权独立原则，实际上就是允许一个成员国的国民在其他成员国获得专利保护。这一规定包含两方面的含义：一方面，对于同一发明，不同成员国有权自主决定是否授予专利权；另一方面，对于被授予的专利权，不同成员国有权自主确定该专利权的效力，以及何种行为构成侵犯专利权的行为。因此，如果一个成员国的国民就其完成的发明想在其他成员国获得专利保护，就必须在希望获得专利保护的成员国分别提出专利申请，且其在某一成员国获得的专利权仅在该成员国范围内有效，并不能在其他成员国内产生法律效力。

允许外国人在本国申请和获得专利，有利于实现国家之间在科学技术方面的交流，也有利于引进外国的先进技术，促进本国经济的发展。但是各国对于如何允许外国人在本国申请和获得专利的做法不完全相同，有的国家无条件地允许外国人在本国申请专利，如美国；有的国家则按照互惠的原则来对待外国人在本国提出的专利申请，如法国《知识产权法典》的“发明专利”编规定，在不损害实施《保护工业产权巴黎公约》各条款的情况下，凡住所或营业所位于法国领土外的一切外国人，均可享受该编的权益，但条件是，法国人在上述外国人之所属国家范围内享有对等的保护。

考虑到我国的国情并参照国际惯例，我国在对待外国人在我国申请专利的问题上，按照其是否在中国有经常居所或者营业所分两种情况处理：第一，在中国有经常居所或者营业所的外国人、外国企业或者外国其他组织在中国申请专利，享有与中国公民、企业和其他组织同等的权利；第二，对于在中国没有经常居所或者营业所的外国人、外国企业或者外国其他组织在中国申请专利的，按照本条规定，分为三种情况分别处理：

1. 依照其所属国同中国签订的协议办理。这里所说的协议，主要是指我国同其他国家签订的双边协议。如果该协议规定，互相允许对方的自然人和企业、其他组织在本国申请专利，那么应当按照此规定办理。

2. 依照其所属国同中国共同参加的国际条约办理。我国已参加了《保护工业产权巴黎公约》《建立世界知识产权组织公约》和 WTO《与贸易有关的知识产权协定》。上述国际条约都规定了各成员国应允许互相申请和获得专利，并实行国民待遇原则。例如，《保护工业产权巴黎公约》第二条第（1）款规定："本联盟任何国家的国民，在保护工业产权方面，在本联盟所有其他国家内应享有各该国法律现在授予或今后可能授予各该国国民的各种利益；一切都不应损害本公约特别规定的权利，因此，他们应和各该国国民享有同样的保护，对侵犯他们权利的行为享有同样的法律上的救济手段，但是以他们遵守对各该国国民规定的条件和手续为限。"因此，对上述国际条约缔约国的公民、法人或者非法人组织在我国申请专利，我国应给予其国民待遇。

3. 依照互惠原则办理。互惠原则又称对等原则，也就是说，如果所属国允许我国的公民或者企业、其他组织在该国申请和获得专利。那么，即使所属国和我国既没有签订有关双边协议，又没有共同加入有关国际条约，我国也允许该国公民或者企业、其他组织在我国申请和获得专利。反之亦然。

相关规定

《保护工业产权巴黎公约》《建立世界知识产权组织公约》《与贸易有关的知识产权协定》；《中华人民共和国民法典》第二十五条、第六十三条。

第十八条 在中国没有经常居所或者营业所的外国人、外国企业或者外国其他组织在中国申请专利和办理其他专利事务的，应当委托依法设立的专利代理机构办理。

中国单位或者个人在国内申请专利和办理其他专利事务的，可以委托依法设立的专利代理机构办理。

专利代理机构应当遵守法律、行政法规，按照被代理人的委托办理专利申请或者其他专利事务；对被代理人发明创造的内容，除专利申请已经公布或者公告的以外，负有保密责任。专利代理机构的具体管理办法由国务院规定。

条文主旨

本条是关于专利代理以及专利代理机构基本执业准则的规定。

立法背景

1984 年制定专利法时，第十九条规定："在中国没有经常居所或者营业所的外国人、外国企业或者外国其他组织在中国申请专利和办理其他专利事务的，应当委托中华人民共和国国务院指定的专利代理机构办理。中国单位或者个人在国内申请专利和办理其他专利事务的，可以委托专利代理机构办理。”2000 年修改专利法时对这一规定进行了修改，将涉外专利代理机构由“国务院指定”改为由“国务院专利行政部门指定”，并增加一款作为第三款：“专利代理机构应当遵守法律、行政法规，按照被代理人的委托办理专利申请或者其他专利事务；对被代理人的发明创造的内容，除专利申请已经公布或者公告的以外，负有保密责任。专利代理机构的具体管理办法由国务院规定。”2008 年修改专利法时，再次对本条进行了修改，将第一款、第二款中的“专利代理机构”明确为“依法设立的专利代理机构”。本次修改专利法，保留了 2008 年专利法第十九条的内容，未作修改。

条文解读

一、专利代理概述

2020 年 5 月 28 日第十三届全国人民代表大会第三次会议通过、2021 年 1 月 1 日起施行的《中华人民共和国民法典》对代理制度作出了规定：第一百六十一条第一款规定，民事主体可以通过代理人实施民事法律行为；第一百六十二条规定，代理人在代理权限内，以被代理人名义实施的民事法律行为，对被代理人发生效力；第一百六十三条规定，代理包括委托代理和法定代理，委托代理人按照被代理人的委托行使代理权，法定代理人依照法律的规定行使代理权。

专利代理是一种委托代理，是指专利代理机构根据被代理人的委托，以被代理人的名义，在代理权限内办理专利申请或者其他专利事务的行为。专利制度的复杂性决定了专利代理产生和存在的必然性。从专利申请、审查到批准，手续复杂、格式严谨、专业性强，一般人难以完全掌握，而这恰恰可能会影响专利权的获得和保护。这就从客观上要求有一批经过严格的专业训练，精通技术、法律、经济的专门人才帮助专利申请人或专利权人处理专利事务。许多国家的专利法中都对专利代理专门作出规定。

二、专利代理的具体情形

本条第一款、第二款分别对在中国没有经常居所或者营业所的外国人、外国企业或者外国其他组织在中国申请专利和办理其他专利事务的委托代理，中国单位或者个人在国内申请专利和办理其他专利事务的委托代理问题作了规定。

（一）涉外专利事务应当委托代理

考虑到各国专利法规定的申请本国专利及办理其他专利事务的程序往往各有不同，外国的发明人或者设计人对我国专利法律的各项规定难以完全了解，对于在我国没有经常居所或者营业所的外国人、外国企业或者外国其他组织需要在我国申请专利或者办理其他专利事务的，由我国的专利代理机构代为办理，既可以为有关外国当事人提供方便，也便于我国专利管理机关及时、准确地处理这类专利事务，如进行有关文件、资料的交换、送达等。为此，本条第一款规定，在中国没有经常居所或者营业所的外国人、外国企业或者外国其他组织在中国申请专利和办理其他专利事务的，应当委托依法设立的专利代理机构办理。也就是说，允许所有依法设立的专利代理机构承接外国人、外国企业或者外国其他组织向中国申请专利的有关业务。这样规定使在中国没有经常居所或者营业所的外国人、外国企业或者外国其他组织在中国申请专利和办理其他专利事务时，对代理人的选择范围更大了，办理专利事务更加便利。

（二）国内专利事务可以委托代理

考虑到国内的单位或者个人有条件熟悉我国专利法律的各项规定，有些单位或者个人有能力也愿意自己直接办理专利申请或者其他专利事务；而有些单位或者个人也可能没有能力或者不愿意自己直接办理，愿意委托专利代理机构代为办理。这两种情况都应当允许。因此，本条第二款规定，中国单位或者个人在国内申请专利和办理其他专利事务的，可以委托依法设立的专利代理机构办理。当然也可以不委托专利代理机构而由自己直接办理。

三、专利代理机构的基本执业准则

本条第三款规定了专利代理机构的基本执业准则。具体包括：

1. 遵守法律、行政法规。专利代理机构为委托人办理专利事务，必须遵守专利法及专利法实施细则等法律、行政法规的规定，不得有弄虚作假或其他违法行为。这是对专利代理机构执业最基本的要求。

2. 按照被代理人的委托办理专利申请或者其他专利事务。专利代理机构是接受委托人的委托，以委托人的名义代为办理专利事务的社会中介机构。专利代理机构和委托人之间的关系是一种委托代理的合同关系，应当受民法典“合同”编的“通则”分编以及“典型合同”分编第二十三章“委托合同”的调整。专利代理机构只能按照委托人的授权办理有关专利事务，其在委托权限内的代理行为的法律后果由委托人承担；专利代理机构不按委托人的委托办理专利事务的，属于无权代理或者越权代理，其行为的后果对委托人不产生法律效力。

3. 保密责任。专利代理机构在从事专利代理工作的过程中，会知悉委托人发明创造的内容，除专利申请已经公布或者公告的以外，专利代理机构对委托人发明创造的内容负有保密的义务。

此外，本条第三款还规定，专利代理机构的具体管理办法由国务院规定。国务院已经颁布了《专利代理条例》(1991 年发布，2018 年进行了修订)，专利代理机构应当依照本法和国务院的有关规定从事专利代理工作。

相关规定

《中华人民共和国民法典》第一百六十一条、第一百六

十二条、第一百六十三条、第一百六十五条至第一百七十二条、第四百六十三条至第五百九十四条、第九百一十九条至第九百三十六条

第十九条 任何单位或者个人将在中国完成的发明或者实用新型向外国申请专利的，应当事先报经国务院专利行政部门进行保密审查。保密审查的程序、期限等按照国务院的规定执行。

中国单位或者个人可以根据中华人民共和国参加的有关国际条约提出专利国际申请。申请人提出专利国际申请的，应当遵守前款规定。

国务院专利行政部门依照中华人民共和国参加的有关国际条约、本法和国务院有关规定处理专利国际申请。

对违反本条第一款规定向外国申请专利的发明或者实用新型，在中国申请专利的，不授予专利权。

条文主旨

本条是关于向外国申请专利应当事先进行保密审查，以及国务院专利行政部门处理专利国际申请的法律适用的规定。

立法背景

2008 年修改前的专利法对中国单位或者个人向外国申

请专利作了规定，其中包括保密的要求，明确：中国单位或者个人将其在国内完成的发明创造向外国申请专利的，应当先向国务院专利行政部门申请专利，委托其指定的专利代理机构办理，并遵守本法第四条（申请专利的发明创造涉及国家安全或者重大利益需要保密的，按照国家有关规定办理）的规定。这一规定的不足之处在于：一是主体仅限于中国的单位或者个人，不包括外国的单位或者个人，范围较窄；二是将发明创造的范围限于中国的单位或者个人自己在国内完成并申请外国专利的情形，不涉及接受转让该发明创造的单位或者个人（包括外国企业、其他组织或者个人在内的其他单位或者个人）作为申请人向外国申请专利的情形。三是只规定应当事先向国务院专利行政部门申请专利，但未规定时间限制，使申请人在向中国申请专利后即可向外国申请专利，达不到通过要求先向中国申请专利而对其专利申请进行保密审查的目的。同时，这一规定要求必须向中国申请专利，对申请人选择在哪国申请专利的权利作了不必要的限制。为此，2008 年修改专利法时对这一条的内容作了修改和完善。同时，考虑到外观设计仅涉及产品的富有美感并适于工业应用的外部设计方案，一般不涉及国家安全或者重大利益，不再要求对外观设计专利申请进行保密审查。2008 年专利法第二十条规定："任何单位或者个人将在中国完成的发明或者实用新型向外国申请专利的，应当事先报经国务院专利行政部门进行保密审查。保密审查的程序、期限等按照国务院的规定执行。中国单位或者个人可以根据中华人民共和国参加的有关国际条约提出专利国际申请。申请人提出专利国际申请的，应当遵守前款规定。国务院专利行政部门依照中华人民共和国参加的有关国际条约、本法和国务院有关规定处理专利国际申请。对违反本条第一款规定向外国申请专利的发明或者实用新型，在中国申请专利的，不授予专利权。”此次保留了2008年专利法第二十条的内容，未再作修改。

条文解读

一、关于向外国申请专利的保密审查

原则上，获得专利权的发明创造应该公开，但如果申请专利的发明创造涉及国家安全或者重大利益，一旦公开，可能损害国家安全或者重大利益，则应当对其采取必要的保密措施。本法总则部分第四条规定，申请专利的发明创造涉及国家安全或者重大利益需要保密的，按照国家有关规定办理。本条第一款对在中国完成的发明或者实用新型向外国申请专利的保密审查作了进一步细化的规定。

1. 本条第一款规定，任何单位或者个人将在中国完成的发明或者实用新型向外国申请专利的，应当事先报经国务院专利行政部门进行保密审查。这一规定包含三层意思：首先，保密审查的范围限于向外国申请专利的发明和实用新型，不包括外观设计，且该发明和实用新型必须是在中

国完成的，不论其是由申请人完成的，还是由他人完成后转让给申请人的；其次，申请保密审查的主体是准备将上述发明或者实用新型向外国申请专利的任何单位或者个人；最后，申请人应当在向外国申请专利前，将该发明或者实用新型报经国务院专利行政部门进行保密审查。

2. 保密审查的程序、期限等按照国务院的规定执行。在实践中，向外国申请专利的情形很复杂，有的申请人可能先向中国申请专利，经过保密审查后再向外国申请专利；有的申请人可能不向中国申请专利，直接向外国申请专利而专门提出保密审查，因而保密审查的程序、期限等应当各有不同。为此，本条授权国务院对保密审查的程序、期限等作出具体规定。

二、关于专利国际申请

本条第二款第一句规定，中国单位或者个人可以根据我国参加的有关国际条约提出专利国际申请。“有关国际条约”目前指的是我国已经加入的《专利合作条约》（PCT），“专利国际申请”指的是按照该条约提出的国际申请。根据PCT的规定，专利申请人可以通过PCT途径递交国际专利申请，向多个国家申请专利。PCT中涉及的专利类型仅有发明和实用新型两种，不包含工业品外观设计。因此，目前我国的“专利国际申请”仅包括发明或实用新型的国际申请，不包含工业品外观设计。专利国际申请的宗旨在于简化当专利申请人需要向多国申请专利时的手续。申请人根据该条约，可以在本国专利局用一种语言按照统一的格式，提出一个在各指定国都产生正式效力的国际申请，从而避免因需要分别在各国提出专利申请而造成的许多不便和耗费大量的时间。同时，在专利国际申请进入国内阶段后，各国专利审批机关可以收到国际申请文件的译本、国际检索报告和国际初步审查报告，这就大大减少了有关国家专利审批机关检索和审查的工作量，从而可以提高工作效率。对于没有技术或者经济力量进行检索或者审查的国家，可以依赖国际检索单位的检索结果进行审查，在客观上促进了各国专利机关之间的交流与合作。

专利国际申请，也属于向外国申请专利，因此本条第二款特别强调，提出专利国际申请，应当符合本条第一款关于保密审查的规定。

三、关于专利国际申请的处理

本条第三款对国务院专利行政部门如何处理专利国际申请作了规定，明确处理专利国际申请，应当依照中华人民共和国参加的有关国际条约（如《专利合作条约》）、本法和国务院有关规定进行。

四、关于违反保密审查义务的法律后果

本条第四款对违反本条第一款的行为规定了法律后果，即对未依法经过保密审查而向外国申请专利的发明或者实用新型，其后又在中国申请专利的，不授予专利权。

相关规定

《专利合作条约》;《中华人民共和国专利法》第四条

第二十条　申请专利和行使专利权应当遵循诚实信用原则。不得滥用专利权损害公共利益或者他人合法权益。

滥用专利权，排除或者限制竞争，构成垄断行为的，依照《中华人民共和国反垄断法》处理。

条文主旨

本条是关于申请专利和行使专利权应当遵循诚实信用原则和不得滥用专利权的规定。

立法背景

诚实信用原则和权利不得滥用原则，是民商事法律的基本原则。民法典第七条规定，民事主体从事民事活动，应当遵循诚信原则，秉持诚实，恪守承诺；第一百三十二条规定，民事主体不得滥用民事权利损害国家利益、社会公共利益或者他人合法权益。反垄断法第五十五条对知识产权的权利滥用作出明确规定，经营者依照有关知识产权的法律、行政法规规定行使知识产权的行为，不适用本法；但是，经营者滥用知识产权，排除、限制竞争的行为，适用本法。

实践中，在申请专利、使用专利过程中出现了一些不诚信现象。例如，编造技术方案、虚构实验数据骗取专利授权，甚至进而骗取政府补贴、单位奖励、减刑假释等；又如，利用实用新型、外观设计专利授权无须经过实质性审查的特点，故意将他人使用的现有技术、现有设计注册为专利，或者在专利申请文件中提出表述模糊的权利要求，在取得专利权后，向他人发送侵权律师函要求支付许可使用费，或者先提起侵权诉讼后要求对方支付和解金。针对实践中存在的问题，为强调诚实信用，规制权利滥用，与民法典和反垄断法有关规定相衔接，本次修改专利法专门增加了关于诚信原则和禁止权利滥用的规定。

条文解读

一、关于诚实信用原则

诚实信用原则是各国民法公认的基本原则，要求民事主体在从事任何民事活动时，包括行使民事权利、履行民事义务、承担民事责任时，都应当诚实、守信，正当行使权利和履行义务。我国民法也将诚实信用原则作为最重要的基本原则，早在 1986 年通过的民法通则第四条中就规定："民事活动应当遵循自愿、公平、等价有偿、诚实信用的原则。"后来，2017 年通过的民法总则第七条规定："民事主体从事民事活动，应当遵循诚信原则，秉持诚实，恪守承诺。”2021 年 1 月 1 日起施行的民法典第七条完全沿袭了民法总则第七条的规定。诚实信用原则的内涵和外延都是概括性的，具有很强的适用性。民事主体从事任何民事活动都应当遵守该原则。知识产权的取得和行使，应当遵守诚信原则，已经成为共识，并在相关法律中有所体现，如商标法第七条第一款规定：“申请注册和使用商标，应当遵循诚实信用原则。”

专利权，作为一种基本的民事权利，在其申请和行使阶段，也应遵循诚实信用原则，不能通过抄袭、伪造等手段获得专利权，不得违反诚信原则行使专利权。从国际实践看，许多国家的专利法律中也对专利领域的诚信原则做了规定。例如，美国《专利法》第一百一十五条要求申请人提出专利申请时宣誓或者声明，申请人是所申请专利的原始而最早的发明人。日本《专利法》（2008 年修改）在法律责任部分（第一百九十八条）引用其《民事诉讼法》的规定，专利申请人或者专利权人有义务向特许厅提交文件或者陈述的，如果其中有虚假陈述，判三年以下徒刑或者处三百万日元以下罚金。

二、关于专利权不得滥用

权利不得滥用是民事活动的基本原则。民法典第一百三十二条规定，民事主体不得滥用民事权利损害国家利益、社会公共利益或者他人合法权益。为与民法典相衔接，本次修改专利法专门增加规定，明确了不得滥用专利权损害公共利益或者他人合法权益。

有两个问题需要说明：其一，滥用专利权是一个广泛的概念，并不限于反垄断方面即滥用专利权排除限制竞争的行为，还包括其他类型的滥用专利权的情形，在实践中专利领域存在的恶意诉讼（如明知其专利不稳定的实用新型和外观设计专利权人恶意提起侵权诉讼、恶意申请禁令等）、“放水养鱼”（专利权人明知他人侵犯其专利权，不及时提起侵权诉讼，而是在侵权人产业做强后再提起诉讼等）等，也都可能构成专利权的滥用。其二，加强对专利权的保护仍然是我国专利领域面临的一项重要任务，规制专利权的滥用与加强对专利权的保护之间并不矛盾。在加强专利权保护的同时，需要引导专利权人正当行使其权利；在规制专利权滥用的同时，也需要注意对专利权人合法权益的保护。

三、关于滥用专利权排除限制竞争

滥用专利权排除限制竞争，是一种比较典型的专利权滥用行为。反垄断法对此作了规定，明确了经营者依照有关知识产权的法律、行政法规规定行使知识产权的行为，不适用本法；但是，经营者滥用知识产权，排除、限制竞争的行为，适用本法。

专利权具有专有性和排他性，即专利权人可以在法律授权的范围内排他性地享有或者行使其权利。基于此，权利人可以在一定时间和一定领域内就某种产品的生产或者销售取得市场优势地位甚至是市场支配地位，这会对竞争造成一定的影响；同时，专利权人还有权许可他人使用其专利，如果专利权人在许可协议中附加一定的限制性条件，也会在一定程度上排除和限制竞争。但是，行使专利权对竞争的限制，是法律对各种利益关系进行利弊权衡后所允许的，即为了促进技术创新而不可避免地对竞争产生一定的限制。因专利权而形成的天然垄断地位以及因专利权的行使而对竞争的限制，是基于法律的授权，是合法的。但是，如果专利权人超出法律对其专有权规定的范围而滥用权利，排除、限制竞争，以谋取或加强其垄断地位，这种对专利权的滥用，是不受保护的，应当受反垄断法的调整。为制止滥用专利权排除限制竞争的行为，与反垄断法相关规定相衔接，本条第二款明确：滥用专利权，排除或者限制竞争，构成垄断行为的，依照《中华人民共和国反垄断法》处理。

相关规定

《中华人民共和国民法典》第七条、第一百三十二条；《中华人民共和国商标法》第七条；《中华人民共和国反垄断法》第五十五条

第二十一条 **国务院专利行政部门应当按照客观、公正、准确、及时的要求，依法处理有关专利的申请和请求。**

国务院专利行政部门应当加强专利信息公共服务体系建设，完整、准确、及时发布专利信息，提供专利基础数据，定期出版专利公报，促进专利信息传播与利用。

在专利申请公布或者公告前，国务院专利行政部门的工作人员及有关人员对其内容负有保密责任。

条文主旨

本条是关于国务院专利行政部门应当遵守的基本准则、履行的工作职责，以及其工作人员及有关人员保密义务的规定。

立法背景

1984年专利法第二十一条规定，在专利申请公布或者公告前，专利局工作人员及有关人员对其内容负有保密责任。2000年修改专利法时增加了一款作为第一款：国务院专利行政部门及其专利复审委员会应当按照客观、公正、准确、及时的要求，依法处理有关专利的申请和请求。2008年修改专利法时又增加了一款作为第二款：国务院专利行政部门应当完整、准确、及时发布专利信息，定期出版专利公报。此次修改，对2008年专利法第二十一条进行了修改：从第一款中删除了“及其专利复审委员会”；在第二款中增加了“加强专利信息公共服务体系建设”“提供专利基础数据”“促进专利信息传播与利用”的表述；第三款未作修改。

条文解读

一、专利审查工作的基本要求

专利权需要经国务院专利行政部门审查符合法定条件后才被授予。为了确保国务院专利行政部门依法正确履行审查职责，本条第一款对国务院专利行政部门在处理专利申请或请求时应当遵守的基本准则作了规定，即国务院专利行政部门应当按照客观、公正、准确、及时的要求，依法处理有关专利的申请和请求。

“客观、公正、准确、及时”这八字准则是2000年修改专利法时增加的内容。当时有意见提出，国务院专利行政部门对一些专利申请的审批时间过长，这不利于鼓励发明创造，不利于保护专利申请人和专利权人的利益，不利于及时处理专利权纠纷。建议在专利法中对专利申请的审批及对复审请求作出决定的时限作出具体规定。也有意见认为，专利审批和复审中存在处理时间过长的问题，原因是多方面的。国务院专利行政部门对此也十分重视，采取了多项措施加以解决，并已取得明显成效。但在专利法中规定具体的审查时限，则应慎重。各国尚无在法律中规定专利审查时限的先例。全国人大常委会对这两方面的意见进行研究后认为，在专利法中还难以对专利审批和专利复审的时限作出具体规定，但是应当要求国务院专利行政部门及其专利复审委员会在处理专利申请或复审请求时，在保证客观、公正、准确的前提下，做到“及时”，将其作为专利行政管理工作的法定职责，由专利行政部门及专利复审委员会在工作中具体落实。这一次修改专利法，由于专利复审委员会已被取消，因此相应删除了本条第一款中的“及其专利复审委员会”修改为“国务院专利行政部门应当按照客观、公正、准确、及时的要求，依法处理有关专利的申请和请求”。

这八字准则体现了法律对国务院专利行政部门的工作人员在处理专利申请或请求时的严格要求：“客观”是要求国务院专利行政部门的工作人员应当实事求是，以事实为依据来处理专利申请或请求，不能主观臆断。“公正”是要求国务院专利行政部门的工作人员应当适用同一审查标准平等地处理专利申请或请求，不偏袒、不徇私，做到专利审查标准面前一律平等。“准确”是要求国务院专利行政部门在处理专利申请或请求时应当严格依据相关法律法规，做到准确无误，不出差错。“及时”，是要求国务院专利行政部门应当尽快处理专利申请或请求，不得有不合理的延误。国务院专利行政部门应当按照上述准则要求，制定具体办法，努力改进工作，完善工作程序，增加审查力量，进一步提高审查人员素质，保证审查质量，提高审查效率。

二、专利信息公共服务体系建设

专利制度的两大基本功能：一是专利的授权及保护，二是专利信息的公开和利用。及时发布、传播和有效利用专利信息，对提高创新起点、减少重复研发、避免侵犯他人专利权、促进创新等具有重要意义。据世界知识产权组织（WIPO）统计，全世界每年发明创造成果的90%～95%体现在专利文献中，充分利用专利信息，可以缩短60%的研发时间，节约40%的研发资金。美国、日本、欧洲等多个国家和地区的专利法，均规定了专利主管部门负责专利信息公共服务、提供专利信息基础数据等内容。

2008年修改专利法时，新增加了原第二十一条第二款的内容，即“国务院专利行政部门应当完整、准确、及时发布专利信息，定期出版专利公报”。随着信息化的迅速发展，社会各方面对专利信息公共服务平台数据范围、下载速度、功能的要求不断提高，创新主体对专利信息服务的需求日益个性化、多样化。为了进一步满足社会需求，对专利信息利用与服务体系从制度上予以总体安排，并进一步明确政府部门更好地开展专利信息公共服务工作的职责，这次修改专利法，在上述规定的基础上增加了国务院专利行政部门应当“加强专利信息公共服务体系建设”“提供专利基础数据”“促进专利信息传播与利用”的规定，形成了现在的第二款，即国务院专利行政部门应当加强专利信息公共服务体系建设，完整、准确、及时发布专利信息，提供专利基础数据，定期出版专利公报，促进专利信息传播与利用。本款规定主要基于以下考虑：

首先，有必要在专利法中明确国务院专利行政部门负责专利信息公共服务体系建设的职责。

其次，国务院专利行政部门在专利审批以及国际交换中积累了大量基础数据。明确规定其“提供专利基础数据”的职责，将更好地促进专利信息的传播与利用，降低基础数据的获取成本，促进知识产权服务机构对基础数据进行加工，开发出高附加值的专利信息产品，满足多层次、个性化的市场需求，从而释放数据红利，促进信息消费和服务模式创新，促进形成经济发展新动能。

最后，要求国务院专利行政部门应当完整、准确、及时发布地专利信息，定期出版专利公报，促进专利信息传播与利用，以使社会公众及时了解相关专利信息，并充分利用专利信息。

三、专利审查机构工作人员及有关人员的保密义务

本条第三款规定，在专利申请公布或者公告前，国务院专利行政部门的工作人员及有关人员对其内容负有保密责任。“公布”是指发明专利申请依照专利法第三十四条的规定，经国务院专利行政部门初步审查合格后的公布。“公告”是指实用新型和外观设计专利申请依照专利法第四十条的规定，经国务院专利行政部门初步审查合格后授予实用新型专利权或者外观设计专利权的公告。“国务院专利行政部门的工作人员及有关人员”是指国务院专利行政部门中担任专利申请的受理、分类、初步审查和实质审查的工作人员，以及其他所有能接触到专利申请的人员。例如，打字员、文件递送人员等。

在专利申请依法公布或者公告前，专利申请的内容属于申请人的技术秘密，还不能获得专利法提供的保护。负责处理专利申请的国务院专利行政部门的工作人员及其他有可能在专利申请公布或者公告前了解专利申请内容的人员，都应当在专利申请公布或者公告前，对专利申请的内容承担保密义务，不得泄露专利申请的内容。否则，势必给专利申请人带来损失，使专利申请人认为没有安全感而不愿意申请专利，同时也会损害国家行政机关的形象。为此，本条第三款对国务院专利行政部门的工作人员及其他有关人员对专利申请的保密义务作了明确规定，有关人员必须严格遵守。

相关规定

《中华人民共和国专利法》第三十四条、第四十条

第二章　授予专利权的条件

第二十二条　授予专利权的发明和实用新型，应当具备新颖性、创造性和实用性。

新颖性，是指该发明或者实用新型不属于现有技术；也没有任何单位或者个人就同样的发明或者实用新型在申请日以前向国务院专利行政部门提出过申请，并记载在申请日以后公布的专利申请文件或者公告的专利文件中。

创造性，是指与现有技术相比，该发明具有突出的实质性特点和显著的进步，该实用新型具有实质性特点和进步。

实用性，是指该发明或者实用新型能够制造或者使用，并且能够产生积极效果。

本法所称现有技术，是指申请日以前在国内外为公众所知的技术。

条文主旨

本条是关于授予专利权的发明和实用新型应当具备的

实质要件的规定。

立法背景

1984年专利法第二十二条规定："授予专利权的发明和实用新型，应当具备新颖性、创造性和实用性。新颖性，是指在申请日以前没有同样的发明或者实用新型在国内外出版物上公开发表过、在国内公开使用过或者以其他方式为公众所知，也没有同样的发明或者实用新型由他人向专利局提出过申请并且记载在申请日以后公布的专利申请文件中。创造性，是指同申请日以前已有的技术相比，该发明有突出的实质性特点和显著的进步，该实用新型有实质性特点和进步。实用性，是指该发明或者实用新型能够制造或者使用，并且能够产生积极效果。"2008年修改专利法时，将新颖性的判断标准由"相对新颖性"改为"绝对新颖性"，并引入了"现有技术"的概念，即将第二款修改为："新颖性，是指该发明或者实用新型不属于现有技术；也没有任何单位或者个人就同样的发明或者实用新型在申请日以前向国务院专利行政部门提出过申请，并记载在申请日以后公布的专利申请文件或者公告的专利文件中。"将第三款修改为："创造性，是指与现有技术相比，该发明具有突出的实质性特点和显著的进步，该实用新型具有实质性特点和进步。"同时增加了一款作为第五款："本法所称现有技术，是指申请日以前在国内外为公众所知的技术。”此次保留了2008年专利法第二十二条的内容，未作修改。

条文解读

一、概述

按照本条第一款规定，授予专利权的发明和实用新型必须具备新颖性、创造性和实用性，即通常所说的专利“三性”要件。这是各国专利法普遍采用的准则，也是世界贸易组织《与贸易有关的知识产权协定》（TRIPS）所确认的准则。TRIPS第二十七条“可授予专利的客体”第一款中规定，在遵守第二款和第三款规定的前提下，专利可授予所有技术领域的任何发明，无论是产品还是方法，只要它们具有新颖性，包含发明性步骤，并可供工业应用即可。

二、关于新颖性要求

专利制度的性质决定了被授予专利权的发明或者实用新型首先应当具有新颖性。本条第二款对“新颖性”的含义作了规定，即是指该发明或者实用新型不属于现有技术；也没有任何单位或者个人就同样的发明或者实用新型在申请日以前向国务院专利行政部门提出过申请，并记载在申请日以后公布的专利申请文件或者公告的专利文件中。这一规定旨在防止对已为公众知悉的技术授予发明和实用新型专利权。

1. 判断是否具有新颖性，以申请专利的发明或实用新型是否属于现有技术为准。按照本条第五款的规定，所谓现有技术，是指申请日以前在国内外为公众所知的技术。具体而言，申请专利的发明或者实用新型在申请日以前不得通过以下任何一种方式在国内或者国外为公众所知：（1）出版物公开，即在申请日以前的正式出版物上已经记载了同样发明创造的情况。出版物既包括各种专利文献、报纸、杂志、书籍、学术论文、教科书、样本、产品目录、技术手册等，也包括采用电、光、照相等方法制成的各种缩微胶片、影片、照相底片、磁带、唱片、光盘、U 盘等非纸质信息载体。出版物不受地理位置、语言或者获得方式的限制，也不受年代的限制。对于一些标有“内部刊物”等字样的出版物，如果是在特定范围内要求保密的，则不属于公开出版物。（2）使用公开，即由于该项技术的应用而向公众公开了该项技术的内容，如新产品的制造、销售、使用和公开展示、表演等。（3）以其他方式为公众所知。例如，口头公开，如报告、讨论会发言、广播或者电视的播放，以及通过互联网、智能移动终端等新型信息载体（如网站、公众号等）等能够使公众得知技术内容的方式。处于保密状态的技术内容由于公众不能得知，因此不属于现有技术。但是，如果负有保密义务的人违背保密义务、泄露秘密，导致技术内容公开，使公众能够得知这些技术，这些技术也就构成了现有技术的一部分。

需要特别说明的是，在专利新颖性的判断标准上，我国在2008年专利法修改之前采用的是“相对新颖性标准”，即申请专利的发明或实用新型在申请日以前没有同样的发明或者实用新型在国内外出版物上公开发表过、在国内公开使用过或者以其他方式为公众所知。这样规定允许虽未公开出版但已经在国外公开使用或者以其他方式为公众所知的发明或者实用新型在中国获得专利权。这在当时我们对国外技术缺乏足够了解的背景下，有利于鼓励引进国外的先进技术；同时，当时专利审查部门对国外使用公开和其他形式的公开也缺乏检索条件，将其纳入新颖性判断标准较难操作，因此是合理的。但是，随着对外交流的发展和深入，尤其是互联网技术的发展，我国在及时了解国外技术的使用公开和其他形式的公开情况方面已经有了明显的进步；同时，随着经济的发展，“相对新颖性”判断标准的弊端也开始凸显：一是将国外已经公知的技术和设计授予专利权，不利于鼓励真正的创新；二是国外已经公知的技术和设计应当进入公共领域，任何单位和个人有权自由应用，授予个别单位或者个人专利权有损公众的利益。因此，2008年修改专利法时提高了授予专利权的条件，将授予专利权的新颖性标准由“相对新颖性”改为“绝对新颖性”，即授予专利权的发明或者实用新型在申请日以前不得在国内或者国外以任何形式为公众所知。

2. 判断是否具有新颖性的时间界限，以提出专利申请的申请日为基准。这也是世界上绝大多数国家专利法规定的标准。按照本法第二十八条的规定，国务院专利行政部门收到专利申请文件之日为申请日。如果申请文件是邮寄的，以寄出的邮戳日为申请日。享有优先权的，则指优先权日。申请专利的发明和实用新型，只要是在申请日之前的现有技术中所没有的，即具有新颖性。

3. 同样的发明或者实用新型在此前是否已有任何单位或者个人提出过申请并记载在专利文件中，即习惯上所称的“抵触申请”。由于一项发明创造只能授予一项专利权。因此，如果申请日以前已经有任何单位或者个人（包括申请人本人）以相同的发明或者实用新型向国务院专利行政部门提出过申请，并且记载在申请日之后公布的专利申请文件中，为避免对同样的发明或者实用新型专利申请重复授权，则视先申请的发明或者实用新型为后申请的发明或者实用新型的现有技术，后一申请则不具备新颖性，不能被授予专利权。

需要说明的是，在2008年修改前的专利法中，抵触申请的判断标准是：只有“他人”就同样的发明或者实用新型在申请日以前向国务院专利行政部门提出过申请，并记载在申请日以后公布的专利申请文件或者公告的专利文件中，才是抵触申请；本人就同样的发明或者实用新型在申请日以前提出过专利申请的，该发明或者实用新型不丧失新颖性。这样规定，可能存在一个问题：如果申请人先申请实用新型专利权，可以获得十年的保护期；在保护期终止前，该申请人就同样的专利技术申请发明专利的，可以再获得二十年的保护期，这将导致一项专利技术的保护期限超过二十年，与本法的立法本意不符。为了解决上述问题，2008 年修改专利法时将“他人”修改为“任何单位或者个人”，即申请人本人在申请日以前向国务院专利行政部门提出过发明或者实用新型专利申请的，该发明或者实用新型也丧失新颖性。这样一来，除本法第九条的规定外，一项专利技术只能授予一项专利权，自然不存在专利期限延长的问题。根据本法第九条第一款的规定，同一申请人在“同日”的条件下可以对同样的发明创造既申请实用新型专利又申请发明专利，先获得的实用新型专利权尚未终止，且申请人声明放弃该实用新型专利权的，可以授予发明专利权。两项专利权虽然前后衔接，但这两项申请的申请日相同，即专利权保护期的起算时间相同，该项专利技术的最长保护期间就是发明专利权的最长保护期间，即二十年，也不会发生专利期限不当延长的问题。

三、关于创造性要求

一项发明或者实用新型想要被授予专利权，仅仅具有新颖性还不够，还必须具有创造性。本条第三款对“创造性”的含义作了规定，即是指与现有技术相比，该发明有突出的实质性特点和显著的进步，该实用新型具有实质性特点和进步。

1. 判断一项申请专利的发明是否符合创造性的标准，

是该项发明是否具有“突出的实质性特点”和“显著的进步”。这里所说的“突出的实质性特点”，是指发明与现有技术相比具有明显的本质区别，对于发明所属技术领域的普通技术人员来说是显而易见的，他不能直接从现有技术中得出构成该发明全部的必要技术特征，也不能通过逻辑分析、推理或者试验而得到。如果通过以上方式就能得到该发明，则该发明就不具备“突出的实质性特点”。这里所说的“显著的进步”，是指从发明的技术效果上看，与现有技术相比具有长足的进步。包括：（1）发明解决了人们一直渴望解决，但始终未能获得成功的技术难题；（2）发明克服了技术偏见；（3）发明取得了意想不到的技术效果；（4）发明在商业上获得了成功。

2. 判断一项申请专利的实用新型是否符合创造性的标准，相对于发明专利来讲，要求要低一些，只要该实用新型有实质性特点和进步即可，不要求“突出”和“显著”。

四、关于实用性要求

一项发明或者实用新型如果想被授予专利权，不能是抽象的、纯理论的，还必须能实际应用，即具有“实用性”。本条第四款对“实用性”的含义作了规定，即是指该发明或者实用新型能够制造或者使用，并且能够产生积极效果。

1. 能够制造或者使用。作为发明或者实用新型的技术方案，应当是可以实施的，即如果该发明创造的目的是制造一种产品，那么这一产品就必须能够按照发明创造的技术方案被制造出来；如果发明创造是一种工艺方法，则这种工艺方法应当可以在实际产业中制造或者使用。发明或者实用新型作为一种技术方案应当可以重复实现。即所属技术领域的技术人员，根据公开的技术内容，能够重复实施专利申请中为达到其目的所采用的技术方案。如果是一种产品，应当可以重复被制造出来；如果是一种方法，则应当可以反复使用。

2. 能够产生积极的效果。发明或者实用新型同现有技术相比，其所产生的经济、技术和社会效果应当是积极和有益的。例如，提高产品质量、改善劳动条件、节约能源、防治污染，等等。明显无益、脱离社会需要、严重污染环境、严重浪费能源或者资源、损害人体健康的发明或者实用新型不具备实用性。

相关规定

《与贸易有关的知识产权协定》（TRIPS）第二十七条；《中华人民共和国专利法》第九条、第二十八条

第二十三条 授予专利权的外观设计，应当不属于现有设计；也没有任何单位或者个人就同样的外观设计在申请日以前向国务院专利行政部门提出过申请，并记载在申请日以后公告的专利文件中。

授予专利权的外观设计与现有设计或者现有设计特征的组合相比，应当具有明显区别。

授予专利权的外观设计不得与他人在申请日以前已经取得的合法权利相冲突。

本法所称现有设计，是指申请日以前在国内外为公众所知的设计。

条文主旨

本条是关于授予专利权的外观设计应当具备的条件的规定。

立法背景

1984 年专利法第二十三条规定："授予专利权的外观设计，应当同申请日以前在国内外出版物上公开发表过或者国内公开使用过的外观设计不相同或者不相近似。"2000 年修改专利法时将本条修改为"授予专利权的外观设计，应当同申请日以前在国内外出版物上公开发表过或者国内公开使用过的外观设计不相同和不相近似，并不得与他人在先取得的合法权利相冲突。"2008 年修改专利法时又将本条修改为："授予专利权的外观设计，应当不属于现有设计；也没有任何单位或者个人就同样的外观设计在申请日以前向国务院专利行政部门提出过申请，并记载在申请日以后公告的专利文件中。授予专利权的外观设计与现有设计或者现有设计特征的组合相比，应当具有明显区别。授予专利权的外观设计不得与他人在申请日以前已经取得的合法权利相冲突。本法所称现有设计，是指申请日以前在国内外为公众所知的设计。”此次本条保留了 2008 年专利法第二十三条的内容，未作修改。

条文解读

一、概述

根据本法第二条第四款的规定，外观设计是指对产品的整体或者局部的形状、图案或者其结合以及色彩与形状、图案的结合所作出的富有美感并适于工业应用的新设计。外观设计专利的保护客体与发明和实用新型专利的保护客体在性质上不同，因此，本条单独规定了授予专利权的外观设计应当具备的条件。

《与贸易有关的知识产权协定》（TRIPS）对工业品外观设计的实质性授权条件和保护效力作出了明确规定。TRIPS 第二十五条“保护的要求”第一款规定，各成员应对新的或原创性的独立创造的工业设计提供保护。各成员可以规定，如工业设计不能显著区别于已知的设计或已知设计特征的组合，则不属于新的或原创性设计。各成员可以规定该保护不应延伸至主要出于技术或功能上的考虑而进行的设计。

二、关于新颖性要求

根据本条第一款的规定，授予专利权的外观设计应当具有新颖性，即应当不属于现有设计；也没有任何单位或者个人就同样的外观设计在申请日以前向国务院专利行政部门提出过申请，并记载在申请日以后公告的专利文件中。因而，在新颖性方面，与发明和实用新型的标准是一样的，也采用绝对新颖性条件。

1. 判断是否具有新颖性，以申请专利的外观设计是否属于现有设计为准。所谓现有设计，是指申请日以前在国内外为公众所知的设计。具体而言，该外观设计在申请日以前不得通过以下任何一种方式在国内或者国外为公众所知：(1) 出版物公开，即在申请日以前的正式出版物上已经记载了同样外观设计的情况。(2) 使用公开，即由于该外观设计的应用而为公众所知，如公开使用（包括销售）的产品本身的外观设计或者其包装物的外观设计等；这里包括在国外的公开使用，防止已在国外公开使用而为公众所知的外观设计在我国又申请外观设计专利权。(3) 以其他方式为公众所知，如口头公开（如报告、讨论会展示等）、电视的播放、互联网传播等能够使公众得知设计内容的方式。

2. 判断是否具有新颖性的时间界限，以提出专利申请的申请日为基准。按照本法第二十八条的规定，国务院专利行政部门收到专利申请文件之日为申请日。如果申请文件是邮寄的，以寄出的邮戳日为申请日。享有优先权的，则指优先权日。申请专利的外观设计，只要是在申请日之前的现有设计中没有的，即具有新颖性。

3. 同样的外观设计是否已由任何单位或者个人提出过申请并记载在专利文件中，即是否存在“抵触申请”。为避免对同样的外观设计专利申请重复授权，视先申请的外观设计为后申请的外观设计的现有设计，后一申请则不具备新颖性，在主体上不区分同一申请人或是不同申请人。

三、关于创造性要求

本条第二款规定，授予专利权的外观设计与现有设计或者现有设计特征的组合相比，应当具有明显区别。这一规定，实际上是要求外观设计专利应当具有创造性。

1. 外观设计是否具有创造性的对比对象包括：（1）现有设计。即授予专利权的整体或者局部外观设计和现有设计进行对比，应当具有明显区别。（2）现有设计特征的组合。强调授予专利权的外观设计与现有设计特征的组合相比应当具有明显区别，主要为了解决实践中拼凑外观设计的问题。拼凑外观设计申请专利主要有两种表现形式：一是将惯常设计与知名产品的设计特征结合而成的设计，如某厂家申请汽车外观设计专利，其车前部分模仿奔驰车型；二是将已有设计简单组合而成的设计，如在飞利浦的电熨斗造型的基础上增加一个充电插座，申请外观设计专利。

2. 外观设计是否具有创造性的判断标准，是与现有设计或者现有设计特征的组合相比具有明显区别。所谓“明显区别”，是指不相同或者不相近似，不会引起社会公众的误认、混淆。满足下列条件之一的，属于具有明显区别：（1）产品的用途和功能与现有设计不相同或者不相近似。相同的设计，用在不同的产品时，不应认为是相同的外观设计；（2）产品的设计的形状、图案或者其结合以及色彩与形状、图案的结合与现有设计相比，不相同或者不相近似。

3. 外观设计是否具有创造性的判断主体，应当是普通社会公众，而非专业设计人员。外观设计的价值就在于通过其美感来吸引消费者购买商品，如果普通消费者认为该外观设计与现有设计不具有明显区别，则该外观设计不具有创造性。

四、关于不得与在先权利相冲突

本条第三款规定，授予专利权的外观设计不得与他人在申请日以前已经取得的合法权利相冲突。这里所说的“他人在申请日以前已经取得的合法权利”主要是指商标权、著作权（主要是指美术作品）、肖像权等。外观设计是指对产品的形状、图案或者其结合以及色彩与形状、图案的结合所作出的富有美感并适于工业应用的新设计。实践中，有些外观设计申请人未经权利人许可，将已经注册的商标标识或者享有著作权的美术作品或他人肖像作为其产品外观设计的整体或者局部，申请外观设计专利，造成与商标权、著作权、肖像权等在先权利相冲突，为解决这一问题，本条作出禁止性规定，即如果有他人在先已经取得上述合法权利，外观设计专利申请人便不得以这些商标、美术作品等作为产品的外观设计申请专利权。

相关规定

《与贸易有关的知识产权协定》（TRIPS）第二十五条；《中华人民共和国商标法》第三条；《中华人民共和国著作权法》第二条、第三条；《中华人民共和国专利法》第二条；第二十八条

第二十四条 申请专利的发明创造在申请日以前六个月内，有下列情形之一的，不丧失新颖性：

（一）在国家出现紧急状态或者非常情况时，为公共利益目的首次公开的；

（二）在中国政府主办或者承认的国际展览会上首次展出的；

（三）在规定的学术会议或者技术会议上首次发表的；

（四）他人未经申请人同意而泄露其内容的。

条文主旨

本条是关于发明创造的公开不丧失新颖性的例外情形的规定。

立法背景

1984年专利法第二十四条规定："申请专利的发明创造在申请日以前六个月内，有下列情形之一的，不丧失新颖性：一、在中国政府主办或者承认的国际展览会上首次展出的；二、在规定的学术会议或者技术会议上首次发表的；三、他人未经申请人同意而泄露其内容的。"此后，1992年、2000年、2008年修改专利法时均未对该条作实质性修改。此次修改，在该条中新增加了一项不丧失新颖性的例外情形作为第一项，即"在国家出现紧急状态或者非常情况时，为公共利益目的首次公开的"。

条文解读

一、专利丧失新颖性原则的例外

按照本法第二十二条关于发明和实用新型新颖性的规定和第二十三条关于外观设计新颖性的规定，申请专利的发明创造如在申请日（有优先权的指优先权日）以前在国内外为公众所知，便构成现有技术或者现有设计，失去新颖性，不能授予专利权，这是专利制度的一项基本原则。但这一基本原则并非绝对，也有例外。考虑到实践中，一些发明创造可能出于某些正当理由或者实际需要而在申请日前公开，如果一律认定所有公开了的发明创造都丧失了新颖性，不仅对专利申请人来说不公平，也不利于专利制度的施行。为此，许多国家专利法都规定，在申请日前的一定期限内，发明创造在某些特定情形下的公开，可以不丧失新颖性，即所谓不丧失新颖性的公开。如日本《专利法》中规定，获得专利的权利持有人通过进行试验、在刊物上发表、通过电信线路公布，或者在特许厅长官指定的学术团体所举办的研讨会上以书面方式发表等行为，在公开行为发生之日起六个月内提出专利申请的，其发明不丧失新颖性。

本条是我国专利法对不丧失新颖性的公开的特殊规定。不丧失新颖性的公开的时间界限，本条规定为在申请日以前六个月内。这一期限又被称作宽限期，即在申请日以前六个月内，发生本法规定的情形，该申请不丧失新颖性。如果超过这个期限再提出专利申请，就不再具有新颖性，不应授予其专利权。

二、不丧失新颖性的四种情形

本条规定了申请专利的发明创造不丧失新颖性的四种情形：

1. 在国家出现紧急状态或者非常情况时，为公共利益目的首次公开的。这一项例外情形是本次修改专利法时新增加的内容。主要是考虑到在国家出现紧急状态或者非常情况时如发生重大疫情，一些发明创造需要立即在实践中投入使用，以维护公共利益，但可能还没有提出专利申请。对于这些发明创造，如以在申请日前公开为由否定其新颖性，使其不能获得专利权保护，既不公平也不符合整体公共利益的目的。为此，本次专利法修改在不丧失新颖性例外的适用情形中专门增加了“在国家出现紧急状态或者非常情况时，为公共利益目的首次公开的”这一情形，以解决上述问题。

2. 在中国政府主办或者承认的国际展览会上首次展出的。《保护工业产权巴黎公约》第十一条要求其成员国对在某些国际展览会上展出的商品所包含的发明、实用新型、外观设计和商标提供临时保护，即（1）本联盟国家应按其本国法律对在本联盟任何国家领土内举办的官方的或经官方承认的国际展览会展出的商品中可以取得专利的发明、实用新型、外观设计和商标，给予临时保护。（2）该项临时保护不应延展第四条规定的期间。如以后要求优先权，任何国家的主管机关可以规定其期间应自该商品在展览会展出之日起算。（3）每一个国家认为必要时可以要求提供证明文件，证实展出的物品及其在展览会展出的日期。本项规定和《保护工业产权巴黎公约》的上述规定相衔接，主要包括两层含义：一是必须是中国政府主办或者承认的国际展览会。中国政府主办的国际展览会，包括国务院或者国务院各部门主办或者国务院批准由其他机关或者地方政府举办的国际展览会。中国政府承认的国际展览会，即虽然不是由中国政府举办，但是经中国政府认可的在国内外举办的国际展览会，在实践中，中国政府承认的国际展览会是指《国际展览会公约》规定的在国际展览局注册或者由其认可的国际展览会。二是必须是国际展览会，即展出的展品除有举办国的产品外，还应当有来自其他国家的展品。在不是中国政府主办，也没有被中国政府承认的国际展览会上展出的发明创造，就不再具有新颖性。

3. 在规定的学术会议或者技术会议上首次发表的。这里所说的“学术会议或者技术会议”是有一定限制的，必须是“规定的”，即具有一定的规模和规格。根据有关规定，是指国务院有关主管部门或者全国性学术团体组织召开的学术会议或者技术会议，不包括省以下或者受国务院各部委或者全国性学会委托组织召开的学术会议或者技术会议。在符合以上规定的学术会议或者技术会议上第一次发表的发明创造，不丧失新颖性。

4. 他人未经申请人同意而泄露其内容的。发明创造的公开有时是由于他人违反申请人本意予以泄露而造成的公开，在这种情况下应当对申请人给予合理的救济。因此，根据本条规定，他人未经申请人同意而泄露其发明创造内容的，该发明创造不丧失新颖性。“他人”是指申请人之外的其他单位或者个人。他人未经申请人同意泄露其发明创造的内容的方式包括：他人未遵守明示的或者默示的保密义务而将申请人的发明创造的内容公开；他人用威胁、欺诈、盗窃、间谍活动等不正当手段直接或间接地从申请人那里或者任何其他人那里得知发明创造的内容而后公开。

这两种情况的公开都是违背申请人意愿的，是非法的公开，不会导致被公开的发明创造丧失新颖性。

相关规定

《保护工业产权巴黎公约》第十一条；《中华人民共和国专利法》第二十二条、第二十三条

第二十五条 对下列各项，不授予专利权：

（一）科学发现；

（二）智力活动的规则和方法；

（三）疾病的诊断和治疗方法；

（四）动物和植物品种；

（五）原子核变换方法以及用原子核变换方法获得的物质；

（六）对平面印刷品的图案、色彩或者二者的结合作出的主要起标识作用的设计。

对前款第（四）项所列产品的生产方法，可以依照本法规定授予专利权。

条文主旨

本条是关于不授予专利权的智力活动成果的规定。

立法背景

1984 年制定专利法，在第二十五条第一款中规定，科

学发现；智力活动的规则和方法；疾病的诊断和治疗方法；食品、饮料和调味品；药品和用化学方法获得的物质；动物和植物品种；用原子核变换方法获得的物质均不能授予专利权。在1992年修改专利法时删除了“食品、饮料和调味品”“药品和用化学方法获得的物质”。2008年修改专利法时增加了第六项的内容，即对平面印刷品的图案、色彩或者二者的结合作出的主要起标识作用的设计，不授予专利权。此次修改，将原第一款第五项“用原子核变换方法获得的物质”改为“原子核变换方法以及用原子核变换方法获得的物质”。

条文解读

一、不授予专利权的智力活动成果

建立专利制度的目的是保护法定范围内的智力活动成果。具备新颖性、创造性和实用性，并符合专利法规定的其他条件的发明创造，属于专利保护的智力成果，可以依法取得专利权。同时，按照本条规定，下列几类智力活动的成果，不属于专利保护的范围，不授予专利权：

1. 科学发现。是指对自然界中已经客观存在的未知物质、现象、变化过程及其特性和规律的发现和认识。这些发现和认识的本身并不是一种技术方案，不是专利法意义上的发明创造，不能直接实施用以解决一定领域内的特定技术问题，因而不能被授予专利权。

2. 智力活动的规则和方法。是指人的思维运动，是一种抽象的东西，是人的大脑进行精神和智能活动的手段或过程，它仅是指导人们对其表达的信息进行思维、判断和记忆，不需要采用技术手段或者遵守自然法则，不具备技术特征，因而不能被授予专利权。比如，交通行车规则、字典的编排方法、情报检索的方法、速算法或口诀、各种游戏、娱乐的规则和方法、比赛规则等都不能获得专利。

3. 疾病的诊断和治疗方法。是指以有生命的人体或者动物作为直接实施对象，为了治疗疾病，由于涉及人体健康，因而不能为少数人所独占。这里讲的“疾病的诊断方法”，是指为识别、研究和确定有生命的人体或动物病因或病灶状态的全过程。这里讲的“疾病的治疗方法”，是指为使有生命的人体或动物恢复或者获得健康，进行阻断、缓解或消除病因或病灶的过程。例如，超声、核磁诊断法，针灸、麻醉、按摩等治疗方法，外科手术方法等。《与贸易有关的知识产权协定》（TRIPS）第二十七条对此也作了规定，即各成员可以将诊治人类或动物的诊断方法、治疗方法及外科手术方法排除于可获专利之外。

4. 动物和植物品种。是指以生物学方法培育出来的动植物新品种。动物和植物是有生命的物体，是自然生成的，是大自然的产物，不是人类创造出来的，不能以工业方法生产出来，因而不具备专利法意义上的新颖性、创造性和实用性，故不能授予专利权。

与植物新品种保护有关的国际条约最主要的是《国际植物新品种保护公约》（UPOV 公约）和《与贸易有关的知识产权协定》（TRIPS）。我国先后加入了 UPOV 公约 1978 年文本和 TRIPS。UPOV 公约 1978 年文本第二条规定，联盟各成员国可通过授予专门保护权或专利权，承认本公约规定的育种者的权利；但是，对一个和同一个植物属或种，仅提供其中一种保护方式（即禁止双重保护）。TRIPS 第二十七条规定，对除微生物之外的动物和植物，以及非生物学和微生物学方法以外的实质上是生产动物和植物的生物学方法，各成员方可以不授予专利。但是，各成员方应通过专利方式，或者以一种有效的专门制度，或者二者的结合，来保护植物新品种。

对于植物新品种的保护，多数国家（如德国、法国、瑞士、荷兰、俄罗斯、印度、巴西等）仅提供专门立法保护，而非专利保护；只有美国、日本等少数国家既提供专门立法保护又提供专利保护，意大利等个别国家仅提供专利保护。为履行国际条约义务，对于植物新品种，我国应当在专利法和专门立法中选择一种方式提供保护。我国选择了专门立法模式，通过制定《植物新品种保护条例》为植物新品种提供保护；同时，专利法明确排除对动物和植物品种本身授予专利权。

5. 原子核变换方法以及用原子核变换方法获得的物质。原子核变换方法是指一个或几个原子核经分裂或聚合形成几个或一个新原子核的过程。由原子核变换方法获得的物质，主要是指用加速器、反应堆以及其他核反应装置制造的各种放射性同位素。原子核变换方法涉及的核行业有自身的特殊性。一方面，原子核技术的军事应用涉及国防安全、核扩散等重大事项；另一方面，可控核聚变、核裂变等技术作为潜在的能源问题的解决方案，也涉及国家和社会公众的重大利益。无论是原子核变换方法还是用该方法所获得的物质均关系到国家的经济、国防、科研和公共生活的重大利益，不宜为单位或个人垄断。根据TRIPS第七十三条关于安全例外规定，该协议的任何规定不得解释为阻止任何成员采取它认为对保护其根本安全利益所必需的任何行动，其中包括与裂变或聚变物质或衍生这些物质的物质有关的行动。世界各国对原子核变换技术发明保护立法和授予专利权的态度上，大体分为三类情况：第一类是对原子核变换方法和原子核变换方法获得的物质均可授予专利权，如日本、韩国和欧洲国家等。第二类是对军用和民用核技术进行区分，对军用核技术不授权，对民用核技术授权，但对实施、许可、转让都有严格的规定，如美国。第三类是对涉及核技术的发明专利申请一律不予授权，如印度和巴西。我国原专利法仅规定对“用原子核变换方法获得的物质”不授予专利权，导致实践中对原子核变换方法本身是否提供专利保护存在一定误解。为了使表述更为清晰，统一实践中的不同认识，本次修改专利法明确了对

"原子核变换方法"不授予专利权，即对原子核变换方法以及用原子核变换方法获得的物质均不授予专利权。

6. 对平面印刷品的图案、色彩或者二者的结合作出的主要起标识作用的设计。一段时间以来，我国专利数量增长很快但质量不高，究其原因，与存在一部分低水平的外观设计专利有关。外观设计专利权的保护对象，应当集中在对产品本身的改进。对平面印刷品的图案、色彩或者二者的结合作出的主要起标识作用的外观设计，如瓶贴、平面包装袋等，其功能在于将特定产品从同类产品中区分出来，对产品本身的外观设计并无改进，授予其专利权，不利于我国外观设计整体水平的提高。同时，此类外观设计的标识功能与商标权、著作权的区分功能发生重叠，容易导致法律适用上的混乱。因此，2008 年修改专利法时，将此类外观设计作为不授予专利权的情形。这一类外观设计可以通过商标法和著作权法等法律制度加以保护。

二、关于动物和植物品种的生产方法的特殊规定

专利法虽然明确排除对动物和植物品种本身授予专利权，但对其生产方法给予专利保护。根据本条第二款的规定，对于动物和植物品种的生产方法，可以依照本法规定授予专利权。这里所说的"生产方法"，是指非生物学的方法，不包括生产动物和植物主要采用生物学的方法。一种方法是否主要为生物学的方法，取决于人类技术在该方法中的应用程度。非生物学的方法由于有人类技术成分的介入，并对最终要达到的目的或效果起到主要的控制作用或者决定性的作用，因而可以被授予专利权。微生物和微生物学方法可以获得专利保护。

相关规定

《与贸易有关的知识产权协定》（TRIPS）第二十七条、第七十三条；《中华人民共和国商标法》第三条、第八条；《中华人民共和国著作权法》第二条、第三条

第三章　专利的申请

第二十六条　申请发明或者实用新型专利的，应当提交请求书、说明书及其摘要和权利要求书等文件。

请求书应当写明发明或者实用新型的名称，发明人的姓名，申请人姓名或者名称、地址，以及其他事项。

说明书应当对发明或者实用新型作出清楚、完整的说明，以所属技术领域的技术人员能够实现为准；必要的时候，应当有附图。摘要应当简要说明发明或者实用新型的技术要点。

权利要求书应当以说明书为依据，清楚、简要地限定要求专利保护的范围。

依赖遗传资源完成的发明创造，申请人应当在专利申请文件中说明该遗传资源的直接来源和原始来源；申请人无法说明原始来源的，应当陈述理由。

条文主旨

本条是关于对申请发明或者实用新型专利应当提交的基本文件及其内容要求的规定。

立法背景

1984 年专利法第二十六条规定："申请发明或者实用新型专利的，应当提交请求书、说明书及其摘要和权利要求书等文件。请求书应当写明发明或者实用新型的名称，发明人或者设计人的姓名，申请人姓名或者名称、地址，以及其他事项。说明书应当对发明或者实用新型作出清楚、完整的说明，以所属技术领域的技术人员能够实现为准；必要的时候，应当有附图。摘要应当简要说明发明或者实用新型的技术要点。权利要求书应当以说明书为依据，说明要求专利保护的范围。"2008 年修改专利法时将该条第二款修改为："请求书应当写明发明或者实用新型的名称，发明人的姓名，申请人姓名或者名称、地址，以及其他事项。"将第四款修改为："权利要求书应当以说明书为依据，清楚、简要地限定要求专利保护的范围。"并增加一款，作为第五款："依赖遗传资源完成的发明创造，申请人应当在专利申请文件中说明该遗传资源的直接来源和原始来源；申请人无法说明原始来源的，应当陈述理由。"本次保留了 2008 年专利法第二十六条的内容，未作修改。

条文解读

一、应当提交的文件概述

按照本条第一款的规定，申请发明或者实用新型专利的，应当提交规定的专利申请文件。提交专利申请文件的目的在于启动受理专利的法律程序，记载和描述并向社会公开发明创造的内容，明确申请人对该发明创造请求保护的范围，也是审查决定是否授予专利权的基础。作为发明创造的申请人依法必须提交的专利申请文件包括请求书、说明书及其摘要和权利要求书等，以及按照国务院专利行政部门规定应当提交的其他有关文件，如委托专利代理机构办理专利申请的，应当提交委托书；要求享受优先权的，应当提交优先权的有关证明文件；要求申请费用减缓的，应当提交费用减缓请求书等。

二、请求书

请求书是申请人就发明创造提出的书面专利请求。请求书一般应当写明以下内容：

1. 发明或者实用新型的名称。发明的名称应当简短、准确地表明发明的技术主题。发明的名称中不应含有非技术词语，如人名、公司名称、商标、代号、型号等，也不应有含混不清的词语，如“及其他”“及其类似装置”等，也不能使用笼统的词语，如仅用“方法”“化合物”等词作为发明的名称。

2. 发明人的姓名。发明人应当是对发明或者实用新型的实质性特点作出创造性贡献的人。

3. 申请人的姓名或者名称、地址。申请人可以是个人，也可以是单位。按照本法第六条的规定，执行本单位的任务或者主要是利用本单位的物质技术条件所完成的发明创造为职务发明创造。职务发明创造申请专利的权利属于该单位，申请被批准后，该单位为专利权人。即职务发明创造的申请人是单位。申请人是单位时，应当使用正式全称，不得使用缩写或者简称。申请文件中指明的名称应当与使用的公章上的名称相一致。非职务发明创造，申请专利的权利属于发明人或者设计人。申请人是个人时，应当使用本人的真实姓名，不得使用笔名或者假名。请求书中的地址，应当符合邮件能够迅速、准确地投递的要求。

4. 如果委托专利代理机构办理的，应当填写专利代理机构的全称、机构代码以及该机构指定的专利代理人的姓名。专利代理人应当使用真实姓名，同时填写专利代理人在专利局登记的执业证号码、联系电话。

5. 其他事项。请求书中的其他事项一般包括：（1）申请人的国籍；（2）申请人是企业或者其他组织的，其总部所在的国家；（3）申请人委托专利代理机构的，应当注明的有关事项；（4）要求优先权的，申请人第一次提出专利申请的申请日、申请号以及原受理机构的名称；（5）申请人或者专利代理机构的签字或者盖章；（6）申请文件清单；（7）附加文件清单；（8）其他需要注明的有关事项。申请人有两个以上而未委托专利代理机构的，应当指定一人为代表人。

三、说明书

说明书是申请人对申请专利的发明或者实用新型所作的书面说明，是专利申请的最基本的文件，是一项发明创造申请专利的基础。因而，对于说明书的撰写有严格的要求，主要包括以下几个方面的要求：

1. 对发明或者实用新型作出清楚、完整的说明。这里的“清楚”，是指主题明确、用词准确。主题明确，即说明书应当写明发明或者实用新型的目的，为达到该目的所采用的技术方案以及该技术方案所能达到的技术效果。用词准确，即要求说明书应当使用技术用语，准确表达主题，用词不能含混不清，所使用的法定计量单位应当符合规范。这里所说的“完整”，是指说明书不得缺少理解、再现发明或者实用新型所必不可少的内容，如技术领域、背景技术、发明内容、附图说明、实施方式等，具体参照国务院专利行政部门的有关规定。

2. 以所属技术领域的技术人员能够实现为准。这里讲的“所属技术领域”，指的是发明或者实用新型直接所属或者直接应用的具体技术领域，而不是上位的或者相邻的技术领域。这里所说的“实现”，是指所属技术领域的技术人员按照说明书记载的内容，不需要创造性的劳动，就能够再现该发明或者实用新型的技术方案，并能够达到预期的效果。

3. 必要的时候，应当有附图。附图是说明书的组成部分。实用新型专利申请说明书必须有附图。附图可以有助于直观地理解发明或者实用新型的每个技术特征和整体技术方案。用文字足以清楚地描述发明技术方案的，可以没有附图。发明或者实用新型说明书文字部分中未提及的附图标记不得在附图中出现，附图中未出现的附图标记不得在说明书文字部分中提及。申请文件中表示同一组成部分的附图标记应当一致。附图中除必需的词语外，不应当含有其他注释。

4. 摘要应当简要说明发明或者实用新型的技术要点。说明书摘要是发明或者实用新型说明书的内容提要，它的作用仅是用来检索发明或实用新型的内容，不具有任何法律效力，不属于原始公开的内容，不能作为以后修改说明书和权利要求书的根据，也不能用来解释专利权的保护范围。发明或者实用新型的技术要点，主要包括发明或者实用新型的技术领域、需要解决的技术问题、主要技术特征和用途。摘要还应当附上一幅最能说明发明或者实用新型的附图。摘要应当简要。

四、权利要求书

权利要求书即申请人要求专利保护的范围。按照本条的规定，权利要求书应当以说明书为依据，清楚、简要地限定要求专利保护的范围。

1. 以说明书为依据。指的是权利的要求应当得到说明书的支持，即权利要求从形式到内容都应与说明书所反映的内容相一致，权利要求书中的用语在说明书中应有所反映，权利要求书中记载的技术特征在说明书中也要有记载，且实质内容应当一致，不能超出说明书的范围。

2. 清楚、简要地限定要求专利保护的范围。由于权利要求书是专利申请文件的核心，具有直接的法律效力，在被授予专利权之后，是判断专利侵权的依据，也是提出专利权无效宣告的依据。因而，认真撰写权利要求书中的专利保护范围，对于申请人来讲，就显得尤为重要，也就要求申请人将发明或者实用新型的全部技术特征清楚、简要地记载在权利要求书中。“清楚”与说明书的要求相同，即主题明确、用词准确；“简要”即要求突出重点、简单明了。

五、对依赖遗传资源完成的发明创造的文件要求

本条第五款规定，依赖遗传资源完成的发明创造，申请人应当在专利申请文件中说明该遗传资源的直接来源和原始来源；申请人无法说明原始来源的，应当陈述理由。

为了有效地保护遗传资源，2008 年修改专利法时，在原总则第五条中规定，违反法律、行政法规的规定获取或者利用遗传资源，并依赖该遗传资源完成的发明创造不授予专利权，并在原第二十六条中相应地对这类发明创造的专利申请人的说明义务作出了规定，即依赖遗传资源完成的发明创造，申请人应当在专利申请文件中说明该遗传资源的直接来源和原始来源；申请人无法说明原始来源的，应当陈述理由。

1. 所谓“遗传资源的直接来源”，是指获取遗传资源的直接渠道，即直接提供该遗传资源的国家、地区及提供者。直接提供该遗传资源的国家、地区可以是原产地，也可以是非原产地；提供者可以是拥有该遗传资源的生产者、政府组织，也可以是各种基因银行、研究机构或者企业组织等。申请人说明遗传资源的直接来源，应当提供获取该遗传资源的时间、地点、方式、提供者等信息。因为要完成发明创造，申请人不可能不知道遗传资源的直接来源。揭示遗传资源的直接来源，是专利法对申请人应当充分公开其技术方案，以保证所属相同领域的技术人员能够实施该技术的必然要求。如果不公开直接来源，所属相同领域的技术人员无法获得实施其专利所必须的原材料，则无法验证其专利的有效性，该专利申请将被驳回。

2. 所谓“遗传资源的原始来源”，是指遗传资源所属的生物体在原生环境中的原产地。遗传资源所属的生物体为自然生长的生物体的，原生环境是指该生物体的自然生长环境；遗传资源所属的生物体为培植或者驯化的生物体的，原生环境是指该生物体形成其特定性状或者特征的环境。对于遗传资源的原始来源，申请人应当说明，如采集该遗传资源所属的生物体的时间、地点、采集者等信息；如果因为特殊原因不能说明原始来源的，申请人应当陈述理由，必要时提供有关证据，如指明是直接提供者不告知原始来源等。

当前遗传资源已经成为可持续发展的重要战略资源，现代科学技术，主要是生物、制药、农业等技术领域的发展越来越依赖于遗传资源的利用。目前发展中国家拥有的很多遗传资源被发达国家窃取、盗用或者以低廉的价格利用，发达国家因此得到了高额利润，发展中国家却得不到应有的回报。特别是发达国家将通过遗传资源获得的新技术进一步主张知识产权，限制了发展中国家自身对遗传资源的利用。我国作为遗传资源大国，在专利法中对遗传资源的保护作出规定是必要的；同时，在《生物多样性公约》确立的三大原则中，事前知情同意原则是国家主权原则和惠益分享原则的基础和前提；我国在专利法中规定专利申请人对遗传资源来源的说明义务，也是落实知情同意原则的有效措施，有利于国家掌握本国的遗传资源利用状况。本款与本法第五条的规定以及我国遗传资源保护的专门规定相互配合，有利于进一步强化对我国遗传资源的保护。

相关规定

《中华人民共和国专利法》第五条、第六条

第二十七条　申请外观设计专利的，应当提交请求书、该外观设计的图片或者照片以及对该外观设计的简要说明等文件。

申请人提交的有关图片或者照片应当清楚地显

示要求专利保护的产品的外观设计。

条文主旨

本条是关于对申请外观设计专利应当提交的专利文件的规定。

立法背景

1984 年专利法第二十七条规定："申请外观设计专利的，应当提交请求书以及该外观设计的图片或者照片等文件，并且应当写明使用该外观设计的产品及其所属的类别。"2008 年修改专利法时，删除了原来关于外观设计申请文件"应当写明使用该外观设计的产品及其所属的类别"的规定，同时增加规定外观设计专利的申请文件必须包括对外观设计的简要说明，并对外观设计专利申请的图片或者照片提出了实质性要求，即"应当清楚地显示要求专利保护的产品的外观设计"。此次保留了 2008 年专利法第二十七条的内容，未作修改。

条文解读

一、应当提交的文件概述

本条第一款规定了申请外观设计专利应当提交的申请文件。申请外观设计专利的，应当提交请求书、该外观设计的图片或者照片以及对该外观设计的简要说明等文件。

由于专利保护的对象不同，专利法规定申请外观设计专利所提交的文件与申请发明和实用新型专利所提交的文件有所不同。申请外观设计专利的，除应当提交请求书、该外观设计的图片或者照片以及对该外观设计的简要说明等文件外，外观设计专利申请的图片或者照片还必须具备一定的实质性条件，即“应当清楚地显示要求专利保护的产品的外观设计”。

二、请求书

申请外观设计专利的，应当提交请求书，书面申请授予外观设计专利。申请外观设计请求书的内容与格式原则上与发明和实用新型专利请求书类似，一般应当写明以下内容：（1）使用外观设计的产品名称。产品名称对图片或者照片中表示的产品具有说明作用，应当简短、准确地表明请求保护的产品；（2）设计人的姓名；（3）申请人的姓名或者名称、地址；（4）如果委托专利代理机构办理的，应当填写专利代理机构的全称、机构代码以及该机构指定的专利代理人的姓名；（5）其他事项。

三、外观设计的图片或者照片

申请外观设计专利的，还应当提交该外观设计的图片或者照片，该图片或者照片应当清楚地显示要求专利保护的产品的外观设计。

1. 申请外观设计专利的，应当提交该外观设计的图片或者照片。根据本法第二条第四款的规定，外观设计，是指对产品的整体或者局部的形状、图案或者其结合以及色彩与形状、图案的结合所作出的富有美感并适于工业应用的新设计。不论是形状、图案、色彩，还是其结合，以及该外观设计是否具有美感，都可以通过图片或者照片直观地反映出来。因此，图片或者照片是判定是否存在现有设计、能否授予外观设计专利权的最主要依据。此外，本法第六十四条第二款规定："外观设计专利权的保护范围以表示在图片或者照片中的该产品的外观设计为准，简要说明可以用于解释图片或者照片所表示的该产品的外观设计。"如果发生外观设计专利侵权纠纷，申请人在申请外观设计专利时提供的图片或者照片就是维护其专利权有效性最有力的武器。可见，图片或者照片对外观设计专利权的授予和保护具有至关重要的意义，申请人应当主动提供。

2. 申请人提供的图片或者照片应当清楚地显示要求专利保护的产品的外观设计。这里的"清楚"，是指图片或者照片应当清晰、准确，能够全面反映外观设计的特征。按照国务院专利行政部门的有关规定，如果是申请立体外观设计专利，产品设计要点涉及六个面的，应当提交六面正投影视图；产品设计要点仅涉及一个面或几个面的，应当至少提交所涉及面的正投影视图和立体图；申请平面外观设计，产品设计要点涉及一个面的，可以仅提交该面正投影视图；产品设计要点涉及两个面的，应当提交两面正投影视图。各视图的名称应当标注在相应视图下面。如果同时请求保护色彩的外观设计专利申请，应当提交彩色和黑白的图片或者照片各一份。必要时，申请人还可以提交该外观设计产品的展开图、剖视图、剖面图、放大图、变化状态图以及使用状态参考图。

四、外观设计的简要说明

申请外观设计专利的，应当提交对该外观设计的简要说明等文件。简要说明是对产品图片或者照片的说明或限定，用来对外观设计产品的设计要点、省略视图以及请求保护色彩等情况进行扼要的描述。简要说明应当写明使用该外观设计的产品的主要创作部位、请求保护的色彩，省略视图等情况。简要说明不得使用商业性宣传用语，也不能用来说明产品的性能和用途。

五、其他文件

申请外观设计专利的，还应当提交国务院专利行政部门规定的或者要求提供的其他文件。

相关规定

《中华人民共和国专利法》第二条、第六十四条

第二十八条 国务院专利行政部门收到专利申请文件之日为申请日。如果申请文件是邮寄的，以寄出的邮戳日为申请日。

条文主旨

本条是关于专利申请日的规定。

立法背景

1984 年专利法第二十八条规定：“专利局收到专利申请文件之日为申请日。如果申请文件是邮寄的，以寄出的邮戳日为申请日。”2000 年修改专利法时将“专利局”修改为“国务院专利行政部门”。2008 年修改专利法时该条未作修改。此次继续保留了该条的内容，未作修改。

条文解读

一、申请日的意义

申请日，即向国务院专利行政部门提出专利申请的日期，是指国务院专利行政部门收到符合法律规定的专利申请文件的日期。申请日的确定具有重要意义，主要表现在：(1) 申请日是判断一项发明创造新颖性的时间界限。判断其具有新颖性，对于一项发明或者实用新型而言，必须是在申请日以前没有同样的发明或者实用新型向国务院专利行政部门提出过申请并记载在申请日以后公布的专利申请文件或者公告的专利文件中、在国内外出版物上公开发表过、在国内公开使用过或者以其他方式为公众所知（参见本法第二十二条）；对于一项外观设计而言，必须在申请日以前没有同样的外观设计向国务院专利行政部门提出过申请并记载在申请日以后公告的专利文件中、在国内外出版物上公开发表过或者公开使用过（参见本法第二十三条）。(2) 是判断发明和实用新型的创造性的时间界限。即同申请日以前已有的技术相比，该发明有突出的实质性特点和显著的进步，该实用新型有实质性特点和进步（参见本法第二十二条）。（3）确定专利申请的先后。即根据本法第九条的规定，两个以上的申请人分别就同样的发明创造申请专利的，专利权授予申请日在先的专利申请。（4）确定优先权存在的期限。根据本法第二十九条的规定，申请人自发明或者实用新型在外国第一次提出专利申请之日起十二个月内，或者自外观设计在外国第一次提出专利申请之日起六个月内，又在中国就相同主题提出专利申请的，依照该外国同中国签订的协议或者共同参加的国际条约，或者依照相互承认优先权的原则，可以享有优先权。申请人自发明或者实用新型在中国第一次提出专利申请之日起十二个月内，或者自外观设计在中国第一次提出专利申请之日起六个月内，又向国务院专利行政部门就相同主题提出专利申请的，可以享有优先权。（5）确定发明专利申请公布的时间。根据本法第三十四条的规定，国务院专利行政部门收到发明专利申请后，经初步审查认为符合本法要求的，自申请日起满十八个月，即行公布。(6) 确定专利权的期限。根据本法第四十二条第一款的规定，发明专利权的期限为二十年，实用新型专利权的期限为十年，外观设计专利权的期限为十五年，均自申请日起计算。(7) 确定实质审查的期限，根据本法第三十五条的规定，发明专利申请自申请日起三年内，国务院专利行政部门可以根据申请人随时提出的请求，对其申请进行实质审查。(8) 确定强制许可的期限，根据本法第五十三条的规定，申请日是依据该条规定可以给予实施发明专利或者实用新型专利的强制许可的时间期限起算日。(9) 确定专利权期限补偿的起算日，根据本法第四十二条第二款的规定，自发明专利申请日起满四年，且自实质审查请求之日起满三年后授予发明专利权的，国务院专利行政部门应专利权人的请求，就发明专利在授权过程中的不合理延迟给予专利权期限补偿，但由申请人引起的不合理延迟除外。(10) 判断先用权的时间节点，根据本法第七十五条的规定，他人“在专利申请日前已经制造相同产品、使用相同方法或者已经作好制造、使用的必要准备，并且仅在原有范围内继续制造、使用的”情形不视为侵犯专利权。

二、申请日的确定

依照本条规定，国务院专利行政部门收到专利申请文件之日为申请日。国务院专利行政部门收到专利申请文件，是指收到符合法律规定要求的文件，如果收到的法定申请文件不齐全，不能确定为申请日。

如果申请文件是邮寄的，以寄出的邮戳日为申请日。

寄出的邮戳日，是指申请人发出申请文件当地的邮戳日。如果信封上寄出的邮戳日不清晰的，除申请人能够提出证明的外，以国务院专利行政部门收到日为申请日。

相关规定

《中华人民共和国专利法》第九条、第二十二条、第二十三条、第二十九条、第三十四条、第三十五条、第四十二条、第五十三条、第七十五条

第二十九条　**申请人自发明或者实用新型在外国第一次提出专利申请之日起十二个月内，或者自外观设计在外国第一次提出专利申请之日起六个月内，又在中国就相同主题提出专利申请的，依照该外国同中国签订的协议或者共同参加的国际条约，或者依照相互承认优先权的原则，可以享有优先权。**

申请人自发明或者实用新型在中国第一次提出专利申请之日起十二个月内，或者自外观设计在中国第一次提出专利申请之日起六个月内，又向国务院专利行政部门就相同主题提出专利申请的，可以享有优先权。

条文主旨

本条是关于优先权的规定。

立法背景

1984年专利法第二十九条规定："外国申请人就同一发明或者实用新型在外国第一次提出专利申请之日起十二个月内，或者就同一外观设计在外国第一次提出专利申请之日起六个月内，又在中国提出申请的，依照其所属国同中国签订的协议或者共同参加的国际条约，或者依照相互承认优先权的原则，可以享有优先权，即以其在外国第一次提出申请之日为申请日。申请人要求优先权，有本法第二十四条所列情形之一的，优先权的期限自该情形发生之日起计算。"1992年修改专利法时将第一款修改为："申请人自发明或者实用新型在外国第一次提出专利申请之日起十二个月内，或者自外观设计在外国第一次提出专利申请之日起六个月内，又在中国就相同主题提出专利申请的，依照该外国同中国签订的协议或者共同参加的国际条约，或者依照相互承认优先权的原则，可以享有优先权。"将第二款修改为："申请人自发明或者实用新型在中国第一次提出专利申请之日起十二个月内，又向专利局就相同主题提出专利申请的，可以享有优先权。"2000年修改专利法时将第二款中的"专利局"改为"国务院专利行政部门"。2008年专利法未对该条进行修改。本次修改专利法，在第二款的"申请人自发明或者实用新型在中国第一次提出专利申请之日起十二个月内"后面增加规定"或者自外观设计在中国第一次提出专利申请之日起六个月内”，即增加了外观设计专利申请国内优先权制度。明确申请人自外观设计在国内第一次提出专利申请之日起六个月内，又就相同主题在国内提出专利申请的，可以享有优先权，从而降低申请成本，给予外观设计申请人进一步完善设计、调整保护范围的机会。

条文解读

一、优先权概述

专利优先权制度，是专利申请程序中的一项重要制度，是指专利申请人就其发明创造第一次提出专利申请后，在一定期限内，就相同主题的发明创造再次提出专利申请时，允许其将第一次的申请日作为在后专利申请的申请日，以该申请日作为判断该发明创造是否具有新颖性、创造性的界限。根据第一次专利申请是在国外还是在本国提出，优先权可分为外国优先权和本国优先权。外国优先权是指申请人在甲国提出正式的专利申请后，根据甲国同乙国签订的协议或者共同参加的国际条约，或者依照相互承认优先权的原则，在特定的期限内又就同一发明向乙国提出专利申请时，有权将在甲国第一次提出专利申请的日期作为后来在乙国提出专利申请的申请日。本国优先权，是指申请人在一国提出正式的专利申请后，在特定的期限内又就相同主题在该国提出专利申请的，申请人有权将第一次提出申请的日期作为后一次申请的申请日。

《保护工业产权巴黎公约》对外国优先权制度作了规定，目的是方便成员国国民就其发明创造或者商标标识在其本国提出专利申请或者商标注册申请后，在其他成员国申请获得专利权或者注册商标权。根据《保护工业产权巴黎公约》第四条的规定，已经在该联盟的一个国家正式提出申请专利、实用新型注册、外观设计注册或商标注册的任何人，或其权利继承人，在其他国家再次提出申请时，可以自在先申请提出之日起十二个月（对发明专利和实用新型申请）或六个月（对外观设计和商标申请）内享有优先权。

优先权的作用主要在于：一是由于专利权的授予实行申请在先的原则，即当有两个以上的申请人分别就同样的发明创造申请专利时，专利权授予最先申请的人。因此，在某一申请人享有优先权的期间内，如果有其他人提出同样的专利申请的，享有优先权的专利申请处于优先的地位；二是判断发明创造是否符合新颖性、创造性的要求，是以申请日为界限进行判断的。由于优先权人后来提出的申请可以以其第一次提出申请的日期为优先权日。因此，在这一期限内涉及其发明创造的任何公开，都不影响该发明创造的新颖性、创造性。

二、外国优先权

本条第一款是对外国优先权的规定。外国优先权的设立，是基于建立超国家的世界范围内的专利制度的一种尝试，即同一发明创造可以在实行专利制度的所有国家取得排他性的独占权。这一制度，为希望在多个国家寻求专利权保护的申请人提供了很大的方便和实际利益，申请人不必在国内和国外同时花费时间克服语言障碍、经办复杂的手续逐个国家地提出所有的申请，而是可以在十二个月（发明或者实用新型）或者六个月（外观设计）的优先权期限内放心地充分考虑有必要在哪些国家寻求专利权保护，又不至于因为在这一期间该发明创造或者外观设计被公开或因其他人提出同样的申请而丧失取得专利权的可能。本条关于外国优先权的规定包括以下内容：

1. 优先权只在法律规定的期限内享有。按照本条第一款的规定，发明和实用新型专利申请人享有优先权的期限为在外国第一次提出专利申请之日起十二个月内。外观设计专利申请人享有优先权的期限为在外国第一次提出专利申请之日起六个月内。本法的规定与《保护工业产权巴黎公约》第四条中关于优先权的规定是一致的。申请人提出的专利申请必须是在外国，并且是第一次，即在申请前没有要求过外国或者本国优先权；对于第一次申请，国务院专利行政部门尚未发出授予专利权的通知。该第一次申请必须是正式的申请，即按照申请目标国专利法的规定提交，经该国专利机关受理并给予了申请日的正式申请。第一次提出专利申请的日期也称为优先权日。

2. 在中国提出专利申请的发明创造的主题，必须与在外国第一次提出申请的发明创造的主题相同，即两次专利申请中的发明、实用新型或者外观设计的名称相同，技术特征相同，技术方案相同。对于后一申请中超出第一次申请内容的部分，不享受优先权。同时，“相同主题”并不意味着前后申请的说明书内容必须完全相同。《保护工业产权巴黎公约》第四条第H部分规定，不得以作为优先权根据的发明中的某些因素没有包含在原属国申请列举的请求权项中为理由，而拒绝给予优先权，但以申请文件从全体看来已经明确地写明这些因素为限。因此，判断前后申请是否具有“相同主题”应从整体上进行分析。

3. 外国专利申请在我国取得优先权，以该外国同中国签订的协议或者共同参加的国际条约，或者依照相互承认优先权的原则为前提。即受理申请人第一次专利申请的外国与我国签订有相互承认优先权的双边协议，或者与我国共同参加了有优先权规定的国际条约，或者相互承认在对方国家提出的专利申请可以在本国取得优先权。

三、本国优先权

随着各国专利制度的完善，为解决国外申请人可以主张优先权、但本国申请人不能相应主张优先权的不公平问题，平衡国外申请人与本国申请人之间的利益，各国普遍建立了本国优先权制度。从相关国家专利法的规定看，关于发明、实用新型专利本国优先权的规定基本一致，即参照《保护工业产权巴黎公约》的规定，给予发明、实用新型专利申请十二个月的本国优先权；但在外观设计本国优先权问题上，有关国家的制度设计并不完全一致：欧盟未明确区分外国优先权与本国优先权，但根据欧盟知识产权局（EUIPO）关于优先权制度的相关实施办法，允许申请人就在先的欧盟外观设计申请取得优先权，即给予欧盟申请人六个月的优先权。美国、日本没有直接规定外观设计本国优先权制度，但通过其他相关制度设计，实现了对本国申请人在不同时间提出申请的相似外观设计的保护，取得了与外观设计本国优先权等同的效果。

我国1984年专利法只规定了外国优先权制度，1992年修改专利法时，增加了发明和实用新型本国优先权。2008年修改专利法时，在第三十一条中引入了“相似外观设计”的制度，规定“同一产品两项以上的相似外观设计，可以作为一件申请提出”。在引入这一制度之前，对于申请人就相同主题下的相似外观设计申请，不论是国外申请人还是本国申请人，因在后申请与在先申请近似，不具有新颖性和创造性，均不能获得专利授权。引入这一制度后，国外申请人可以根据外国优先权制度，就相同主题的近似外观设计享有优先权；但由于缺乏外观设计本国优先权制度，本国申请人不能享有相应优先权，对本国申请人不公平。为此，本次修改专利法增加了关于外观设计本国优先权制度，形成了本条第二款的规定，即申请人自发明或者实用新型在中国第一次提出专利申请之日起十二个月内，或者自外观设计在中国第一次提出专利申请之日起六个月内，又向国务院专利行政部门就相同主题提出专利申请的，可以享有优先权。

取得本国优先权的条件是：（1）申请人就发明或者实用新型或者外观设计已在中国提出过一次申请，并且该申请符合条件，已被国务院专利行政部门受理并确定申请日；（2）优先权的期限为自发明或者实用新型在中国第一次提出专利申请之日起的十二个月内，自外观设计在中国第一次提出专利申请之日起六个月内，超过上述期限再提出申请，则不能享有优先权；（3）自在中国第一次提出专利申请之后，又向国务院专利行政部门就相同主题再次提出专利申请。

相关规定

《保护工业产权巴黎公约》第四条

第三十条　申请人要求发明、实用新型专利优先权的，应当在申请的时候提出书面声明，并且在第一次提出申请之日起十六个月内，提交第一次提出的专利申请文件的副本。

申请人要求外观设计专利优先权的，应当在申请的时候提出书面声明，并且在三个月内提交第一

次提出的专利申请文件的副本。

申请人未提出书面声明或者逾期未提交专利申请文件副本的，视为未要求优先权。

条文主旨

本条是关于申请人取得优先权的手续的规定。

立法背景

1984 年专利法第三十条规定："申请人要求优先权的，应当在申请的时候提出书面声明，写明在外国提出申请的申请日和受理该申请的国家，并且在三个月内提交经该国受理机关证明的该申请文件副本；未提出书面声明或者逾期未提交文件的，即被视为未要求优先权。" 1992 年修改专利法时将该条修改为："申请人要求优先权的，应当在申请的时候提出书面声明，并且在三个月内提交第一次提出的专利申请文件的副本；未提出书面声明或者逾期未提交专利申请文件副本的，视为未要求优先权。" 2000 年、2008 年修改专利法时均未对本条进行修改。此次对该条进行了比较大的修改，将一款拆分成三款作出规定，第一款规定了申请人要求发明、实用新型专利优先权的手续，第二款规定了申请人要求外观设计专利优先权的手续，第三款规定了申请人未办理有关手续的后果。

条文解读

一、申请人要求发明、实用新型专利优先权的手续

根据本条第一款的规定，申请人要求发明、实用新型专利优先权的，应当在申请的时候提出书面声明，并且在第一次提出申请之日起十六个月内，提交第一次提出的专利申请文件的副本。这一规定要求：首先，申请人应当在申请的时候提出书面声明。在我国提出的发明、实用新型专利申请要求优先权的，无论是外国优先权还是本国优先权，均要求申请人提出书面申明，在书面声明中应当写明第一次提出的专利申请的申请日、申请号和原受理机构名称。其次，申请人应当在第一次提出申请之日起十六个月内提交第一次提出的专利申请文件的副本，包括第一次提出专利申请时提交的专利申请请求书、说明书、权利要求书以及外观设计的图片或者照片等依法应当提交的申请文件的副本。如果要求外国优先权的，申请人提交的第一次专利申请文件的副本，应当经该国原受理机构证明。依照国务院专利行政部门与该受理机构签订的协议，国务院专利行政部门通过电子交换等途径获得在先申请文件副本的，视为申请人提交了经该受理机构证明的在先申请文件副本。要求本国优先权，申请人在请求书中写明在先申请的申请日和申请号的，视为提交了在先申请文件副本。

二、申请人要求外观设计专利优先权的手续

根据本条第二款的规定，申请人要求外观设计专利优先权的，应当在申请的时候提出书面声明，并且在三个月内提交第一次提出的专利申请文件的副本。这一规定要求：首先，申请人应当在申请的时候提出书面声明。在书面声明中应当写明第一次提出的外观设计专利申请的申请日、申请号和受理该申请的国家。其次，申请人应当在提出申请（后申请）之日起三个月内提交第一次提出的外观设计专利申请文件的副本，包括第一次提出外观设计专利申请时提交的专利申请请求书、说明书、权利要求书以及外观设计的图片或者照片等依法应当提交的申请文件的副本。

三、申请人未办理有关手续的后果

根据本条第三款的规定，如果申请人要求优先权而没有提出书面声明，或者逾期未提交专利申请文件副本的，则视为没有要求优先权。对要求发明、实用新型专利优先权的，申请人未在申请时提出书面声明，或者未在第一次提出申请之日起十六个月内提交第一次提出的发明、实用新型专利申请文件的副本的，视为未要求优先权。对要求外观设计专利优先权的，申请人未在申请时提出书面声明，或者未在提出申请（后申请）之日起三个月内提交第一次提出的外观设计专利申请文件的副本的，视为未要求优先权。

第三十一条　一件发明或者实用新型专利申请

应当限于一项发明或者实用新型。属于一个总的发明构思的两项以上的发明或者实用新型，可以作为一件申请提出。

一件外观设计专利申请应当限于一项外观设计。同一产品两项以上的相似外观设计，或者用于同一类别并且成套出售或者使用的产品的两项以上外观设计，可以作为一件申请提出。

条文主旨

本条是关于专利申请的单一性原则和合并申请的规定。

立法背景

1984 年专利法第三十一条规定："一件发明或者实用新型专利申请应当限于一项发明或者实用新型。属于一个总的发明构思的两项以上的发明或者实用新型，可以作为一件申请提出。一件外观设计专利申请应当限于一种产品所使用的一项外观设计。用于同一类别并且成套出售或者使用的产品的两项以上的外观设计，可以作为一件申请提出。"2008 年专利法第三十一条将第二款修改为："一件外观设计专利申请应当限于一项外观设计。同一产品两项以上的相似外观设计，或者用于同一类别并且成套出售或者使用的产品的两项以上外观设计，可以作为一件申请提出。"此次本条保留了 2008 年专利法第三十一条的内容，未作修改。

条文解读

一、概述

一项专利申请只限于一项发明创造，即通常所说的专利申请的“单一性原则”，是世界上多数国家处理专利申请时所采用的原则，我国的专利法也确立了这一原则。采用这一原则，有利于方便专利申请的审查，便于国务院专利行政部门对专利申请进行有效的分类、检索，可以安排不同的审查人员进行审查，这样可以提高审查工作效率，对专利申请人也有利。按照专利申请的单一性原则，一件专利申请只限于一件发明创造。但专利申请的单一性原则并不是绝对的，在特定情况下也可以有例外。

由于发明和实用新型专利申请和外观设计专利申请存在不同，因此本条分两款分别作出规定。

二、发明或者实用新型专利申请的单一性及其例外

按照本条第一款的规定，一件发明或者实用新型专利申请应当限于一项发明或者实用新型。属于一个总的发明构思的两项以上的发明或者实用新型，可以作为一件申请提出。这一规定要求：首先，一件发明或者实用新型的专利申请中只能包含一项发明或者实用新型，仅限于一个独立的权利要求。如果权利要求书中只有一个独立的权利要求，或者在一个独立的权利要求之下还有若干个从属权利要求，也是符合单一性的原则的。其次，对于发明和实用

新型来讲，属于一个总的发明构思的两项以上的发明或者实用新型，可以作为一件申请提出，称为合并申请。按照有关规定，可以作为一件专利申请提出的属于一个总的发明构思的两项以上的发明或者实用新型，应当在技术上相互关联，包含一个或者多个相同或者相似的特定技术特征，其中特定技术特征是指每一项发明或者实用新型作为整体考虑，对现有技术作出贡献的技术特征。符合上述规定的两项以上发明专利申请的权利要求，可以是下列各项之一：(1) 不能包括在一项权利要求内的两项以上产品或者方法的同类独立权利要求；(2) 产品和专用于制造该产品的方法的独立权利要求；(3) 产品和该产品的用途的独立权利要求；(4) 产品、专用于制造该产品的方法和该产品的用途的独立权利要求；(5) 产品、专用于制造该产品的方法和为实施该方法而专门设计的设备的独立权利要求；(6) 方法和为实施该方法而专门设计的设备的独立权利要求。

三、外观设计专利申请的单一性及其例外

按照本条第二款的规定，一件外观设计的专利申请应当限于一项外观设计。同一产品两项以上的相似外观设计，或者用于同一类别并且成套出售或者使用的产品的两项以上的外观设计，可以作为一件申请提出。该款规定了可以将两项以上外观设计作为一项专利申请案提出的情形，即(1) 对同一产品而言，两项以上的外观设计必须是相似外观设计，或称为“关联外观设计”。换言之，在该情形下允许同一申请人围绕其核心设计对同一产品提出一组彼此略有不同、但又整体相似的外观设计方案。比如，一个以青花瓷图案为主体设计的旗袍，其领口或袖口的花纹可能有若干细微差别，可以依法合并提出申请。（2）对同一类别产品而言，则必须是成套出售或者成套使用的。这里讲的“同一类别”，是指产品属于分类表中同一个小类；这里讲的“成套出售或者使用”，是指各产品的设计构思相同，并且习惯上是同时出售、同时使用的。比如，成套的茶具就可以依法提出合并申请。

2008 年修改专利法前，本条第二款规定的单一性例外情形只有上述第二种情形。2008 年修改专利法，在本条第二款中增加了“同一产品两项以上的相似外观设计”可作为一件申请提出的情形。主要是为了对同一产品上的“关联外观设计”予以充分保护。因为在 2008 年修改前的专利法中，关联外观设计若合并申请不符合单一性原则，若分开申请则可能导致其中部分申请因彼此相似而丧失新颖性。在增加“关联外观设计”可合并申请的情形后，有利于鼓励设计者的创新，使之在提出专利申请时“穷尽”围绕其核心设计理念的相似设计；同时，也有利于依法全面保护其设计方案，最大范围地阻止他人的非法仿冒，从而维护外观设计专利权人的合法利益。

第三十二条　申请人可以在被授予专利权之前随时撤回其专利申请。

条文主旨

本条是关于申请人在被授予专利权之前可以撤回专利申请的规定。

立法背景

1984 年专利法第三十二条规定：“申请人可以在被授予专利权之前随时撤回其专利申请。”此后 1992 年、2000 年、2008 年历次修改专利法时均未对该条进行修改。本次保留了该条的内容，未作修改。

条文解读

一、申请人主动撤回专利申请

依法提出专利申请，是申请人的民事权利。申请人对这一权利有权自行处分。申请人在申请专利以后，可能会出于各种考虑，而撤回专利申请。比如，申请人可能会认为自己的申请不符合专利法规定的条件，因而不会被授予专利权；或者认为自己专利申请的内容在经济上没有太多的效益，不值得因此缴纳有关费用等，可以撤回申请。撤回专利申请的时间，可以是被授予专利权之前的任何时间。申请人撤回专利申请仅是终止了该专利申请的审查程序，并不意味着完全放弃或者丧失对其发明创造申请获得专利的权利。申请人撤回专利申请后，可以就该发明创造重新提出专利申请。

按照有关规定，申请人撤回专利申请的，应当向国务院专利行政部门提出声明，写明发明创造的名称、申请号和申请日。撤回专利申请的声明在国务院专利行政部门做好公布专利申请文件的印刷准备工作后提出的，申请文件仍予公布；但是，撤回专利申请的声明应当在以后出版的专利公报上予以公告。撤回专利申请时，对于已经缴纳的申请费和其他费用，国务院专利行政部门不予退还。

二、视为申请人撤回专利申请的情况

本法其他条款还规定了一些视为申请人撤回专利申请的情形。如本法第三十五条中规定，发明专利的申请人无正当理由逾期不请求实质审查的，该申请即被视为撤回；第三十六条中规定，发明专利已经在外国提出过申请的，发明专利申请人无正当理由逾期不提交该国为审查其申请进行检索的资料或者审查结果的资料的，该申请即被视为撤回；第三十七条中规定，国务院专利行政部门对发明专利进行实质审查后，要求申请人在指定的期限内陈述意见或者对其申请进行修改，申请人无正当理由逾期不答复的，该申请即被视为撤回。这些规定，都是为了督促申请人及时履行义务。

相关规定

《中华人民共和国专利法》第三十五条、第三十六条、第三十七条

第三十三条　申请人可以对其专利申请文件进行修改，但是，对发明和实用新型专利申请文件的修改不得超出原说明书和权利要求书记载的范围，对外观设计专利申请文件的修改不得超出原图片或者照片表示的范围。

条文主旨

本条是关于申请人对专利申请的修改权的规定。

立法背景

1984 年专利法第三十三条规定："申请人可以对其专利申请文件进行修改，但是不得超出原说明书记载的范围。"1992 年修改专利法时将该条修改为："申请人可以对其专利申请文件进行修改，但是，对发明和实用新型专利申请文件的修改不得超出原说明书和权利要求书记载的范围，对外观设计专利申请文件的修改不得超出原图片或者照片表示的范围。"此后 2000 年、2008 年两次修改专利法均未对该条进行修改。此次修改，继续保留了该条内容，未作修改。

条文解读

本条规定包含两层意思：一是申请人可以对其专利申请文件进行修改；二是申请人对其专利申请文件进行修改必须符合一定的条件。

一、修改专利申请文件的权利

申请人可以对其专利申请文件进行修改，这是法律赋予专利申请人的一项权利。专利申请人在申请专利之后，被授予专利权之前，可能因为多种原因，需要对其专利申请文件进行修改。例如，专利申请人可能会认为自己的专利申请文件中有些地方写得不清楚、不准确，或者有些数据还需要经过重新测算、更改等，如果不加修改可能会带来不利影响。因此，法律允许专利申请人可以对其专利申请文件进行修改。本条中规定的申请人对专利申请文件的修改，与本法第三十七条所规定的申请人应国务院专利行政部门的要求对其专利申请的修改是不同的，这里是申请人主动提出的修改。

按照有关规定，发明专利申请人在提出实质审查请求时以及在收到国务院专利行政部门发出的发明专利申请进入实质审查阶段通知书之日起的三个月内，可以对发明专利申请主动提出修改。实用新型或者外观设计专利申请人自申请日起二个月内，可以对实用新型或者外观设计专利申请主动提出修改。比如，可以对原来的文字、图示进行修改，以使得更加清楚、准确；或者可以对原来的技术方案进行修改、补充，以使得更加完善。但是，申请人对专利申请文件进行修改，不得超出法律规定的范围。

二、专利申请文件的修改范围

关于申请人对专利申请文件的修改范围。不论申请人是主动还是应国务院专利行政部门的要求对其专利申请进行修改，都必须遵循本条规定的原则，即对发明和实用新型专利申请文件的修改不得超出原说明书和权利要求书记载的范围；对外观设计专利申请文件的修改不得超出原图片或者照片表示的范围。

按照有关规定，关于发明和实用新型，原说明书和权利要求书记载的范围包括原说明书和权利要求书文字记载的内容和根据原说明书和权利要求书文字记载的内容以及说明书附图能直接地、毫无疑义地确定的内容；关于外观设计专利，修改超出原图片或者照片表示的范围，是指修改后的外观设计与原始申请文件中表示的相应的外观设计相比，属于不相同的设计。

相关规定

《中华人民共和国专利法》第三十七条

第四章　专利申请的审查和批准

第三十四条　国务院专利行政部门收到发明专利申请后，经初步审查认为符合本法要求的，自申请日起满十八个月，即行公布。国务院专利行政部门可以根据申请人的请求早日公布其申请。

条文主旨

本条是关于发明专利申请的初步审查和对申请予以公布的规定。

立法背景

考虑到发明专利申请要经过实质审查，审查周期较长，如果等到实质审查结束才公布发明专利申请的内容，对同一课题进行重复研究、重复投资和重复申请的概率就会增大，不能很好地发挥专利制度的作用。因此，1984 年制定专利法时，就对发明专利的申请，规定专利局经初步审查认为符合本法要求的，自申请日起十八个月内予以公布。1992 年修改专利法，将“自申请日起十八个月内，予以公布”，修改为“自申请日起满十八个月，即行公布”。2000年专利法修改，将“专利局”修改为“国务院专利行政部门”。此次未作修改。

条文解读

1. 我国专利法对发明专利申请的审查采取的是“早期公开，延迟审查”的制度，即国务院专利行政部门在收到发明专利申请后，先进行初步审查，对符合要求者，自申请日起一段时间内予以公布，并在一定期限以后，应申请人的请求或自行对申请进行实质审查，并对符合法定条件的申请授予专利权。值得注意的是，我国专利法对发明专利申请的公布方式是不同于实用新型和外观设计专利申请的公布方式的。对于发明专利申请，规定自申请日起满十八个月即行公布；对于实用新型和外观设计专利申请，则规定在授权公告时才予以公布。这是由其审查方式不同决定的，实用新型和外观设计申请只需初步审查，而发明专利申请要经过实质审查。“早期公开，延迟审查”制度的确立，一方面有利于及时公开发明技术，促进科学技术的交流与发展，另一方面可以使申请人因各种原因（如在申请后认为其发明还不成熟，或认为发明已丧失新颖性，或认为发明缺乏经济价值）而不再请求实质性审查，从而减轻专利部门的工作负担，避免申请的积压。

2. 根据本条规定，国务院专利行政部门在收到发明专利申请以后，首先要对其进行初步审查。这里讲的“初步审查”也称形式审查，是指国务院专利行政部门审查专利申请是否符合法律规定的形式要求，主要审查两个方面：(1) 对专利申请文件的形式要件进行审查。即审查申请人的专利申请各项文件是否齐备，是否符合本法对申请文件的要求，以及这些文件是否符合规定的格式；(2) 对专利申请的内容进行审查。主要是审查申请专利的发明是否明显违反法律、社会公德或者妨害公共利益；是否明显属于违反法律、行政法规的规定获取或者利用遗传资源，并依赖该遗传资源完成其发明；是否明显属于本法第二十五条规定的不授予专利权的范围；是否属于本法第十八条关于在中国没有经常居所或者营业所的外国人、外国企业或者外国其他组织在中国申请专利和办理其他专利事务规定的情形；是否符合本法第三十一条第一款关于一件发明应当作为一件申请提出的规定；等等。这些审查虽然涉及发明专利申请的内容，但不是对该申请是否符合“新颖性、创造性、实用性”的专利实质要件进行审查，只是审查其是否有明显违反法律规定的情形。

3. 国务院专利行政部门对经过初步审查，认为符合专利法要求的申请，应当自申请日起满十八个月，即行公布。

首先，发明专利可以公布的前提是，必须经初步审查符合专利法要求；其次，对于符合要求的，自申请日起满十八个月才予以公布。之所以规定发明专利申请自申请日起满十八个月即行公布，是在充分权衡申请人利益保护与促进经济社会发展两者间的关系后得出的结果。一方面，从促进科学技术进步的角度出发，为避免重复研究开发、促进技术信息的及时传播，发明专利申请越早公开越好；但另一方面，申请人希望有充足的时间考虑是否需要公开其技术，因为过早的公开专利申请的内容，有可能会损害申请人的利益。比如，对撤回的专利申请而言，已公布和未公布对申请人造成的影响非常不同：如果申请还未公布，那么申请人撤回申请后，其记载的技术还可以作为技术秘密获得保护，并且还可根据需要重新申请发明专利并获得专利权；如果申请已经公布，则其中记载的技术成为现有技术，申请人既无法再就同样的技术申请专利，也不可能再将其作为技术秘密获得保护。为了平衡申请人和促进经济社会发展间的关系，参照国际惯例，专利法将这个期限设定为十八个月，即规定发明专利申请自申请日起满十八个月即行公布。

此外，国务院专利行政部门也可以根据申请人的请求早日公布。公布的内容主要包括：发明专利申请的请求书、说明书及其摘要和权利要求书等申请人提交的所有的专利申请文件。依赖遗传资源完成的发明创造，申请人应当在专利申请文件中说明该遗传资源的直接来源和原始来源，无法说明来源的，申请人应当陈述理由。

4. 发明专利申请公布后，由于该发明还没有经过实质审查，还不能确定其是否能够被授予专利权。因此，他人实施早期公开的申请中的发明在法律上是不禁止的，不能认为是侵权。但同时为了保护申请人的权益，我国专利法对发明专利申请人实行临时保护，即本法第十三条规定的“发明专利申请公布后，申请人可以要求实施其发明的单位或者个人支付适当的费用”。对于不支付适当费用的使用人，发明专利申请人可以在专利权授予后，请求管理专利工作的部门进行处理，或者向人民法院起诉。

相关规定

《中华人民共和国专利法》第五条、第十三条、第十八条、第二十五条、第二十九条、第三十一条、第四十条

第三十五条　发明专利申请自申请日起三年内，国务院专利行政部门可以根据申请人随时提出的请求，对其申请进行实质审查；申请人无正当理由逾期不请求实质审查的，该申请即被视为撤回。

国务院专利行政部门认为必要的时候，可以自行对发明专利申请进行实质审查。

条文主旨

本条是关于启动发明专利申请实质审查程序的规定。

立法背景

1984 年在制定专利法时，就对专利申请实质审查的启动作了规定，即发明专利申请自申请日起三年内，专利局可以根据申请人随时提出的请求，对其申请进行实质审查；申请人无正当理由逾期不请求实质审查的，该申请即被视为撤回。专利局认为必要的时候，可以自行对发明专利申请进行实质审查。2000 年修改专利法时，仅是将“专利局”修改为“国务院专利行政部门”。此次未作修改。

条文解读

对发明专利申请，我国实行的是实质审查制，即对发明专利申请不仅要对形式上是否符合法律规定进行审查，还要对其实质上是否符合授权标准，即是否具有“新颖性、创造性、实用性”进行审查。

1. 依照本条第一款的规定，我国专利法对发明专利申请的实质审查，实行的是请求审查制，即采取由申请人在法定期间内提出审查请求的方式予以启动，专利行政部门一般不主动对发明专利申请进行实质审查；发明专利申请人以外的其他人也无权要求对他人的发明专利申请进行实质审查。发明专利申请人提出进行实质审查请求的期间，为自提出专利申请之日起三年以内，在此期间，申请人可以随时向国务院专利行政部门请求进行实质审查。如果自申请日起满三年，申请人未提出进行实质审查的请求，该申请即被视为自动撤回。

之所以规定自申请日起三年内，依申请人请求启动发明专利申请的实质审查，是根据我国专利申请的实际情况并借鉴国际经验确定的。随着经济和科技的快速发展，自20世纪末以来，许多国家的专利申请数量呈现大幅度增长，有些国家甚至出现了专利申请案件大量积压的现象。事实上，在申请人提出的发明专利申请中，有一些是申请人为了抢先而仓促申请的，其发明可能并不成熟；有一些是为了防御目的而申请的，即申请人并不追求真正获得专利权，只要其专利申请的公布可以阻止其他人就相同主题随后申请并获得专利权即可；还有一些发明是否具有经济效益在提出申请时还不明确，可能经过一段时间后申请人可以确定该发明不具有经济效益。并且，对发明专利申请进行实质审查是要收取一定数额的审查费的，若申请人能够在提出申请后，允许其结合申请的发明专利实际情况，决定不再请求实质性审查，也就无须缴纳实质审查的费用。因此，应当设定一个合理的期间，让申请人自行决定是否有必要对发明专利申请进行实质审查。一方面，该制度既允许申请人尽早提出专利申请，又为申请人留出足够的考虑时间，决定是否需要继续投入。另一方面，也可以大大减轻专利行政部门的审查工作负担。对发明专利申请进行实质审查相当复杂，如果专利行政部门对每一件发明专利申请都要主动进行实质审查，必然造成专利审查工作量过大，不利于提高审查工作效率。由于具有上述优点，使得早期公开、请求审查的专利制度为各国所普遍采用。

对于请求实质审查的具体期限，各国规定有所不同。原则上讲，该期限如果太长，既延长了发明专利申请处于不确定法律状态的时间，同时，若迟迟不能确认该发明创造是否可以自由实施，也会妨碍新技术的及时应用，对社会发展不利；该期限如果过短，又起不到预期的积极作用，对申请人不利。本条第一款规定了三年的时间，经实践证明是较为合理的。

2. 依照本条第二款的规定，如果国务院专利行政部门认为必要，也可主动对一项发明专利申请进行实质审查。这是因为，从理论上说，有些发明创造会涉及国家和社会的重大利益，但申请人可能没有意识到这一点，或是出于某种原因有意拖延实质审查的提出。在这种情况下，国务院专利行政部门如认为某项申请专利的发明对国家利益、社会利益确实有重大影响的，可以不必经专利申请人提出请求，自行对发明专利申请进行实质审查。不过，实践中很少出现这种情况。

第三十六条 发明专利的申请人请求实质审查的时候，应当提交在申请日前与其发明有关的参考资料。

发明专利已经在外国提出过申请的，国务院专

利行政部门可以要求申请人在指定期限内提交该国为审查其申请进行检索的资料或者审查结果的资料；无正当理由逾期不提交的，该申请即被视为撤回。

条文主旨

本条是关于发明专利申请人请求实质审查时应提交的文件资料的规定。

立法背景

1984 年制定专利法时，就对发明专利申请人请求实质审查时应提交的文件资料作了规定。其中第一款规定，发明专利的申请人请求实质审查的时候，应当提交在申请日前与其发明有关的参考资料。第二款规定，发明专利已经在外国提出过申请的，申请人请求实质审查的时候，应当提交该国为审查其申请进行检索的资料或者审查结果的资料；无正当理由不提交的，该申请即被视为撤回。对于第二款规定，当年之所以要求申请人应当提供该国有关审查资料，主要是考虑到当时我国专利局检索资料欠缺，需要借助国外的审查资料。到 2000 年，经过十几年的专利审查积累，国务院专利行政部门已经有了比较丰富的检索资料，无须再一律要求申请人提交该国的审查资料；只是在个别情况下，国务院专利行政部门才有必要要求申请人提交该国的审查资料。因此，2000 年修改专利法时，将本条第二款修改为：发明专利已经在外国提出过申请的，国务院专利行政部门可以要求申请人在指定期限内提交该国为审查其申请进行检索的资料或者审查结果的资料；无正当理由逾期不提交的，该申请即被视为撤回。此次未作修改。

条文解读

1. 发明专利申请人在请求国务院专利行政部门对其申请进行实质审查的时候，应当提交在申请日前与其发明有关的参考资料。这些参考资料主要是指发明人在完成发明的过程中，为了解决技术上的问题所参考过的现有技术资料，如专利文献、科技书籍、科技期刊等。这主要是因为，在当今科技技术迅速发展的情况下，发明专利申请数量多、涉及领域广泛，而国务院专利行政部门的审查人员精力有限，不可能对每一领域的技术状况都十分了解。申请人作为发明的主体，对其发明所涉及的技术领域的了解和对相关资料的掌握上，相对而言具有一定的优势。由其在申请实质审查时提供相关参考资料，可以有利于减轻国务院专利行政部门的工作负担，缩短专利审批的时间，提高审查工作效率和质量，最终更有利于对发明人的保护。

2. 发明专利已经在外国提出过申请的，国务院专利行政部门还可以要求申请人在指定期限内提交该国为审查其申请进行检索的资料或者审查结果的资料。检索资料主要是指有关国家对发明专利申请进行检索所作出的检索报告。

审查结果资料主要是指有关国家对相关申请进行审查得出的结论性意见，如外国专利局作出的授予专利权的决定、驳回专利申请的决定等。该规定有利于国务院专利行政部门的审查人员更快地理解发明专利申请所涉及的发明，从而有助于其对发明的新颖性和创造性作出全面、合理的判断，故也是符合申请人自身利益的。

需要说明的是，虽然检索的资料和审查结果的资料对国务院专利行政部门判断该发明专利申请是否具备新颖性和创造性很有帮助，但对同样的专利申请，根据《保护工业产权巴黎公约》的规定，各国有权独立决定是否授予专利权。故一件发明是否具备新颖性和创造性，应由我国专利行政部门在全面检索、审查的基础上独立作出判断，外国进行检索或者审查的资料仅是作为参考。此外，“发明专利已经在外国提出过申请的”，不限于申请人要求享有优先权的情形；即本条第二款应理解为，凡是已经在外国提出过申请的，在国务院专利行政部门要求提供检索资料或者审查结果资料时，都应及时提交相关资料。

发明专利申请人无正当理由逾期不提交上述资料的，该申请即被视为撤回。其中，正当理由通常是指在国务院专利行政部门指定期限内，有关国家对该申请尚未作出检索报告或者其他结论性意见等。发明专利申请人有正当理由无法提交上述资料的，应当向国务院专利行政部门声明，并在得到有关资料后补交。

第三十七条 国务院专利行政部门对发明专利申请进行实质审查后，认为不符合本法规定的，应当通知申请人，要求其在指定的期限内陈述意见，或者对其申请进行修改；无正当理由逾期不答复的，该申请即被视为撤回。

条文主旨

本条是关于国务院专利行政部门对经实质审查认为不符合本法规定的发明专利申请应如何处理的规定。

立法背景

实践中，发明专利的申请人对有关技术或者法律问题的理解，以及对申请文件的撰写难免会有失误和偏差，这些失误和偏差会影响专利权的授予。因此，从保护专利申请人权利的角度出发，国务院专利行政部门在实质审查过程中，如认为一项发明专利的申请不符合本法规定的授予专利的条件的，不应直接作出驳回该发明专利申请的决定，而应通知申请人，给予其陈述意见、修改申请的机会。并且，通过交换意见，也可以加深审查人员对申请文件的理解，从而提高审查质量。为此，1984 年制定专利法时，明确规定专利局对发明专利申请进行实质审查后，认为不符合本法规定的，应当通知申请人，要求其在指定的期限内陈述意见，或者对其申请进行修改；无正当理由逾期不答复的，该申请即被视为撤回。2000 年修改专利法时，将“专利局”修改为“国务院专利行政部门”。此次未作修改。

条文解读

1. 国务院专利行政部门对发明专利申请的实质审查，是指对申请专利的发明是否具备法律所规定的新颖性、实用性和创造性等可授予专利的实质要件进行审查。

具体来讲，实质审查的内容主要包括：（1）申请专利的发明是否符合专利法第二条第二款关于发明的定义，即是否属于对产品、方法或者其改进所提出的新的技术方案；（2）申请的专利是否存在专利法第五条规定的情形，即是否属于违反法律、社会公德或者妨害公共利益的发明，或是否属于依赖违法获取的或是违法利用的遗传资源完成的发明（此处违法是指违反法律、行政法规的规定）；（3）申请的专利是否存在违反专利法第十九条第一款规定的情形，即对于在中国完成的发明，申请人是否曾经事先未报经国务院专利行政部门保密审查，就向外国申请专利的；（4）申请专利的发明是否属于专利法第二十五条规定的不授予专利权的客体；（5）申请专利的发明是否符合专利法第二十二条的规定，即是否具备新颖性、创造性和实用性；（6）申请专利的说明书是否符合专利法第二十六条第三款的规定，即是否对发明作出清楚、完整的说明，使所属技术领域的技术人员能够实现；（7）申请专利的权利要求书是否符合专利法第二十六条第四款的规定，即是否以说明书为依据，清楚、简要地限定要求专利保护的范围；权利要求书是否符合专利法实施细则规定的撰写要求；（8）对于依赖遗传资源完成的发明，申请文件是否说明了该遗传资源的直接来源和原始来源；未说明原始来源的，申请人是否陈述了理由；（9）申请是否符合专利法第三十一条第一款的规定，即是否要求保护不属于一个总的发明构思的两项以上的发明；（10）申请人对其申请文件的修改，是否符合专利法第三十三条的规定，即修改是否超出原说明书和权利要求书记载的范围。需要注意的是，对发明专利申请的初步审查实际已经涉及上述实质审查的一部分内容，但仅限于明显的实质性缺陷，不明显的则留待实质审查阶段进行，即实质审查是全面的、更为深入的审查，审查周期明显长于初步审查。

2. 国务院专利行政部门对发明专利申请进行实质审查以后，认为不符合本法规定的授予专利的条件的，应当通知申请人，要求其在指定的期限内陈述意见，或者对其申请进行修改。根据申请情况的不同，大致可分为以下几类：有的申请，其所记载的发明虽具有被授予专利权的可能，但申请文件还存在缺陷，需要通过修改消除缺陷；有的申请缺乏单一性，如申请包含两件以上发明，且分属不同的技术领域，此时国务院专利行政部门一般会要求申请人对其发明项数进行限制，以符合单一性的要求；有的申请，其记载的发明没有被授予专利权的可能，应当予以驳回，此时国务院专利行政部门也会给申请人一次陈述意见的机会，但一般不会要求申请人对其申请文件进行修改；等等。

3. 申请人在收到通知以后，如果认为其申请符合法律要求，应在指定的期限内，按照国务院专利行政部门的要求，向其提交意见陈述书，充分说明和论证其申请符合法律规定的取得专利的条件；如果认为其申请需要修改，就应在指定的期限内，按照通知的要求修改其申请文件，同时说明修改的原因和法律依据。如果国务院专利行政部门不同意申请人的修改，可以再次通知申请人，要求申请人再次修改其申请。原则上这一过程可以进行多次，直至国务院专利行政部门授予专利权或者驳回该申请为止。但是这个过程应有一个合理的平衡，既能为申请人提供尽可能多的修改其申请文件的机会，同时也要考虑到国务院专利行政部门的审查工作效率。

4. 申请人逾期无正当理由不予答复的，该申请即被视为撤回。关于答复期限的长短，专利法或者专利法实施细则中有明确规定的，从其规定；没有明确规定的，由国务院专利行政部门综合考虑各种因素后予以指定。如果申请人因不可抗拒的事由或者其他正当理由而未能按期答复的，可以向国务院专利行政部门说明其不能按期答复的正当理由，请求延长答复期限。

相关规定

《中华人民共和国专利法》第二条第二款，第五条，第十九条第一款，第二十二条，第二十五条，第二十六条，第三十一条第一款，第三十三条

第三十八条　发明专利申请经申请人陈述意见或者进行修改后，国务院专利行政部门仍然认为不符合本法规定的，应当予以驳回。

条文主旨

本条是关于驳回发明专利申请的规定。

立法背景

在实质审查过程中，申请人有陈述意见和对其申请进行修改的机会，这样的机会可能有多次，但不应无限制地持续，在一定条件下，实质审查程序应当终止。为此，1984 年专利法制定时，规定发明专利申请经申请人陈述意见或者进行修改后，专利局仍然认为不符合本法规定的，应当予以驳回。2000 年修改专利法时，将“专利局”修改为“国务院专利行政部门”。此次未作修改。

条文解读

1. 国务院专利行政部门在发明专利申请人陈述意见或

者进行修改以后，仍然认为所申请专利的发明不符合本法规定授予专利的条件，应当予以驳回。例如，申请专利的发明不属于对产品、方法或者其改进所提出的新的技术方案的；申请专利的发明违反国家法律、社会公德或者妨害公共利益的；申请专利的发明创造属于违反法律、行政法规的规定获取或者利用遗传资源，并依赖该遗传资源完成的；属于本法第二十五条规定的不授予专利权的范围的；不具有新颖性、创造性和实用性的；申请不具有单一性，即不符合本法第三十一条第一款规定的；申请文件中说明书和权利要求书不符合法律规定的；申请的修改超出原说明书和权利要求书记载的范围的；等等。对于以上这些不符合专利法规定授予专利条件的情形，国务院专利行政部门应当驳回其申请，不授予专利权。

2. 国务院专利行政部门作出驳回决定，意味着一件发明专利的申请不能被授予专利权，对申请人来说关系重大。因此，国务院专利行政部门在作出驳回决定前，应当给申请人至少一次陈述意见或者进行修改的机会。只有当申请人在指定期限内未能提供可以令国务院专利行政部门信服的意见，也未对其申请文件进行修改以符合专利法关于授予专利权条件的，国务院专利行政部门才可驳回该申请。但这并不意味着只要申请人在意见中陈述了未曾提及的理由，或者对其申请文件作了修改，国务院专利行政部门就必须对不符合专利法规定的申请，再次要求申请人陈述意见或者修改其申请文件，否则实质审查程序将会一直进行下去。故只要国务院专利行政部门给过申请人陈述意见或者进行修改的机会，并认为申请人的陈述意见以及对申请文件所作的修改，仍然不能使其发明专利的申请符合本法授予专利权条件的，就可以对其申请予以驳回。

国务院专利行政部门在作出驳回申请的决定时，应当列明相关事实、理由和法律依据。发明专利申请人对驳回申请的决定不服的，可以依照专利法第四十一条的规定，自收到通知之日起三个月内，向国务院专利行政部门请求复审。此外，考虑到发明专利申请一般自申请日起满十八个月即予以公布，则自公布之日起，申请的内容已经为公众所知，故驳回发明专利申请的决定生效后，任何人均不可能再就相同内容的发明申请专利。

相关规定

《中华人民共和国专利法》第二条、第五条、第二十二条、第二十五条、第三十四条、第三十七条、第四十一条

第三十九条　发明专利申请经实质审查没有发现驳回理由的，由国务院专利行政部门作出授予发明专利权的决定，发给发明专利证书，同时予以登记和公告。发明专利权自公告之日起生效。

条文主旨

本条是关于授予发明专利权的规定。

立法背景

发明专利申请经实质审查没有发现驳回理由的，即处于可以授予发明专利的状态，为此，1984 年制定专利法时，第三十九条规定，发明专利申请经实质审查没有发现驳回理由的，专利局应当作出审定，予以公告，并通知申请人。之所以仅规定专利局作出审定并予以公告，主要是因为 1984 年的专利法还规定了审定公告后三个月的异议期，只有无异议或者经审查异议不成立的，发明专利申请才可以被授予专利权。1992 年修改专利法时，授予专利权之前的异议程序已改为授予专利权之后的撤销程序，这一修改导致本条规定也作了相应修改：发明专利申请经实质审查没有发现驳回理由的，专利局应当作出授予发明专利权的决定，发给发明专利证书，并予以登记和公告。考虑到具体在授权过程中，专利局需作出若干行为，包括作出授予发明专利权的决定、发给发明专利证书、予以登记、予以公告；这些行为的作出必定有先后顺序，即发出授权通知书之日、登记日、公告日、专利证书颁发日，彼此日期各不相同，哪一个日期是专利权的生效日期，1984 年和 1992 年的专利法均未作明确规定。为此，2000 年修改专利法时，除将“专利局”修改为“国务院专利行政部门”外，还增加了“发明专利权自公告之日起生效”的规定，即明确了发明专利权的生效时间；同时，还将“发给发明专利证书，并予以登记和公告”修改为“发给发明专利证书，同时予以登记和公告”，即要求国务院专利行政部门同时完成颁发专利证书、登记和公告。此次未作修改。

条文解读

1. 国务院专利行政部门对发明专利申请进行实质审查以后，如果没有发现依法应当驳回申请的情形的，应当向申请人发出授予专利权的通知，提示发明专利申请人办理专利权登记和领取专利证书的手续。需要指出的是，虽然从条文规定上看，授权过程主要是由国务院专利行政部门作出一系列行为，如作出决定、登记、公告以及发给发明专利证书；但实质上授权过程能否顺利进行还需要申请人的参与和配合。

2. 国务院专利行政部门作出授予发明专利权的决定，向被授予专利权的人发给发明专利证书，同时予以登记和公告。发明专利权自公告之日起生效。之所以规定发明专利权自公告之日起生效，主要是因为，根据专利法第十一条的规定，发明专利权被授予后，除本法另有规定外，任何单位或者个人未经专利权人许可，都不得为生产经营目的实施其专利；其中“发明专利权被授予”，应理解为发明专利权生效，即发明专利权是一种自其生效之日起对我国所有的单位和个人均有约束力的无形财产权，因此发明专利权的生效需要公示，通过公示使公众能够知晓，从而才能承担不得侵犯专利权的义务。并且，考虑到发明专利已经事先予以公布，公众实际上已经得知有关发明，但在国务院专利行政部门作出授予发明专利权的决定或者驳回申请的决定并予以公告之前，公众是不知道能否实施该发明的，即处于一种等待状态。国务院专利行政部门公告其授权决定，公众就知道该发明已正式受到法律保护。故以公告之日作为发明专利权的生效之日较为合理。

3. 还应说明的是，本条规定授予专利权的前提，是国务院专利行政部门经过实质审查没有发现应当予以驳回的理由。这并不一定意味着，该发明实际上是完全符合法律规定的授予专利权的条件的，也可能存在某些不符合法律规定的情形，但国务院专利行政部门还没有发现。自国务院专利行政部门公告授予专利权之日起，任何单位或者个人认为该专利权的授予不符合法律有关规定的，都可以根据本法规定请求国务院专利行政部门宣告该专利权无效。

相关规定

《中华人民共和国专利法》第十一条、第四十五条

第四十条 实用新型和外观设计专利申请经初

步审查没有发现驳回理由的，由国务院专利行政部门作出授予实用新型专利权或者外观设计专利权的决定，发给相应的专利证书，同时予以登记和公告。实用新型专利权和外观设计专利权自公告之日起生效。

条文主旨

本条是关于对实用新型和外观设计专利申请审查和授权的规定。

立法背景

与发明专利申请审查的方式不同，我国对实用新型和外观设计专利申请采取形式审查，为此，1984 年制定专利法时规定，专利局收到实用新型和外观设计专利申请后，经初步审查认为符合本法要求的，不再进行实质审查，即行公告，并通知申请人。之所以仅规定专利局公告并通知申请人，同样也是因为当时的专利法还规定了公告后三个月的异议期，只有无异议或者经审查异议不成立的，专利申请才可以被授予专利权。1992 年修改专利法时，授予专利权之前的异议程序已改为授予专利权之后的撤销程序，这一修改导致本条规定也作了相应修改：实用新型和外观设计专利申请经初步审查没有发现驳回理由的，专利局应当作出授予实用新型专利权或者外观设计专利权的决定，发给相应的专利证书，并予以登记和公告。考虑到具体在授权过程中，专利局需作出若干行为，包括作出授予专利权的决定、发给发明专利证书、予以登记、予以公告；而这些行为的作出必定有先后顺序，即发出授权通知书之日、登记日、公告日、专利证书颁发日，彼此日期并不相同，哪一个日期是实用新型专利权或者外观设计专利权的生效日期，1984 年和 1992 年的专利法均未作出明确规定。为此，2000 年修改专利法时，除将“专利局”修改为“国务院专利行政部门”外，还增加了“实用新型专利权和外观设计专利权自公告之日起生效”的规定，即明确了专利权的生效时间；同时，还将“发给相应的专利证书，并予以登记和公告”修改为“发给相应的专利证书，同时予以登记和公告”。此次未作修改。

条文解读

1. 我国对实用新型和外观设计专利申请采取的是形式审查制度，也称登记制度，即只要国务院专利行政部门经过初步审查，认为该申请手续完备且符合法律规定的形式，就授予专利权。采取形式审查制度，主要是因为实用新型和外观设计的内容较为简单，只作形式审查可以加快审批速度，使这些实用技术尽快为社会所利用，充分发挥专利制度的作用。对于不符合专利法规定的取得专利权的实质条件而取得了专利权的实用新型和外观设计，可以通过以后的无效申请和宣告程序宣告其无效。

2. 这里讲的初步审查，同发明专利申请的初步审查程序基本一样，即主要对实用新型和外观设计申请是否符合法律规定的形式要件进行审查，主要审查两个方面：一是对专利申请文件的形式进行审查。即审查申请人的专利申请是否具有本法第二十六条或者第二十七条规定的文件和其他必要的文件，以及这些文件是否符合规定的格式。二是对专利申请的内容进行初步审查，即对其是否具有明显实质性缺陷进行审查。审查的主要内容是：申请专利的实用新型、外观设计，是否明显属于违反法律、社会公德或者妨害公共利益；是否明显属于违反法律、行政法规的规定获取或者利用遗传资源，并依赖该遗传资源完成；是否符合本法第十八条关于在中国没有经常居所或者营业所的外国人、外国企业或者外国其他组织在中国申请专利和办理其他专利事务的规定；是否符合本法第十九条第一款关于在中国完成的实用新型向外国申请专利的应当事先进行保密审查的规定；是否遵循本法第二十条第一款关于诚实信用原则的规定；是否属于本法第二十五条规定的不授予专利权的范围；申请是否具有单一性，即是否符合本法第三十一条的规定；对专利申请文件的修改是否符合本法第三十三条的规定；以及是否有其他明显不符合法律规定的情形；等等。

3. 国务院专利行政部门对实用新型和外观设计专利申请进行初步审查以后，如果没有发现依法应当驳回申请的理由的，国务院专利行政部门应当依照规定向申请人发出授予专利权的通知，申请人按照规定办理专利权登记和领取专利证书的手续，国务院专利行政部门作出授予实用新型或者外观设计专利权的决定，向被授予专利权的人发给相应的专利证书，同时予以登记和公告。实用新型和外观设计专利权自公告之日起生效。与规定发明专利权自公告之日起生效的考虑相同，之所以规定实用新型和外观设计专利权自公告之日起生效，也是考虑到专利法第十一条关于专利权被授予后，任何单位或者个人未经许可不得为生产经营目的实施其专利的规定。

相关规定

《中华人民共和国专利法》第五条、第十一条、第十八条、第十九条、第二十条、第二十五条、第二十六条、第二十七条、第三十一条、第三十三条

第四十一条　专利申请人对国务院专利行政部门驳回申请的决定不服的，可以自收到通知之日起三个月内向国务院专利行政部门请求复审。国务院专利行政部门复审后，作出决定，并通知专利申请人。

专利申请人对国务院专利行政部门的复审决定不服的，可以自收到通知之日起三个月内向人民法院起诉。

条文主旨

本条是关于对专利申请的复审以及对专利申请人的司法救济的规定。

立法背景

申请人作出的发明创造能否获得专利权，从而得到法律保护，关系到申请人的切身利益。为了更充分地保障申请人的合法权益不受侵害，在1984年制定专利法时，就建立了申请人对专利局驳回申请的决定不服的，允许其向专利复审委员会请求复审的制度。同时，还对三种专利申请的复审决定能否向人民法院提起诉讼，作了区分：发明专利的申请人对驳回复审请求决定不服的，可以向人民法院起诉；专利复审委员会对实用新型和外观设计作出的复审决定为终局决定。1992年修改专利法时，将“对专利复审委员会驳回复审请求的决定不服的”，修改为“对专利复审委员会的复审决定不服的”。2000年修改专利法时，考虑到实用新型和外观设计专利权与发明专利权一样，都属于当事人的民事权利，当事人对有关民事权利的行政决定不服的，应当允许其向法院起诉；此外，《与贸易有关的知识产权协定》（TRIPS）也明确规定，对有关获得或者维持知识产权的程序作出的行政决定，均应接受司法或者准司法机关的审查。故删去了关于专利复审委员会对实用新型和外观设计专利的复审决定为终局决定的规定，明确“专利申请人对专利复审委员会的复审决定不服的，可以自收到通知之日起三个月内向人民法院起诉”，即允许实用新型和外观设计专利的申请人对复审决定不服的向人民法院起诉，为所有专利的申请人提供获得司法救济的机会。

此次修改专利法，考虑到新一轮机构改革后，专利复审委员会已被取消，相关复审决定改由国家知识产权局作出，故删去了“国务院专利行政部门设立专利复审委员会”的规定，同时将条文中的“专利复审委员会”修改为“国务院专利行政部门”。

条文解读

1. 根据本条第一款的规定，专利申请人对国务院专利行政部门驳回其专利申请的决定不服的，可以自收到通知之日起三个月内，向国务院专利行政部门请求复审。其中复审，是指国务院专利行政部门根据专利申请被驳回的申请人提出的复审请求，对驳回专利申请的决定是否正确、合法，依法进行的审查。应当注意的是，只有针对国务院专利行政部门作出的驳回专利申请的决定，申请人才能够提出复审请求。对于在初步审查和实质审查过程中，国务院专利行政部门作出的各种对申请人不利的决定或者处理结果，如根据专利法第三十五条的规定，申请人在自申请日起三年内未请求实质审查的，其专利申请即被视为撤回；

根据专利法第三十七条的规定，国务院专利行政部门在实质审查过程中要求申请人在指定期限内陈述意见或者对其申请进行修改，申请人无正当理由逾期不答复的，其申请即被视为撤回；等等。这些对申请人不利的处理结果，并不是驳回专利申请的决定，故不能请求复审。

具体来说，按照有关规定，专利申请人请求复审的，应当书面提出复审请求，说明理由并附具有关证明文件。国务院专利行政部门收到复审请求书后，先要进行形式审查，主要是对请求人的资格、请求期限、请求书的格式等进行审查。完成形式审查后，再进行复审。申请人在请求复审时，可以修改被驳回的专利申请，但是修改应当仅限于驳回申请的决定所涉及的部分。

国务院专利行政部门经过审查作出复审决定，复审决定一般有以下几种情况：（1）复审理由不成立，维持原驳回决定；（2）复审理由成立，撤销原驳回决定；（3）专利申请文件经专利申请人修改，克服了原驳回申请决定所指出的缺陷，在新的文本基础上撤销原驳回申请的决定。复审决定应当以书面方式通知专利申请人。

2. 根据本条第二款的规定，专利申请人对国务院专利行政部门的复审决定不服的，可以自收到通知之日起三个月内向人民法院起诉。这是法律为专利申请人提供的司法救济途径。按照本款规定，各类专利申请，既包括发明专利申请，也包括实用新型和外观设计的专利申请，申请人如对复审决定不服的，都可以向人民法院提起诉讼。

相关规定

《中华人民共和国专利法》第三十五条、第三十七条

第五章 专利权的期限、终止和无效

第四十二条 发明专利权的期限为二十年，实用新型专利权的期限为十年，外观设计专利权的期限为十五年，均自申请日起计算。

自发明专利申请日起满四年，且自实质审查请求之日起满三年后授予发明专利权的，国务院专利行政部门应专利权人的请求，就发明专利在授权过程中的不合理延迟给予专利权期限补偿，但由申请人引起的不合理延迟除外。

为补偿新药上市审评审批占用的时间，对在中国获得上市许可的新药相关发明专利，国务院专利行政部门应专利权人的请求给予专利权期限补偿。补偿期限不超过五年，新药批准上市后总有效专利权期限不超过十四年。

条文主旨

本条是关于各类发明创造专利权的期限，以及发明专利权期限补偿、药品发明专利权期限补偿的规定。

立法背景

1984年制定专利法时，规定发明专利权的期限为十五年，实用新型和外观设计专利权的期限为五年，均自申请日起计算；其中，实用新型和外观设计专利权期满前可以申请续展三年。20世纪90年代初期，中美进行了第一次有关知识产权的谈判，达成了《中华人民共和国政府与美利坚合众国政府关于保护知识产权的谅解备忘录》，其中规定发明专利的保护期限为自专利申请提出之日起二十年。我国履行了在上述备忘录中作出的承诺，在1992年修改专利法时，将发明专利权的期限延长至二十年，即在2001年加入世界贸易组织前，就已经提前满足了《与贸易有关的知识产权协定》（TRIPS）关于保护期限的规定。此外，1992年修改专利法时，还将实用新型和外观设计专利权的期限延长至十年，同时取消了实用新型和外观设计专利权期限的续展。此次修改专利法，改动有三处：一是为进一步与有关国际通行规则相衔接，将外观设计专利权的保护期由十年延长至十五年。二是增加了本条第二款关于发明专利权期限补偿的规定。三是增加了本条第三款关于药品发明专利权期限补偿的规定。

条文解读

1. 在著作权、商标权和专利权三种主要的知识产权类型中，专利权的保护期限相对较短。这是由专利制度不同于著作权、商标权的本质属性决定的。根据本法第一条的规定，专利法的立法宗旨不仅包含“保护专利权人的合法权益”，还包括“推动发明创造的应用”“促进科学技术和经济社会发展”。即一项发明创造如果被实践证明有价值，从国家、社会和广大民众的利益出发，应当鼓励其推广应用，并且应用得越快越好、越广泛越好；但专利制度对专利权效力的规定，却又在于禁止任何他人未经专利权人许可实施其专利，以体现对专利权人合法权益的保护。也就是说，从鼓励发明创造，提高创新能力，维护专利权人合法权益的角度来说，专利权的期限不宜过短，否则不利于调动发明创造的积极性；从推动发明创造的应用，促进经济社会发展的角度来说，专利权的期限又不宜过长，否则不利于先进技术的推广和应用。权衡两方面并结合我国实际情况，专利法将发明专利权的期限规定为二十年，将实用新型专利权的期限规定为十年，将外观设计专利权的期限规定为十五年。与世界各国关于专利权期限的法律规定相比，我国对专利权期限的规定是比较合适的，充分体现了我国对知识产权保护的重视。当然，对专利权人来讲，在法定的专利保护期限内，专利权人可以根据其专业领域技术发展的周期及专利技术的实施情况，通过不缴纳年费或者书面声明放弃专利权的方法，自行决定其专利实际受保护期的长短。

2. 依照本条第一款的规定，专利权的期限自申请之日起计算，即自专利申请人向中国专利行政部门实际提交专利申请之日起计算。此外，本款规定仅仅是明确了专利权期限的计算起点和终点，并不等同于专利自提交申请之日起就实际获得法律对专利权完整意义上的保护。根据本法第三十九条、第四十条的规定，专利权自国务院专利行政部门发给专利证书，同时予以公告之日起生效。故无论是发明、还是实用新型或是外观设计，考虑到从提出申请到获得专利权都需要经过一定时间的审查，故发明专利权人实际所能获得法律保护的期间一般都少于法定期限。

3. 本条第二款对发明专利权期限的补偿作了规定。之所以对发明专利权的期限予以补偿，主要是考虑到实践中，有一些发明专利的审查授权的时间过长，导致专利权人在发明专利授权后实际获得保护的时间大幅减少，不利于对专利权人的保护。特别是在审查授权期限的延长是由于申请人以外原因造成的情况下，专利权人因非可归责于己的原因而承受保护期减少的损失，不符合公平的原则。

根据本条第二款的规定，对发明专利权期限予以补偿的条件为：一是该发明专利必须是自申请日起满四年，并且自实质审查请求之日起满三年后，才被授予发明专利权的（以较晚日期为准）。二是必须由发明专利的专利权人向国务院专利行政部门提出补偿专利权期限的请求，即专利权期限补偿程序以专利权人主动申请为原则。三是仅就发明专利在授权过程中，因申请人以外的原因造成的不合理延迟给予期限补偿。其中需要把握两点：第一，该延迟是因为申请人以外的原因，对于因申请人的原因而造成的延迟，不给予专利权期限补偿；第二，该延迟属于“不合理”的延迟，即没有正当理由，具体情形可根据实际情况予以判断。

4. 本条第三款对药品专利权期限补偿作了规定。这是此次专利法修改的重要内容之一。

药品涉及公众的身体健康和生命安全，其上市需要经过药品监督管理部门的严格审批。药品上市审批包括非临床安全性评价和临床试验等环节，时间往往很长。一种药品，即使获得了专利授权，但在获批上市前，很长时间内依然无法实施其专利，客观上缩短了药品专利的保护期。药品专利保护期补偿，是指为补偿因原研药上市审批周期过长导致的专利保护期“损失”，而相应补偿其核心专利保护期的制度。药品专利保护期补偿制度起源于美国，此后日本、韩国、欧盟、加拿大等国家和地区先后建立了这一制度。

1. 美国

美国 1984 年制定的《药品价格竞争与专利期补偿法案》（Hatch - Waxman 法案）规定，在原研药被食品药品监督管理局（FDA）批准上市后，专利权人可以在六十天内向专利商标局（USPTO）提出专利保护期补偿申请。专利商标局将该申请转送药品监督管理局，请其确定相关专利是否符合保护期补偿条件，并提供该药品审批期限方面的信息；专利商标局根据药品监督管理局提供的信息确定给予补偿的保护期，并作出补偿决定。药品专利补偿的期限，最多为五年；补偿后的总有效保护期从药品获得上市许可之日起不得超过十四年。一个新批准上市的药品包含多个专利的，只能有一个专利享受保护期补偿。

美国药品专利保护期补偿制度的适用对象是原研药的核心专利，对于在已上市药物基础上进行改进形成的改良型新药，不给予专利保护期补偿。

2. 欧盟

欧洲共同体（欧盟前身）1992 年建立了药品专利补充保护证书（Supplementary Protection Certificates，SPC）制度，以补偿药品为通过上市许可审批程序所造成的药品有效专利期的损失，现行有效规定为欧盟第 469/2009 号条例和第 1901/2006 号条例。补充保护证书由各成员国专利局授予和管理，申请人须向各成员国专利局分别递交补充保护证书申请，获得的补充保护证书只在该成员国有效。提交补充保护证书申请的时间是在该成员国获得上市许可或获得专利授权之日（以较晚的日期为准）起六个月内。

补充保护证书的期限的计算方式是，自专利申请日至在成员国首次获得上市许可之间的时间减去五年（即五年内属于合理审批期限，不予补偿）。补充保护证书在专利到期之日起生效，最长不超过五年；同时，补偿后的总保护期，从药品第一次获得上市许可之日起最长不超过十五年，儿科药的保护期可以再延长六个月。一个药品只能获得一次专利补充保护证书。

目前，欧盟正在通过立法引入补充保护证书的例外规则，以提高欧盟仿制药企业的全球竞争力。该例外规则草案包括：第一，允许仿制药企业在补充保护证书保护期限内生产仿制药并将其专门出口至原研药专利已经到期或者从未申请过专利的非欧盟国家；第二，允许仿制药企业在补充保护证书保护期限的最后六个月内制造并储备仿制药，待补充保护证书保护期限届满后再上市销售。

3. 日本

日本1986年引入药品专利保护期补偿制度。按照日本专利法的规定，因确保安全性等目的（并未明确限于药品）等待行政审批，导致无法实施专利超过二年的，专利权人可以提出补偿专利权保护期的申请，补偿的期限以五年为限。为获得专利保护期补偿，专利权人应当在获得行政审批之日起三个月内向日本特许厅提出申请，并在专利保护期届满前六个月提出确切申请。是否给予药品专利保护期补偿，由日本特许厅审查员按照一般审查程序作出判断。

日本并没有对申请专利期补偿的次数作出限制，即如果一个药品包含多项专利，可以就每项专利获得保护期补偿；如果一项专利应用于多个药品，各个药品均可以获得保护期补偿。

4. 韩国

韩国专利保护期补偿制度始于1987年。根据韩国专利法的规定，为获得保护期补偿，专利权人应当在获得药品生产许可之日起三个月内向韩国知识产权局提出申请，韩国知识产权局作出是否补偿保护的决定，并在专利公报上公布。

韩国药品专利可以补偿的保护期是因药事法的规定造成的药品专利未实施时间，以五年为限。具体补偿期限根据药品临床实验是否在韩国国内进行而采取不同的计算方式：对于在韩国国内进行临床实验的药品，补偿期限包括临床实验和药品生产许可审批所耗费的时间之和；而对于在外国进行临床实验的药品，补偿期限仅包括药品生产许可审批所耗费的时间。

5. 加拿大

加拿大2017年参照欧盟的做法，建立了药品专利补充保护证书制度，为符合条件的药品核心专利提供保护期补偿。只有首个药品上市许可申请在加拿大提交的，或者在其他国家提交首个上市许可申请后的十二个月内向加拿大提交上市许可申请的，才能够获得药品专利补充保护证书。

加拿大药品专利补充保护证书的期限的计算方法为：药品上市许可之日与专利申请日之差再减去五年；最长不超过二年。

具体到我国，此前，我国专利法没有引入药品专利保护期补偿制度。2017 年 10 月，中办、国办印发的《关于深化审评审批制度改革鼓励药品医疗器械创新的意见》，提出要“开展药品专利期限补偿制度试点。选择部分新药开展试点，对因临床试验和审评审批延误上市的时间，给予适当专利期限补偿”。

此次修改专利法，在结合我国制药领域实际情况并参考美国、欧盟、日本等国具体制度设计的基础上，本条第三款增加了关于药品专利权期限补偿的规定。根据本款规定，药品专利权期限补偿的对象是“在中国获得上市许可的新药”；补偿的具体期限根据新药上市审评审批所占用的时间，由国务院专利行政部门决定，但补偿期限不得超过 5 年，新药批准上市后总有效专利权期限不得超过 14 年；期限补偿程序的启动需由专利权人提出。

相关规定

《中华人民共和国专利法》第一条、第三十九条、第四十条、第四十四条

第四十三条　专利权人应当自被授予专利权的当年开始缴纳年费。

条文主旨

本条是关于专利权人应依法按期缴纳年费的规定。

立法背景

1984 年制定专利法时，就对专利年费的缴纳作了规定，即专利权人应当自被授予专利权的当年开始缴纳年费。此后专利法历次修改，本条规定都没有改动。

条文解读

1. 所谓年费，又称为专利维持费，各国专利法都规定专利权人应当缴纳年费，这是专利权人的一项义务。法律作出这样的规定，可以使专利权人从经济核算的角度放弃一些没有经济效益或者效益不高的专利权，从而使有关发明创造进入公有技术领域，供社会公众自由实施应用；另外，国家为专利权人的专有权提供保护，要求专利权人缴纳一定的费用也是合理的。

2. 年费的数额与发明创造本身的经济效益大小无关，而与专利种类有关，也与缴纳年费的年度有关。按照有关规定，在三种专利中，发明专利的年费较高，实用新型和外观设计专利的年费较低；在同类别专利权中，不同的专利每年应当缴纳的年费数额是相同的，但年费数额随着时间推移会分阶段递增。这是因为，被授予专利权的发明创造的经济社会价值得到社会承认，往往需要有一个逐渐认识的过程。故如果在授予专利权的初期，专利权人就要缴纳高额的年费，会导致一些专利权人在其发明创造被社会认可前，就因为经济考虑而不得不放弃专利权，不利于专利制度的良好运转；另外，在授予专利权多年之后，如果专利权人仍然愿意通过缴纳年费以维持其专利权有效，说明其发明创造的价值不仅被社会所承认，并且依然能够产生较好的经济效益，那么随着时间的推移适当提高需缴纳年费的数额就是专利权人所能承受的。

3. 根据本条规定，专利权人应当自被授予专利权的当年开始缴纳年费，而根据本法第四十二条的规定，专利权的期限自申请日起算，故从申请日到授权日之间的时间期间中无须缴纳年费。按照有关规定，除授予专利权当年的年费应当在办理登记手续的同时缴纳外，以后的年费应当在前一年度期满前一个月内预缴。专利年度从申请日起算，与优先权日、授权日无关，与自然年度也没有必然联系。按照有关规定，专利权人未按时缴纳年费（不包括授予专利权当年的年费）或者缴纳的数额不足的，可以在年费期满之日起一定期限内补缴，同时缴纳滞纳金。

相关规定

《中华人民共和国专利法》第四十二条

第四十四条 有下列情形之一的，专利权在期限届满前终止：

（一）没有按照规定缴纳年费的；

（二）专利权人以书面声明放弃其专利权的。

专利权在期限届满前终止的，由国务院专利行政部门登记和公告。

条文主旨

本条是关于专利权在期限届满前终止的情形的规定。

立法背景

1984 年制定专利法时，就对专利权在期限届满前终止的情形作了规定：一是没有按照规定缴纳年费的；二是专利权人以书面声明放弃其专利权的。同时，规定专利权的终止，由专利局登记和公告。随着专利制度的不断完善，普遍认为，在专利法已经规定三种专利保护期限的前提下，对于因保护期限届满而自然终止的专利权而言，国务院专利行政部门公告专利权的生效日期就等于同时公告了该专利权的终止日期，没有必要再行公告其终止。但是，对于在保护期限届满前就终止的专利权来说，如果国务院专利行政部门不予以公告，公众就无法得知其专利权是何时终止的。因此，2000 年修改专利法时，将需要公告专利权终止的情形限定为期限届满前终止的专利权，即将“专利权的终止，由专利局登记和公告”，修改为“专利权在期限届满前终止的，由国务院专利行政部门登记和公告”。此次未作修改。

条文解读

本法第四十二条规定了专利权的保护期限，但在实践中，专利权被维持到保护期限最后一天的比例较低，很多专利权在期限届满前就终止了。本条第一款即对专利权在期限届满前终止的两种情形作了规定：

1. 专利权人没有按照规定缴纳年费的

本法第四十三条规定，专利权人应当自被授予专利权的当年开始按期缴纳年费。这是专利权人的一项义务，是维持其专利权效力的必要条件。专利权人如果想在保护期限届满前一直保持其专利权的效力，就必须按期缴纳年费。否则，按照权利和义务对等的原则，不履行按期缴纳年费的义务，专利权人就不能继续保持其享受专利保护的权利。

2. 专利权人以书面声明放弃其专利权的

专利权是一项民事权利，专利权人有权依法取得这项民事权利，也有权处分包括放弃这项民事权利。一般情况下，专利权人是要尽力维护专利权的，但在有些情况下，比如，由于科学技术的进步，迅速更新换代，其拥有的专利已经失去存在的实际价值，或者专利实施的效益与逐年增加的年费相比，专利权人认为在经济上不合适等，专利权人也会自动要求放弃其专利权。一旦专利权人在专利期限届满前以书面声明放弃其专利权的，该专利权即终止。此外，放弃专利权的声明不能附加任何条件，并且只能整体放弃一项专利权，而不能部分放弃专利权，如不能声明放弃独立权利要求，但保留从属权利要求。放弃专利权声明附加条件的或者提出部分放弃专利权的，该声明视为未提出。专利权由多个专利权人共有的，放弃专利权的声明必须由所有共有专利权人签字或者盖章。

专利权终止后，专利技术将进入公共领域，任何人都可以不经专利权人同意而实施该技术。因此，专利权终止的情况，应当通过一定的形式，使公众能够了解。本条第二款专门为此作了规定，按照该款规定，专利权在期限届满前终止的，应由国务院专利行政部门登记和公告。对于没有按照规定缴纳年费的，专利权自应当缴纳年费期满之日起终止；书面声明放弃专利权的，专利权自国务院专利行政部门作出的手续合格通知书的发文日起终止。此外，专利权在期限届满前的终止，不影响专利权人此前享有的权利；专利权人仍可以就他人在专利权终止前实施其专利的行为收取专利许可费，也可以就他人在专利权终止前未经其许可实施专利的行为提起专利侵权诉讼。

相关规定

《中华人民共和国专利法》第四十二条、第四十三条

第四十五条　**自国务院专利行政部门公告授予专利权之日起，任何单位或者个人认为该专利权的**

授予不符合本法有关规定的，可以请求国务院专利行政部门宣告该专利权无效。

条文主旨

本条是关于请求宣告专利权无效的规定。

立法背景

授予专利权的前提，是国务院专利行政部门经过实质审查没有发现应当予以驳回的理由，但这并不意味着，该发明实质上是完全符合法律规定的授予专利权的条件的，也可能存在某些不符合法律规定的情形，但国务院专利行政部门还没有发现。故 1984 年在制定专利法时，就对请求宣告专利权无效作了规定，即专利权被授予后，任何单位或者个人认为该专利权的授予不符合本法规定的，都可以请求专利复审委员会宣告该专利权无效。1992 年修改专利法时，将授权前异议程序调整为授权后（授权后六个月内）撤销程序，相应将无效程序中可以请求宣告专利权无效的时间节点，由“专利权被授予后”修改为“自专利局公告授予专利权之日起满六个月后”。2000 年修改专利法，将撤销程序和无效程序合并，统一规定为“自国务院专利行政部门公告授予专利权之日起”，任何单位或者个人都可向专利复审委员会请求宣告专利权无效。此次修改专利法，相关时间节点未作修改，只是考虑到新一轮机构改革后，专利复审委员会已被取消，将“专利复审委员会”修改为“国务院专利行政部门”。

条文解读

1. 专利权是由国家专利主管机关依法批准授予的权利。尽管专利主管机关对专利申请依法进行了审查，但由于各种原因，并不能绝对保证所授予的专利权都是符合法律规定的授权条件的。特别是对于实用新型和外观设计专利，由于专利主管机关并不对其进行实质审查，难免在以后发现有不符合法定授予专利权条件的情形。为对这类情形有必要的补救措施，本条对请求宣告专利权无效的程序作了规定，有利于使公众与专利审查机关相结合，纠正专利申请审查过程中可能未发现的情形，取消本来不应当获得的专利权。

2. 依照本条规定，请求宣告专利权无效的主体，可以是任何单位或者个人。在实践中，提出无效宣告请求的多是与被请求宣告无效的专利权有利害关系的单位和个人。还有小部分无效宣告请求是由专利权人自己提出的，主要是因为被授予专利权后，专利权人发现专利文件存在错误或问题而难以纠正，就只好采取请求宣告专利权部分无效的做法，通过缩小其专利权的保护范围，使其专利保持法律稳定性。此外，可以请求宣告专利权无效的起始时间，为授予专利权的公告之日。

3. 任何单位或者个人请求宣告专利权无效时，应当向国务院专利行政部门提交请求书和必要的证据，说明所依据的事实和理由。

依照本条规定，提出宣告专利权无效的理由，应是授予的专利权不符合本法的有关规定。该有关规定，即请求宣告专利权无效的理由，主要包括：(1) 被授予专利权的发明创造不符合本法第二条关于发明、实用新型或者外观设计的定义；(2) 被授予专利权的发明创造属于本法第五条规定的情形，即违反法律、社会公德或者妨害公共利益，或者发明创造的完成依赖于违反法律、行政法规的规定而获取或者利用的遗传资源；(3) 依照专利法第九条的规定不能取得专利权，即该专利权的授予将导致对同样的发明创造重复授予专利权，或者该专利权的申请人不是最先提出专利申请的人；(4) 被授予专利权的发明或者实用新型不符合本法第十九条第一款的规定，即该发明或者实用新型是在中国完成，专利权人未曾事先经国务院专利行政部门进行保密审查即向外国提出申请；(5) 被授予专利权的发明创造不符合本法第二十条第一款的规定，即在申请或行使专利权时未遵循诚实信用原则，或者在行使专利权时，滥用专利权损害了公共利益或者他人合法权益；(6) 被授予专利权的发明或者实用新型不符合本法第二十二条的规定，即不具备新颖性、创造性或者实用性；(7) 被授予专利权的外观设计不符合本法第二十三条的规定，即外观设计不具备新颖性或创造性，或者与他人在申请日以前已经取得的合法权利相冲突；(8) 被授予专利权的发明创造属于本法第二十五条规定的不能授予专利权的内容；(9) 发明或者实用新型专利文件不符合本法第二十六条第三款、第四款的规定，即说明书不够清楚、完整，或者权利要求书未以说明书为依据，清楚、简要地限定要求专利保护的范围；(10) 外观设计专利文件不符合本法第二十七条第二款的规定，即其图片或者照片未能清楚地显示要求专利保护的产品的外观设计；(11) 对专利申请文件的修改不符合本法第三十三条的规定，即对发明或者实用新型专利申请文件的修改超出了原说明书和权利要求书记载的范围，或者对外观设计专利申请文件的修改超出原图片或者照片表示的范围。

相关规定

《中华人民共和国专利法》第二条、第五条、第九条、第十九条、第二十条、第二十二条、第二十三条、第二十五条、第二十六条、第二十七条、第三十三条

第四十六条 国务院专利行政部门对宣告专利权无效的请求应当及时审查和作出决定，并通知请求人和专利权人。宣告专利权无效的决定，由国务院专利行政部门登记和公告。

对国务院专利行政部门宣告专利权无效或者维持专利权的决定不服的，可以自收到通知之日起三个月内向人民法院起诉。人民法院应当通知无效宣告请求程序的对方当事人作为第三人参加诉讼。

条文主旨

本条是关于国务院专利行政部门对宣告专利权无效的请求作出处理决定的程序，以及对国务院专利行政部门的决定不服的司法救济的规定。

立法背景

1984 年制定专利法时，对于宣告专利权无效请求的审查和审理，规定：专利复审委员会对宣告专利权无效的请求进行审查，作出决定，并通知请求人和专利权人。宣告专利权无效的决定，由专利局登记和公告。对专利复审委员会宣告发明专利权无效或者维持发明专利权的决定不服的，可以在收到通知之日起三个月内向人民法院起诉。专利复审委员会对宣告实用新型和外观设计专利权无效的请求所作出的决定为终局决定。2000 年修改专利法时，对上述规定作了修改：一是删除了专利复审委员会对宣告实用新型和外观设计专利权无效的请求所作出的决定为终局决定的规定，改为当事人就三种专利权的无效宣告请求审查决定不服的，均可以向人民法院起诉。二是针对当时由于专利申请数量急剧增加、审查人员相对不足而导致的审查周期变长，在本条第一款“专利复审委员会对宣告专利权无效的请求”后，增加“应当及时进行审查和作出决定”的规定，对国务院专利行政部门的审查工作提出明确要求。三是在司法救济程序中，增加了“人民法院应当通知无效宣告请求程序的对方当事人作为第三人参加诉讼”的规定。此次修改，仅将本条规定中的“专利复审委员会”，修改为“国务院专利行政部门”。

条文解读

1. 依照本条第一款的规定，国务院专利行政部门对宣告专利权无效的请求，应按以下程序处理：

（1）对宣告专利权无效的请求，应当及时进行审查。该审查包括形式审查与实质审查。

形式审查，主要是审查无效宣告请求书是否符合规定的格式，请求书中是否说明了提出无效宣告请求所依据的事实和理由，以及提出的理由是否属于被授予的专利权不符合本法有关规定，等等。对不符合规定的格式的，国务院专利行政部门应当通知请求人在指定期限内补正，期满未补正的，该无效宣告请求视为未提出。对请求书中未说明所依据的事实和理由，或者提出的理由不符合本法有关规定的，国务院专利行政部门对该请求不予受理。

经形式审查后，认为无效宣告请求书符合格式要求的，国务院专利行政部门应当将收到的无效宣告请求书的副本和有关文件的副本送交专利权人，要求其在指定的期限内陈述意见。在审查过程中，发明或者实用新型的专利权人可以修改其权利要求书，但不得扩大原专利的保护范围；同时，发明或者实用新型专利的专利权人不得修改专利说明书和附图，外观设计专利的专利权人不得修改图片、照片和简要说明。专利权人在指定的期限内未答复的，不影响国务院专利行政部门的审理。

实质审查，是指审查提出宣告专利权无效的理由是否成立，即审查被请求宣告无效的专利权是否确有不符合法律规定的授权条件的情形，包括审查被授予专利权的发明和实用新型是否符合有新颖性、创造性和实用性的标准；被授予专利权的外观设计是否属于现有设计；被授予专利权的外观设计是否与他人在申请日以前已经取得的合法权利相冲突；被授予专利权的发明创造是否属于违法、违反公德和妨害社会公共利益的；被授予专利权的发明创造所依赖的遗传资源的获取或者利用是否违反法律、行政法规的规定；等等。

国务院专利行政部门收到宣告专利权无效的请求后，应当按照本条的规定及时进行审查，提高审查工作的效率和质量，及时处理专利纠纷，维护当事人的权益。

（2）国务院专利行政部门对宣告专利权无效的请求依法审查完毕后，应当及时作出处理决定。经审查确认请求宣告无效的理由成立的，根据不同情况，作出专利权无效或部分无效的决定；审查确认请求宣告无效的理由不成立的，应作出维持专利权的决定。

（3）国务院专利行政部门对宣告专利权无效的请求作出决定后，应当及时通知请求人和专利权人。对宣告专利权无效的决定，应由国务院专利行政部门予以登记和公告，使公众了解。依照本法第四十七条的规定，被宣告无效的专利权，视为自始不存在。

2. 本条第二款规定了当事人对国务院专利行政部门作出的决定不服的司法救济程序。即请求人和专利权人收到审查决定的通知后，如果对国务院专利行政部门作出的决定不服，可以在收到通知之日起三个月内，以国务院专利行政部门为被告向人民法院提起诉讼。由于人民法院对案件的判决结果与无效宣告请求程序的对方当事人有利害关系，人民法院应当依法通知无效宣告请求程序的对方当事人作为第三人参加诉讼。即如果是提出无效宣告请求的人对国务院专利行政部门作出的决定不服向法院起诉的，人民法院应当通知专利权人作为第三人参加诉讼；如果是专利权人对国务院专利行政部门作出的宣告专利权无效或部分无效的决定不服向法院起诉的，人民法院应当通知提出无效宣告请求的当事人作为第三人参加诉讼。如果当事人在规定的时间内没有起诉的，国务院专利行政部门的审查决定即发生效力。

相关规定

《中华人民共和国专利法》第二条、第五条、第九条、第十九条、第二十条、第二十二条、第二十三条、第二十五条、第二十六条、第二十七条、第三十三条、第四十七条

第四十七条　宣告无效的专利权视为自始即不存在。

宣告专利权无效的决定，对在宣告专利权无效前人民法院作出并已执行的专利侵权的判决、调解书，已经履行或者强制执行的专利侵权纠纷处理决定，以及已经履行的专利实施许可合同和专利权转让合同，不具有追溯力。但是因专利权人的恶意给他人造成的损失，应当给予赔偿。

依照前款规定不返还专利侵权赔偿金、专利使用费、专利权转让费，明显违反公平原则的，应当全部或者部分返还。

条文主旨

本条是关于专利权无效宣告的法律效力的规定。

立法背景

1984 年制定专利法时，仅规定了“宣告无效的专利权

视为自始即不存在”。1992 年修改专利法时，增加规定，明确：一是宣告专利权无效的决定，对在宣告专利权无效前人民法院作出并已执行的专利侵权的判决、裁定，专利管理机关作出并已执行的专利侵权处理决定，以及已经履行的专利实施许可合同和专利权转让合同，不具有追溯力。但是因专利权人的恶意给他人造成的损失，应当给予赔偿。二是如果依照上款规定，专利权人或者专利权转让人不向被许可实施专利人或者专利权受让人返还专利使用费或者专利权转让费，明显违反公平原则，专利权人或者专利权转让人应当向被许可实施专利人或者专利权受让人返还全部或者部分专利使用费或者专利权转让费。三是前两款规定适用于被撤销的专利权。2000 年修改专利法时，对本条第二款至第四款规定作了修改：一是将第二款中的“专利管理机关作出并已执行的专利侵权处理决定”，修改为“已经履行或者强制执行的专利侵权纠纷处理决定”；二是考虑到撤销程序已被取消，删除了相关规定适用于被撤销的专利权的规定。2008 年修改专利法时，对本条的第二款、第三款再次作了修改：一是将第二款中的“裁定”修改为“调解书”；二是大为简化了第三款的表述，并增加了应当全部或者部分返还“专利侵权赔偿金”的规定。此次未作修改。

条文解读

1. 宣告无效的专利权视为自始即不存在。依照本条第一款的规定，被宣告无效的专利权，视为自始即不存在，法律上认定该专利权从授权开始就没有法律约束力，而不是自被宣告无效后才失去法律效力，即对专利权无效的宣告是有溯及力的。

2. 按照民法的一般原则，既然被宣告无效的专利权视为自始即不存在，被宣告无效的专利权人因行使专利权所获得的利益属于不当得利，专利权人应当将不当得利返还相对人。但考虑到专利权作为一种无形的财产权及授权情况的复杂性，很难保证每一项被授予的专利权都符合法律规定的条件而不在其后被宣告无效。如果专利权一旦被宣告无效，还要溯及到法院已经作出并执行的判决、调解书，溯及到管理专利工作的部门作出并已履行或强制执行的处理决定，会使法院判决、调解书及行政机关的决定处于不稳定状态，进而影响社会经济秩序的稳定。对专利实施许可合同和专利权转让合同行为来讲，被许可人和专利权受让人由于专利权被宣告无效前已经因专利权受到保护而获得了实际的利益，其支付的专利使用费和专利权转让费不予返还也是合理的。

因此，本条在第一款规定专利权无效宣告具有溯及既往的效力的同时，又在第二款，作为第一款规定的总体原则的一种例外原则，对几种不具有追溯力的情形作了规定，包括：

（1）宣告专利权无效前人民法院已经作出并已执行的

专利侵权的判决、调解书。在专利权被宣告无效前，专利权人以他人侵犯其专利权为由，向人民法院提出诉讼，经人民法院根据当时尚属有效的专利权，作出有关专利侵权损害赔偿的判决、调解书并已执行的，在专利权被宣告无效后，对该项已作出并已执行的判决、调解书，不具有溯及力。依判决、调解书规定因侵犯专利权而给予的侵权损害赔偿，当事人不得请求返还。其中，专利权无效宣告不具有溯及力的，并不包括法院裁定，主要是考虑到，无效宣告是否具有溯及力，影响的是当事人的实体权利，而只有法院的判决、调解书才会对当事人的实体权利作出规定，法院的裁定主要针对的是诉讼中的程序性事项，具有即时性的特点。将无效宣告不具有溯及力的范围限定为“法院的判决、调解书”更为适当。

（2）已经履行或者强制执行的专利侵权纠纷处理决定。依照本法第六十五条的规定，因侵犯专利权引起的纠纷，当事人可以请求管理专利工作的部门进行处理；当事人对管理专利工作的部门作出的处理不服的，可以在规定的期限向人民法院提起行政诉讼。当事人期满既不起诉又不履行管理专利工作的部门作出的处理决定的，管理专利工作的部门可以请求人民法院强制执行。对管理专利工作的部门就专利侵权纠纷作出的处理决定，当事人已经履行的，或者已经管理专利工作的部门申请法院强制执行的，其后作出的专利权无效的宣告，没有追溯力。

（3）已经履行的专利实施许可合同或者专利权转让合同。对因履行专利实施许可合同而支付的专利使用费或者因履行专利权转让合同而支付的转让费，当事人都不得请求返还。

同时，为了保护有关当事人的合法权益，依照本款规定，如果因专利权人的恶意给他人造成的损失，应当给予赔偿。

3. 按照本条第二款的规定，专利权无效的宣告对在宣告专利权无效前人民法院作出并已执行的专利侵权的判决、调解书，已经履行或者强制执行的专利侵权纠纷处理决定，以及已经履行的专利实施许可合同和专利权转让合同，不具有追溯力。为了防止因这一规定而产生不公平的现象，本条第三款又规定，如果依照第二款的规定，专利权人或者专利权转让人不向有关当事人返还专利侵权赔偿金、专利使用费或者专利权转让费，明显违反公平原则的，专利权人或者专利权转让人应当向有关当事人返还全部或者部分返还专利侵权赔偿金、专利使用费或者专利权转让费。例如，当履行实施许可合同或者转让合同不久，被许可实施专利的人或者专利权受让人还未实施有关的专利或者实施了较短的时间，该专利权就被宣告无效。在短时间内他们还没有从专利实施中取得实际利益或者其取得的利益与支出的专利使用费和受让费相比差距甚远，出现了明显的不公平现象时，专利权人或者专利权转让人应当向被许可实施专利人或者专利权受让人返还专利使用费或者专利权转让费。

相关规定

《中华人民共和国专利法》第六十五条

第六章　专利实施的特别许可

第四十八条　国务院专利行政部门、地方人民政府管理专利工作的部门应当会同同级相关部门采取措施，加强专利公共服务，促进专利实施和运用。

条文主旨

本条是关于行政部门加强专利公共服务的规定。

立法背景

专利是知识产权的重要内容，从国际层面上看，专利是各国大中小企业提升核心竞争力，构筑技术壁垒，参与国际竞争的战略性资源。发达国家在工业化发展的历史进程中，各国政府通过设计和实施包括专利在内的知识产权服务，极大促进了自己科技水平的迅速提升。为专利的有效实施和运用提供公共服务，也早已是各国专利法和专利制度的共识。例如，针对开放许可，为提高开放许可实施的效率，除详尽的法律规定外，英国专利局还专门开发了一套开放许可数据库供公众检索，内容一般包括开放许可的开始日、申请开放许可的专利公布号和申请号以及专利权人、国际专利分类号等。

从国内层面来看，专利是促进我国技术创新，加速经济发展方式转变，推动建设创新型国家和经济可持续发展的有力支撑。但是，与西方发达国家相比，我国实施专利制度起步较晚，提供的专利服务相对不足，市场主体缺乏运用专利的主动性，导致我国专利产出高、运用少的矛盾突出，专利制度未能充分地发挥作用。要实现专利制度功能和专利战略目标，就需要完善自身在专利审批、保护和管理方面的服务，为市场主体提供优质高效的专利服务，促进我国市场主体的专利创造和专利运用。据此，此次修改专利法新增了加强专利公共服务的内容。

条文解读

提供有效便捷的专利服务，是促进专利有效实施的重要措施，也是转变政府职能、建设服务型政府的客观要求。因此，此次修改专利法，新增了本条的规定，要求国务院专利行政部门、地方人民政府管理专利工作的部门，与本级有关部门共同采取措施，加强专利领域的公共服务，以实现促进专利实施和运用的目的。这是对专利行政机关提出的原则性要求。

一、我国专利服务的发展历程

提供专利服务始终是我国政府的重要任务之一，但是不同的发展时期，又体现出不同的特征。1985 年，我国开始实施专利法，专利制度从无到有，当时专利管理机关提供的服务以专利审查为主，通过建立规模庞大的专利审查队伍，对全国专利申请进行审查和授权；1992 年和 2000 年专利法经历两次修改，在这一时期，专利管理机关在改进专利审查服务的基础上，更加重视专利的保护，这种保护主要围绕专利权本身，体现在扩大专利授权范围、延长专利保护期限等方面。2000 年以来，随着我国加入世贸组织和全球经济一体化进程的加快，我国专利事业发展迅速，专利保护由对专利权本身的保护扩大到对专利权人权利的保护，专利审查更加富有效率，注重促进专利运用方面的服务水平和能力建设。2008 年国务院发布《国家知识产权战略纲要》，明确要求提高专利公共服务水平、构建国家专利信息公共服务平台等。

二、目前我国专利服务的发展状况

2019 年国家知识产权局发布的《2018 年中国专利调查报告》显示，自 2014 年以来，我国有效发明专利的实施率和产业化率基本保持稳定。2018 年调查数据显示，我国有效发明专利的实施率为 48.6%，继续稳定在五成左右水平；有效发明专利的产业化率为 32.3%，连续五年保持在三成以上。在这背后都离不开专利公共服务的不断加强。

目前，我国主干清晰、门类多样的知识产权信息公共服务体系正在形成。2020 年 4 月，国家知识产权局发布首份中国知识产权公共服务报告，据报告内容显示，2019 年以来，我国知识产权公共服务工作开局良好，知识产权公共服务体系进一步完善，公共服务能力和水平得到显著提升。截至报告发布时，我国已有 42 个副省级以上省市设立了知识产权信息公共服务机构，占比达到 97%；有 70 个地级市设立了综合性知识产权公共服务机构，占比达到 21% 左右。与此同时，我国积极推动知识产权大数据中心与公共服务平台立项工作。目前，全国有 40 个副省级以上省市建设了知识产权公共服务平台，占比达到 87%。

在知识产权信息传播利用方面，国家知识产权局已拥有中外专利文献资源总量达 1.3 亿件，涵盖了 113 个国家、组织和地区。中国进一步扩大知识产权基础数据开放，目前提供免费下载的中外专利数据资源增至 34 种。

三、提供专利服务的责任主体

依照本条的规定，国务院专利行政部门、地方人民政府管理专利工作的部门，应当与本级有关部门共同采取措施，加强专利领域的公共服务，进一步加强知识产权公共服务基础设施建设，推动形成立体化、多层级、便捷高效的知识产权公共服务体系，优化知识产权公共服务资源供给，以实现促进专利实施和运用的目的，为知识产权强国建设和经济高质量发展提供基础支撑与服务保障。

第四十九条 国有企业事业单位的发明专利，

对国家利益或者公共利益具有重大意义的，国务院有关主管部门和省、自治区、直辖市人民政府报经国务院批准，可以决定在批准的范围内推广应用，允许指定的单位实施，由实施单位按照国家规定向专利权人支付使用费。

条文主旨

本条是关于国有企业事业单位发明专利指定许可的规定。

立法背景

2008 年修改专利法前，我国专利法这条内容的规定还有第二款，即“中国集体所有制单位和个人的发明专利，对国家利益或者公共利益具有重大意义，需要推广应用的，参照前款规定办理。”2008 年修改专利法，删除了这一规定，即对发明专利的推广应用仅限于国有企业事业单位的发明专利。虽然事实上，自我国 1985 年施行专利法以来，依据本条规定予以推广应用的实例非常之少，但基于我国的基本经济制度、公共利益需要和国有企事业单位的社会责任，这一制度还是保留了下来。本条是原专利法第十四条的内容，此次未作修改。

条文解读

指定许可，是我国专利法中的一个特有的制度，具有鲜明的“中国特色”。本条关于专利实施的“指定许可”的规定，包含以下几层意思。

一、指定许可的客体

指定许可专利的客体只限于发明专利，不包括实用新型专利和外观设计专利。理由主要是：发明专利是专利法所保护的三种发明创造客体中技术进步意义最大、技术难度最大的，往往也是社会价值、经济价值最大的。与实用新型专利和外观设计专利相比，通常只有发明专利可能会对国家利益或公共利益产生较大影响，具有重大意义，因而有必要通过指定许可来推广实施。同时，专利制度尊重专利权人的专有权，而指定许可是对专有权的法定限制，除非确有必要，尽量不采用这种方式。

二、指定许可的专利权人和实施主体

1. 指定许可专利权人，只限于国有企业事业单位。国家对国有企业的资本享有所有权或者控制权，国有企业的行为在一定程度上体现政府的意志和利益。事业单位是政府以国有资产设立的从事教育、科技、文化、卫生等活动的社会服务机构，接受政府的领导。指定许可的专利权人限定在国有企事业单位，目的主要是兼顾国家利益、社会公共利益和鼓励发明创新、保护专利权人最大程度地享有专利权。

2. 根据本条的规定，指定许可的实施主体是国务院有关主管部门和省、自治区、直辖市人民政府指定的单位，不包括个人。这样规定的主要考虑是，依照本条规定需要推广应用的发明是“对国家利益或者公共利益具有重大意义”的发明，推广应用的结果应当对维护国家利益或者公共利益产生显著作用，这些都是个人的实施所难以达到的。

三、指定许可的条件

对国有企业事业单位发明专利的指定许可，是对国有企业事业单位作为专利权人应当享有的自愿许可权利的一种例外。因此，这种指定许可必须具有明确的合理性、考虑作为专利权人的国有企业事业单位的自身利益，并且必须履行严格的法定程序。为此，本条第一款对指定许可的法定条件作了规定：

1. 被采取指定许可的专利，必须是对国家利益或者公共利益具有重大意义的发明专利。对国家利益或者公共利益不具有重大意义的发明专利，不采取指定许可的实施方式。

2. 指定许可的决定权，只能由国务院有关主管部门和省、自治区、直辖市人民政府在报经国务院批准后行使，其他任何国家机关、单位或者个人都无权决定指定许可。

3. 指定许可的实施范围，只限于批准推广应用的范围内，由指定实施的单位实施，个人不能作为指定许可的被许可人。在实际推广与实施过程中不得超出批准的范围。需要注意的是，这里所说的范围，应当作广义的理解，包括时间范围、地域范围和行业或专业领域范围等。非指定实施单位，不得擅自实施该发明专利。

4. 被指定的实施单位享有的专利实施权不是无偿取得的，必须应当按照国家规定向专利权人支付相应的使用费。这表明，即使在本条规定的情形下、由国务院批准决定对发明专利予以推广应用，也不能无视专利权人的权益，这符合专利制度创设的意义，也符合与贸易有关的知识产权协定（即 TRIPS 协定）的有关要求。

第五十条 专利权人自愿以书面方式向国务院专利行政部门声明愿意许可任何单位或者个人实施其专利，并明确许可使用费支付方式、标准的，由国务院专利行政部门予以公告，实行开放许可。就实用新型、外观设计专利提出开放许可声明的，应当提供专利权评价报告。

专利权人撤回开放许可声明的，应当以书面方式提出，并由国务院专利行政部门予以公告。开放许可声明被公告撤回的，不影响在先给予的开放许可的效力。

条文主旨

本条是关于申请和撤回专利开放许可的规定。

立法背景

专利开放许可制度为英国、德国、俄罗斯和巴西等国家所采用，在英、德两国具备较好的制度效果。英国专利局每年收到的针对专利进行开放许可登记的数量，约占全年授权专利数量的 3% ~4%，这些开放许可登记大量集中于信息网络和智能技术产业领域。德国开放许可登记数目在授权专利总数中占比为6%左右，在电气工程领域开放许可登记量占该领域授权专利总数的比例高达11%。专利开放许可制度对于英国的信息网络、智能技术产业，德国的机动车、机械及材料技术产业及其中部分规模较大的市场主体具有一定的制度价值。

发明创造成果供需双方信息不对称，是专利转化率低的一个重要原因。修改之前的专利法并未规定开放许可制度，但是在实践中，我国专利的转化运用存在着两方面的问题：一是专利转化实施率不高，特别是高校和科研院所专利“沉睡”与“流失”现象并存。根据2019年10月世界知识产权组织发布的《世界知识产权指标》显示，2018年我国国家知识产权局受理的专利申请数量达到154万件，增长率为11.6%，居世界首位，占全球总量的46.4%，但在专利申请量快速增长的同时，专利的转化率却很低，大量专利得不到应用，造成了资源的极大浪费。二是专利市场供需信息不对称，企业引进专利技术成本高。此次修改专利法，专门增加了关于专利开放许可制度的规定。

条文解读

一、专利开放许可制度概述

1. 专利开放许可的概念。专利开放许可，又称为专利当然许可，一般是指专利权人自愿向国家专利行政部门提出开放许可申请并经批准后，由国家专利行政部门进行公告，在专利开放许可期内，任何人均可在支付相应的许可使用费后，按照该开放许可的条件实施专利，专利权人不得以其他任何理由拒绝许可。

2. 专利开放许可的价值。专利开放许可制度有利于专利的实施和运用：专利的开放许可制度意味着国务院专利行政部门在专利权人向其提出意愿实施开放许可的声明之后，旋即向全社会公布该许可的相关信息，为愿意实施相关专利的潜在被许可人提供了全面而完备的专利信息，这就相当于搭建了一个全国性的专利交易平台及市场化的专利信息公示平台，解决专利权人与被许可人信息的不对称问题。

因此，专利开放许可制度的运行将使许可所需的搜索和信息成本、谈判和决策成本显著降低，从而提升许可达成的效率。一方面，国务院专利行政部门的介入，为专利权人和公众搭建平台，可以有效降低与专利状态相关的法律风险；另一方面，降低专利许可谈判难度，需求方可以以便捷的方式获得专利许可，节约双方的交易成本，有利于进行更多专利商业化活动。

3. 专利开放许可强调自愿性。专利开放许可制度由专利权人自行提出，而非他人申请或者由专利行政部门强制。专利权人自愿决定是否作出开放许可声明，既是对专利权人自由处分其专利的尊重，也是对开放许可制度与强制许可制度界限的划分。

二、开放许可的申请和撤回程序

许多国家都对专利开放许可的申请和撤回制度作了规定。例如，根据德国专利法第二十三条的规定，专利权人可以书面声明的方式告知德国专利局，声明愿意许可任何人通过支付合理的补偿费实施该专利，且专利登记簿上未记载该专利已授予独占许可的，在专利局收到声明后，实施开放许可。开放许可声明应当记载在专利登记簿并刊登在专利公报上。如果没有人请求实施该专利，专利权人可以随时向专利局递交撤回开放许可的书面声明。该撤回于声明递交时生效。又如，根据英国专利法第四十六条、第四十七条的规定，专利权人可向专利局长提出开放许可请求，如果该请求与现存合同不冲突（主要是不存在独占或排他许可）则可批准并登记。批准登记后，任何人均可获得该专利许可，具体许可条件由双方协商确定，协商不成的由专利局长决定。专利权人在开放许可还未被实施或者所有已实施该开放许可的被许可人均同意的前提下，可随时请求取消开放许可登记，但需补足少缴的专利年费。俄罗斯联邦民法典第一千三百六十八条规定，专利权人在公开许可条件的基础上，可向联邦政府知识产权局提交愿意实施开放许可的请求，由知识产权局决定并予以公布，自公布满两年未实施该专利的，专利权人可以撤回许可申请，但需补足少缴的年费。

本条第一款对专利权人申请开放许可的程序作了原则性规定。首先，此次修改专利法公开向社会征求意见期间，有的境外机构担心开放许可变成强制性要求，成为强制外国专利权人转让技术的一种方式，对此，此次修改专利法特别明确，开放许可由专利权人自愿作出；其次，专利权人需要以书面方式向国务院专利行政部门提出声明，表明愿意许可任何单位或者个人实施其专利，同时明确专利使用费的支付方式和标准；最后，国务院专利行政部门根据专利权人提出的声明，公告该专利实行开放许可。至此，开放许可的申请程序已经完成。需要注意的是，如果是对实用新型专利、外观设计专利提出开放许可声明，专利权人在申请时还需要提供专利权评价报告，以免由于专利效率不稳定而影响被许可人的利益。

本条第二款对开放许可的撤回程序作了规定。开放许可制度充分尊重专利权人的意愿，如果专利权人因为某些原因，希望撤回开放许可声明，则需要以书面方式向国务院专利行政部门提出，国务院专利行政部门依专利权人的申请予以公告。需要注意的是，即便开放许可声明被公告撤回，但在开放许可期间，只要被许可人履行了相应程序、支付了使用费，实施其专利的行为并不属于侵权。

此外，要求专利权人申请和撤回开放许可的意思表示以书面形式作出，便于潜在被许可人和被许可人清晰地了解权利人的意图，从而就是否接受开放许可声明作出决定，保护自己的利益。

相关规定

《中华人民共和国专利法》第五十一条第一款

第五十一条 任何单位或者个人有意愿实施开放许可的专利的，以书面方式通知专利权人，并依照公告的许可使用费支付方式、标准支付许可使用费后，即获得专利实施许可。

开放许可实施期间，对专利权人缴纳专利年费相应给予减免。

实行开放许可的专利权人可以与被许可人就许可使用费进行协商后给予普通许可，但不得就该专利给予独占或者排他许可。

条文主旨

本条是关于获得开放许可实施的方式和年费优惠的规定。

立法背景

各国的开放专利制度，均对专利获取方式、专利年费减免作出规定。此次修改专利法，对开放许可制度进行了较为全面的规定，本条就如何申请实施开放许可专利、开放许可实施期间专利权人可以获得相应的专利年费优惠、实施开放许可的专利权人也可以给予被许可人普通许可等内容作了规定。

条文解读

一、专利开放许可的获得方式

各国专利法对于获得开放许可的方式的规定大同小异。例如，德国专利法规定，在专利登记簿记载上述声明后，任何人希望实施该专利的，应当以挂号信函的方式通知专利权人或者其代表人，通知中应当包括如何实施该专利的陈述。发出通知后，被许可人即可以其陈述的方式实施该专利。被许可人有义务在每个季度向专利权人详细通报实施情况并支付补偿费。补偿费数额由专利局根据一方当事人的书面请求确定。被许可人未按时履行上述义务的，专利权人可以给予合理的宽限期；宽限期届满仍未履行的，专利权人有权禁止其再实施该专利。如果撤回开放许可，则专利权人应当在撤回许可声明后一个月内，缴纳被减免的年费；未在规定期限内缴纳的，最迟应当在随后的四个月内，将被减免的年费连同滞纳金一并缴纳。

根据本条第一款的规定，如果任何单位或者个人有意愿实施某项开放许可的专利，那么，首先需要以书面方式通知该专利权人，同时需要依照公告的许可使用费支付方式、标准支付许可使用费，然后即可获得专利实施许可。

二、专利开放许可的年费优惠

根据本条第二款的规定，开放许可实施期间，专利权人享受相应的专利年费减免。

1. 开放许可专利的年费优惠是各国通行做法。例如，为鼓励权利人实施开放许可，德国专利法规定，实施开放许可，尚未缴纳的年费减半。英国专利法规定，实施开放许可的，可享受专利年费减半的优惠。法国知识产权法典规定，实施开放许可的专利，减缴专利年费，但已经缴纳的除外。俄罗斯联邦民法典规定，实施开放许可的专利，专利年费从公布的次年起减半缴纳。

2. 开放许可专利的年费优惠能够减轻企业负担，释放专利活力。维持专利的年费是企业一笔不小的开支，实施开放许可后，企业可以享受年费优惠的同时，专利也能够在更大范围内得以实施，推动技术和社会进步。

3. 开放许可专利的年费优惠强调“开放许可实施期间”。此次修改过程中，在全国人大常委会审议期间，有的常委会组成人员、社会公众提出，为鼓励专利权人自愿实行开放许可，促进专利实施和运用，建议增加关于激励措施的规定。例如，对专利权人缴纳专利年费相应给予减免。但是，也有部门、专家提出，我国目前专利数量多、质量不高，这与专利申请、维持的成本不高有关；如果专利权人只要作出开放许可声明就能够减免年费，会进一步降低维持成本，引发更多不必要的专利申请。鼓励开放许可是必要的，但要限于有实际价值的专利权。因此，本条在年费优惠方面特别规定，“开放许可实施期间”（而不是“开放许可期间”），对专利权人缴纳专利年费相应给予减免。

考虑到专利开放许可制度属于新设制度，法律对年费减免问题只作了原则性规定，年费减免的具体内容、方式等可由国务院及其相关部门在具体制度实施中根据具体情况作出详细规定。

三、专利权人也可以实施普通许可

实施开放许可，并没有限制专利权人通过其他方式给予专利普通许可的权利。此次修改专利法，国务院提出的草案仅规定，开放许可期间，专利权人不得就该专利给予独占或者排他许可。在全国人大常委会审议期间，有的常委会组成人员和地方、部门建议明确，有意愿使用开放许可的专利权的第三人，认为专利权人设定的许可使用费支付方式、标准不合理的，可以与专利权人另行谈判，取得普通许可。因此，本条第三款规定，实行开放许可的专利权人，也可以在开放许可之外，与被许可人就许可使用费进行协商后给予专利许可；但考虑到开放许可的存在，这种许可只能是普通许可，不能给予独占或者排他许可。

第五十二条　当事人就实施开放许可发生纠纷的，由当事人协商解决；不愿协商或者协商不成的，可以请求国务院专利行政部门进行调解，也可以向人民法院起诉。

条文主旨

本条是关于开放许可的纠纷解决方式的规定。

立法背景

此次修改专利法，增加了专利开放许可的相关规定，其中第五十条规定了开放许可的申请和撤回程序，第五十一条规定了获得开放许可实施的方式和年费优惠，本条则就开放许可的纠纷解决专门作出规定。

条文解读

关于纠纷解决方式，国务院提出的专利法修订草案仅规定，当事人就实施开放许可发生纠纷的，可以请求国务院专利行政部门进行调解。全国人大常委会审议期间，有的常委会组成人员和地方、部门提出，专利权属于民事权利，当事人就实施开放许可发生纠纷的，除依法请求国务院专利行政部门调解外，也可以通过协商、诉讼等方式解决。因此，本条明确规定，当事人就实施开放许可发生纠纷的，由当事人协商解决；不愿协商或者协商不成的，可以请求国务院专利行政部门进行调解，也可以向人民法院起诉。

根据本条规定，实施专利开放许可发生纠纷的，当事人有三种解决方式：一是当事人之间协商解决，这是纠纷解决最简单也最有效的方式，解决的方案是双方协商的结果，双方遵守的意愿高，纠纷解决的速度快、成本低；二是请求国务院专利行政部门进行调解，即通过行政救济途径解决纠纷，这种方式的优势在于有行政机关的参与，而且专利行政部门具备的专业和行业背景，能增强当事人对其纠纷处理方式的尊重，具有一定的权威性，同时，与司法途径相比，效率更高，纠纷解决的速度快、成本也更低；三是直接向人民法院起诉，即通过司法救济途径解决纠纷。司法是社会公平正义的最后一道防线，司法保护也是专利保护的最终救济途径，具有权利救济的终局性，这种纠纷解决方式的优势在于具有强制执行力，具有终局性，但同时，司法程序比较严格，举证责任相对较重，纠纷解决耗时长、成本高。

第五十三条 **有下列情形之一的，国务院专利行政部门根据具备实施条件的单位或者个人的申请，可以给予实施发明专利或者实用新型专利的强制**

许可：

（一）专利权人自专利权被授予之日起满三年，且自提出专利申请之日起满四年，无正当理由未实施或者未充分实施其专利的；

（二）专利权人行使专利权的行为被依法认定为垄断行为，为消除或者减少该行为对竞争产生的不利影响的。

条文主旨

本条是关于依申请给予专利实施强制许可的规定。

立法背景

在我国专利制度设计之初，就对不实施专利而授予强制许可进行了规定，1984 年专利法第五十一条规定，专利权人负有自己在中国制造其专利产品、使用其专利方法或者许可他人在中国制造其专利产品、使用其专利方法的义务；第五十二条则规定，发明和实用新型专利权人自专利权被授予之日起满三年，无正当理由没有履行本法第五十一条规定的义务的，专利局根据具备实施条件的单位的申请，可以给予实施该专利的强制许可。1992 年修改专利法，第五十一条对作出强制许可进行了更为详细的限定，即具备实施条件的单位以合理的条件请求发明或者实用新型专利权人许可实施其专利，而未能在合理长的时间内获得这种许可时，专利局根据该单位的申请，可以给予实施该发明专利或者实用新型专利的强制许可。2008 年第三次修改专利法时，依据有关国际公约和相关国家、地区的立法例，对不实施专利而授予强制许可的规定进一步作出了修改，即权利人自专利权被授予之日起满三年，且自提出专利申请之日起满四年，无正当理由未实施或者未充分实施其专利的，国务院专利行政部门根据具备实施条件的单位或者个人的申请，可以给予实施发明专利或者实用新型专利的强制许可。同时，借鉴国外立法例，也将制止垄断行为作为授予专利实施的强制许可的一种情形。此次未作修改。

条文解读

依照法律规定，专利权人对其发明创造在法定期限内享有独占权或专有权，即在专利权的有效期内，任何单位和个人未经专利权人许可，不得实施其专利，否则就构成对专利权的侵犯。但是，专利权人的专有权并不是绝对的。设立专利制度的最终目的是促进科技创新和技术进步，为保证这一目的的实现，防止专利权人对其专利技术不适当的垄断，促使获得专利权的发明创造得以实施，在某些情况下需要对专利权人的专有权进行一定的限制，即由法律规定的行政、司法机关授予特定对象实施某专利，而无须经过该专利权人的许可。

一、专利强制许可制度概述

专利强制许可制度，又称非自愿许可制度，是指国家专利行政机关或者司法机关，依据法定条件和程序，不经发明专利权人、实用新型专利权人的同意，向特定对象颁发实施其专利的许可，同时由被许可人向专利权人支付许可费的制度。

专利强制许可制度是限制专利权滥用、实现专利权人利益与社会公众利益平衡的重要法律手段。有关国际公约及许多国家和地区的专利法或相关法律中都规定了这一制度。我国专利法对此也作了规定。本条是关于专利行政主管部门依申请人的申请给予专利实施强制许可的规定。

二、专利强制许可的类型

按照本条规定，依当事人申请给予专利实施的强制许可，包括两种情况：

1. 专利权人不实施或者不充分实施其专利。创设专利制度的目的在于通过授予专利权人一定的独占权，鼓励发明创造，并通过专利的实施促进经济发展和社会进步。如果专利权人在获得专利权后长时间不实施其专利，该发明创造不能为社会带来效益，就无法发挥专利的作用，违背了专利制度的创设目的。因此，有关国际公约都将专利权人不实施或者不充分实施专利，作为授予强制许可的情况。《保护工业产权巴黎公约》第五条 A 款规定，本联盟各国都有权采取立法措施规定授予强制许可，以防止由于行使发明、实用新型专利所赋予的专有权而可能产生的滥用，例如：不实施。同时该公约规定了授予强制许可的条件：第一，授予强制许可的申请应当在提出专利申请之日起满四年，或自授予专利之日起满三年（以最后届满期为准）后提出；第二，这种强制许可不是独占性的，而且除与利用该许可的部分企业或商誉一起转让外，不得转让，包括授予分许可证的形式在内。

许多国家和地区也对专利权人不实施专利而授予强制许可的内容进行了规定，如韩国专利法第一百零七条规定，除自然灾害、不可避免的情形或者其他由总统令规定的正当理由外，发明专利连续超过三年没有在韩国实施；或者在合理条件下对发明专利的国内要求没有满足到适当程度，可以授予强制许可。澳大利亚1990年专利法第一百三十三条规定，如果公众在该发明专利方面的合理需求未被满足，并且专利持有人未就不能实施该专利作出合理解释，可以授予强制许可。德国专利法第二十四条规定，如果专利权人不在国内实施发明专利，为确保该专利产品在国内市场上的充分供应，可以授予强制许可。英国1977年专利法第四十八条规定，自授予专利权之日起满三年后，或可能规定的其他期限届满后的任何时间，如果该项发明专利未作商业性实施或未在商业上尽可能作最大限度的实施，专利局长可以根据申请签发强制许可证书。加拿大专利法第六十五条规定，在授予专利权三年期满后，如果在合理的期限内发明专利产品不能充分满足加拿大国内市场需求，可以视为存在专利权滥用的情况，专利局长可以签发强制许可证书。

2. 为制止垄断行为而授予强制许可

依据我国反垄断法第三条的规定，所谓垄断行为，主要包括三类：经营者达成垄断协议；经营者滥用市场支配地位；具有或者可能具有排除、限制竞争效果的经营者集中。

专利权具有专有性或排他性，即法律赋予专利权人对特定发明创造的独占权，权利人可以在法律授权的范围内排他性地享有或者行使其权利。基于此，专利权人可以在一定时间和一定领域内就某种产品的生产或者销售取得市场优势地位甚至是市场支配地位，这对竞争会造成一定的影响。但是，行使专利权对竞争的限制，是法律对各种利益关系进行权衡利弊后所允许的，即为了促进技术创新、提高竞争力而不得不对竞争产生一定的限制。因此，因专利权而形成的垄断地位以及因专利权的行使而对竞争的限制，是基于法律的授权，是合法的。各国一般将依法行使专利权的行为作为反垄断法的适用除外情形。另外，如果专利权人超出法律对其专有权规定的范围而滥用其权利，以谋取或加强其垄断地位，这种权利是不受保护的。更进一步，如果该滥用行为排除、限制了竞争，则应当受反垄断法的调整。我国反垄断法第五十五条明确规定，经营者依照有关知识产权的法律、行政法规规定行使知识产权的行为，不适用反垄断法；但是，经营者滥用知识产权，排除、限制竞争的行为，适用反垄断法。

因此，专利权人滥用其专利权，以排除、限制竞争为目的拒绝授予专利许可，就可能构成反垄断法中规定的垄断行为（主要是滥用市场支配地位行为）。为了消除该行为对市场的影响，有关部门可以不经专利权人的同意而授予强制许可。同时，在反垄断法规范的经营者集中活动中，为了降低参与集中的经营者的竞争力，防止过度地排除、限制竞争，有关政府部门有时也会以专利强制许可作为批准集中行为的附加条件。

许多国家和地区都将为制止垄断行为作为给予强制许可的法定情形。比如，韩国专利法第一百零七条规定，在司法或行政程序后，为了对被判定为不正当的行为进行补救，可以授予发明专利强制许可。英国 1977 年专利法第五十条、第五十一条规定，在企业合并或者进行市场调查后，竞争委员会或者国务大臣认为存在专利权人限制被许可人或者拒绝以合理条件授予专利许可，构成垄断行为的情况，可以向专利局局长申请采取行动；专利局局长可以授予专利强制许可。我国台湾地区“专利法”第七十六条规定，专利权人有限制竞争或不公平竞争的情形，经法院判决或行政院公平交易委员会处分确定的，专利机关可以授予特定对象该专利的强制许可。

三、可以给予强制许可的专利

1. 范围限于发明专利或者实用新型专利。之所以如此规定，是因为强制许可的主要目的是防止专利权人滥用权利阻碍专利技术的推广应用，妨碍公众享受新技术带来的进步。同时，也并非所有被授予的发明和使用新型专利权都有给予强制许可的可能，只有其中极少数对国家和公众的利益产生重大影响，如对流行疾病的预防或者治疗具有突出效果，在节能、环保等方面能够产生显著作用，在防止意外事故、保障施工人员生命安全方面有特殊功效的发明创造，才有可能需要给予强制许可。

2. 对外观设计专利不给予强制许可。对于仅仅涉及产品外观，使人产生美感享受、但不涉及技术功能的外观设计专利而言，不实施的影响是很小的，而且现实中有足够的可替代方案，不存在必须使用某种特定外观的问题。

3. 对专利权人的类型不作要求。与指定许可不同，强制许可不限定在某类型专利权人范围内，即在我国获得的专利权，理论上都可以依法给予强制许可。

相关规定

《中华人民共和国反垄断法》第三条、第五十五条；《中华人民共和国专利法》第五十八条、第五十九条

第五十四条 在国家出现紧急状态或者非常情

况时，或者为了公共利益的目的，国务院专利行政部门可以给予实施发明专利或者实用新型专利的强制许可。

条文主旨

本条是关于依紧急状态或公共利益需要给予专利实施强制许可的规定。

立法背景

1992 年专利法第五十二条即确定了本条的内容，即在国家出现紧急状态或者非常情况时，或者为了公共利益的目的，专利局可以给予实施发明专利或者实施实用新型专利的强制许可。2000 年修改专利法时，将“专利局”修改为“国务院专利行政部门”，2008 年未作修改。此次未作修改。

条文解读

强制许可制度不仅是限制专利权人滥用其专利权的一种措施，更是一种维护国家利益和公共利益的措施。当国家出现紧急状态或者非常情况时，或为了其他公共利益的目的，有时需要不经专利权人同意而许可他人实施其专利。上述强制许可，许多都属于为了公共利益需要而授予的强制许可。我国专利法也对依特殊情况或公共利益需要给专利实施强制许可进行了规定。

一、直接作出专利强制许可决定的具体情形

依据本条规定，可以作出专利实施强制许可决定的情况有两类：

1. 国家出现紧急状态或者非常情况。例如，爆发战争、爆发大规模疫病、发生严重自然灾害等情况。紧急状态，是指发生或者即将发生特别重大突发事件，需要国家机关行使紧急权力予以控制、消除其社会危害和威胁时，有关国家机关按照宪法、法律规定的权限决定并宣布局部地区或者全国实行的一种临时性的严重危急状态。根据宪法第八十条的规定，中华人民共和国主席根据全国人民代表大会的决定和全国人民代表大会常务委员会的决定，宣布进入紧急状态；根据宪法第八十九条的规定，国务院可以决定并宣布省、自治区、直辖市范围内部分地区进入紧急状态。非常情况，与紧急状态含义相近，但二者所指的事件对国家或者社会的危害和紧迫程度有所不同，需要根据具体事件和实际情况作出判断。

2. 为了公共利益的目的。一般而言，公共利益是指在一定范围内涉及不特定多数人的利益。例如，为了公共利益对一项获得专利的污染防治技术方案给予强制实施许可。又如，某类疫病在某地区流行，出于公共利益的需要，就可能对用于疫情防控的某种设备、装置等专利给予强制许可。

二、直接作出强制许可的限定范围

本条规定的强制许可，可以不经任何人提出强制许可的申请，而由国务院专利行政部门直接作出强制许可的决定。

但是，这类强制许可的范围同样仅限于发明专利和实用新型专利。

三、TRIPS和部分国家地区的规定

1. TRIPS的规定。TRIPS第三十一条第（b）项规定，强制许可应当在“只有拟使用者在使用前曾按合理的商业条款和条件请求权利人允许其使用，并在合理的时间内未得到这种允许时，才可允许这种使用。在全国处于紧急状态或者其他极端紧迫状态时，或为了公共利益的非商业性目的而使用时，一成员可以免除此要求”。这就间接地表明，在国家处于紧急状态或者有其他非常紧急的情况时或者为公共利益而非商业性使用，不仅可以给予强制许可，而且不必遵循因其他理由给予强制许可时所需要满足的程序。

2. 部分国家和地区的规定。许多国家和地区把公共利益需要作为授予专利强制许可的理由。例如，日本专利法第九十三条和实用新型法第二十三条规定，特许发明或者注册实用新型的实施对公众利益特别必要时，可以授予强制许可。英国1977年专利法第五十五条规定，任何政府部门和政府部门以书面形式授权的任何人有权为了王国的工

作需要，在联合王国实施一项发明专利而毋须取得专利权人的同意。我国台湾地区“专利法”第七十六条规定，为因应紧急情况或增进公益的非营利使用，可以授予强制许可。美国专利法中没有关于专利强制许可的规定，但其司法和司法程序法第四部分第一千四百九十八条 a 款规定，允许联邦政府和政府许可的第三人在给予“合理和完全补偿”的情形下，不经专利权人的同意而实施其专利技术。同时，美国空气清洁法对控制空气污染的专利的强制许可，原子能法对原子能专利的强制许可，植物品种保护法对有性繁殖的植物新品种专利的强制许可，均作了规定。

相关规定

《中华人民共和国宪法》第八十条、第八十九条

第五十五条　为了公共健康目的，对取得专利权的药品，国务院专利行政部门可以给予制造并将其出口到符合中华人民共和国参加的有关国际条约规定的国家或者地区的强制许可。

条文主旨

本条是关于基于公共健康目的而授予专利药品强制许可的规定。

立法背景

本条规定是2008年修改专利法时增加的内容，主要是为了与有关国际规则相协调，在必要时帮助那些不具有制造专利药品能力或者能力不足的国家或者地区解决其遇到的公共健康问题。

TRIPS第三十一条规定，成员可以依法对专利颁发强制许可，同时规定了一些限制条件，其中第（f）项规定，强制许可的使用应主要为满足国内市场的需求。这一规定在实践中，特别是在药品强制许可时存在一定问题。有些成员，特别是发展中国家和最不发达国家，其制药企业没有生产能力或生产能力不足，即使其对某药品专利颁发强制许可，国内企业也无法生产该专利产品；而具有生产能力的国家又不能将其通过强制许可制造的药品出口到上述国家。近年来，发展中国家的健康问题，特别是艾滋病、肺结核、疟疾、登革热、埃博拉等流行病对人类健康带来的严重威胁越来越受到国际社会的关注。为了平衡知识产权与公共健康的关系，在广大发展中国家的推动下，世界贸易组织（WTO）围绕TRIPS如何解决公共健康问题先后通过了多个文件。2001年11月，多哈部长会议通过了《关于TRIPS与公共健康的宣言》，指出TRIPS应关注解决发展中国家所面临的公共健康问题，特别是医药企业不具备生产能力或生产能力不足的成员无法有效使用目前的强制许可制度的问题。2003 年 8 月，WTO 总理事会通过了《关于执行多哈〈关于 TRIPS 与公共健康的宣言〉第 6 段的决定》，规定在符合有关条件的情况下，成员可以授予其国内企业生产并出口特定专利药品的强制许可，不受 TRIPS 协定第三十一条第（f）项关于强制许可的使用主要为供应国内市场的规定的限制。2005 年 12 月，WTO 总理事会通过了《修改 TRIPS 议定书》（以下简称议定书），要求成员在 2007 年 12 月 1 日或部长级会议可能决定的更晚日期之前接受议定书，并在三分之二成员接受后生效。按照议定书的规定，议定书生效后，TRIPS 作相应修改，在第三十一条之后增加内容作为第三十一条之二，主要内容是：第三十一条第（f）项的规定不适用于在符合规定条件的情况下，成员为生产并出口药品到有资格进口的成员中所颁发的强制许可。2007 年 10 月 28 日，我国十届全国人大常委会第三十次会议表决通过了全国人大常委会关于批准《修改〈与贸易有关的知识产权协定〉议定书》的决定。因此，2008 年修改专利法时增加了对上述有关内容的规定。此次未作修改。

条文解读

本条规定的主要目的是在必要时，帮助那些不具备制造专利药品能力或者能力不足的国家、地区解决其遇到的公共健康问题。

一、专利制度与公共健康问题的关联

事实上，专利制度与解决公共健康问题有着密切的关联，主要体现在如下正反两个方面：

一是专利制度为解决公共健康问题提供了激励机制。专利制度通过给予一定期限的专利独占权，鼓励制药公司创新，研制出更多更好的药品来治疗疾病，以此帮助解决公共健康问题。同时，这些专利权的保护期限届满之后，任何制药公司都可以仿制生产该专利药品，从而使公众能够以更为低廉的价格获得该药品。

二是专利制度有可能在一定程度上影响公共健康问题的解决。如果有关药品获得了专利并处于专利权的保护期限之内，那么该药品的制造和销售就受到专利权人的控制，公众就难以以低廉的价格及时获得足够的专利药品。

此次修改专利法，借鉴美国、欧盟、日本、韩国、加拿大等发达国家或地区的做法，在第四十二条第三款对药品专利权期限补偿作了规定，即为补偿新药上市审评审批占用的时间，对在中国获得上市许可的新药相关发明专利，国务院专利行政部门应专利权人的请求给予专利权期限补偿；补偿期限不超过 5 年，新药批准上市后总有效专利权期限不超过 14 年。这一规定，一方面对原研药上市审批周期过长导致专利权期限“损失”给予相应补偿，有利于鼓励药品创新和研发。但是另一方面，也进一步推迟了公众获得仿制药的时间，影响了药品可及性。

因此，专利制度需要在激励创新与维护公共利益之间寻求合理平衡，既要防止专利制度成为解决公共健康问题的障碍，又要防止不合理地降低专利鼓励医药行业创新的作用。

二、对药品专利进行强制许可的条件

根据本条规定，对取得专利权的药品授予的强制许可应遵守以下条件：

1. 为了公共利益的目的，即出于对公共健康的考虑。

2. 强制许可的内容仅限于对专利药品的制造和出口。

3. 进口实施强制许可的药品的国家或者地区，应符合我国参加的有关国际公约的规定。按照 TRIPS 的规定，有资格进口实施强制许可的药品的成员是指任何最不发达成员，以及任何已向 TRIPS 理事会通报（无须理事会批准）表明希望使用此制度作为进口方的成员。除最不发达国家成员外，进口成员要证明其在所需药品的生产领域制造能力不足或没有制造能力；确认该药品已在其地域内授予专利权，其已经或者计划颁发强制许可。

也就是说，如果 WTO 的某一成员没有向 TRIPS 通报其打算利用该机制的愿望，我国就不能根据本条给予制造专利药品并将其出口到这些成员国的强制许可。例如，目前美国、日本、欧盟已经主动声明不作为进口方，因此，我国不得为这些国家的公共健康问题给予制造专利药品并将其出口到这些国家的强制许可。

相关规定

《中华人民共和国专利法》第四十二条第三款、第五十八条

第五十六条 一项取得专利权的发明或者实用新型比前已经取得专利权的发明或者实用新型具有显著经济意义的重大技术进步，其实施又有赖于前一发明或者实用新型的实施的，国务院专利行政部门根据后一专利权人的申请，可以给予实施前一发明或者实用新型的强制许可。

在依照前款规定给予实施强制许可的情形下，国务院专利行政部门根据前一专利权人的申请，也可以给予实施后一发明或者实用新型的强制许可。

条文主旨

本条是关于"依存专利"的强制许可规定。

立法背景

根据TRIPS第三十一条第一款的规定，如一专利（"第二专利"）在不侵害另一专利（"第一专利"）的情况下不能被利用，从而为允许利用该专利而授权此种使用的，则应当适用下列额外条件：一是与第一专利中主张权利要求

的发明相比，第二专利中主张权利要求的发明应当包含一个具有相当经济意义的重要技术进步；二是第一专利的所有权人有权以合理的条件通过交叉许可使用在第二专利中主张权利要求的发明；三是对第一专利授权的使用不得转让，除非与第二专利一并转让。

1984 年专利法即对“依存专利”的强制许可作了规定，即一项取得专利权的发明或者实用新型比之前已经取得专利权的发明或者实用新型在技术上先进，其实施又有赖于前一发明或者实用新型的实施的，专利局根据后一专利权人的申请，可以给予实施前一发明或者实用新型的强制许可。在依照上款规定给予实施强制许可的情形下，专利局根据前一专利权人的申请，也可以给予实施后一发明或者实用新型的强制许可。2000 年修改专利法时，将“技术上先进”修改扩大为“具有显著经济意义的重大技术进步”，同时将“专利局”修改为“国务院专利行政部门”。2008 年修改专利法及此次均未作出修改。

条文解读

在实际生活中，有时前一项发明或者实用新型专利与后一项发明或者实用新型专利是相互依存的，后一项专利如果不利用前一项专利中的某些专利技术就无法实施。在此情况下，如果两个专利权人互相之间不能在合理的条件下订立专利实施许可合同，则其中的专利技术就不能有效实施。显然，这既不利于专利权人，也不利于科学技术的发展。因此，一些国家和地区规定，对“依存专利”的专利权人可以授予实施前一专利的强制许可。比如，澳大利亚1990年专利法第一百三十三条规定，如果法院确信后一件发明专利比前一件发明专利具有更重要的经济意义的重大技术进步，而且其实施依赖于前一件专利实施的，可以给予后一项发明专利的权利人实施前一专利的强制许可。我国台湾地区“专利法”第七十八条规定，在发明（指利用他人发明或新型之主要技术内容所完成的发明）专利权人与原发明专利权人未能就交互授权实施达成协议时，可以依据该法的规定申请强制许可。

一、对依存专利给予强制许可的必要性

依据本法第六十四条第一款的规定，发明或者实用新型专利权的保护范围以其权利要求的内容为准，由此可见，判断是否构成侵权时，被控侵权行为的客体只要包含了一项权利要求记载的全部技术特征，就应当认定落入了该权利要求的保护范围。但是，采用这种专利权保护范围的机制，必然会产生“依存权利”。

所谓依存专利，是指在后发明或者实用新型是对在先发明或者实用新型的改进，在后专利的某项权利要求记载了在先专利的某项权利要求记载的全部技术特征，除此之外又增加了另外的技术特征。由于补充了这些另外的技术特征，因此，在后专利很可能因具备新颖性、创造性而获得专利权。然而，一旦都被授予专利权，两项专利权在保护范围上就会出现一种特殊关系，即在后专利的技术方案落入在先专利的保护范围之内，这一在后专利称为在先专利的“依存专利”。因此，需要设计一种路径，让在后的专利能够得以实施。

二、对依存专利给予强制许可的条件

依照本条规定，给予依存专利的强制许可必须符合以下条件：

1. 两项发明或者实用新型专利必须是相关的、从属的，后一项专利的实施又有赖于前一专利的实施，否则后一项专利将无法实施。

2. 后一项取得专利权的发明或者实用新型比前一项已经取得专利权的发明或者实用新型具有显著经济意义的重大技术进步。

依照本条第二款的规定，在依照第一款的规定给予后一项专利的专利权人实施从属的前一项专利的强制许可的情形下，如果前一专利权人提出给予实施后一项专利的强制许可的申请的，国务院专利行政部门也可给予其实施后一项专利的强制许可。这一规定体现了公平原则。

三、需要注意的事项

1. 严格按照法律规定的条件，避免对在先专利权造成侵蚀。应当依据法律规定的条件，严格审查在后专利的实施是否依赖于在先专利，以及是否为具有显著经济意义的重大技术进步，否则，就容易产生这样的情况：一旦有人作出一项具有开拓性质的重要专利，他人随后也会“蜂拥而上”，围绕该专利从各个角度获得一大批依存专利。从原专利权人的角度来看，授予诸多依存专利无异于在其专利权的保护范围内开辟许多“治外领地”，使其专利权的效力大大降低，这当然是在先专利权人不愿意看到的。如果此时依存专利的专利权人还可以较为容易地申请获得强制许可，就会造成更大的不公平，影响创新的积极性。

2. 本条规定的强制许可，只能由国务院专利行政部门依相关专利权人的申请给予，国务院专利行政部门不能主动作出给予专利强制许可的决定。

相关规定

《中华人民共和国专利法》第五十九条、第六十四条

第五十七条　强制许可涉及的发明创造为半导体技术的，其实施限于公共利益的目的和本法第五十三条第（二）项规定的情形。

条文主旨

本条是关于涉及的发明创造为半导体技术的强制许可的限制性规定。

立法背景

在我国专利法中对涉及半导体技术的发明创造的强制许可问题的特别规定，是为了更好地与 TRIPS 的规定相衔接，履行我国承担的条约义务。半导体终端应用涵盖计算机、通信设备、汽车电子、航空航天等众多领域，属信息技术的重要物质基础，同时，半导体行业也属于技术、资金密集型产业。我国大陆地区的半导体产业虽然发展较晚，但是发展速度迅猛。由于半导体技术的重要性和特殊性，TRIPS 对涉及半导体技术的发明创造的强制许可问题作了特殊规定。该协定第三十一条中规定，若一成员方的法律允许未经权利人授权而对专利的标的事项作其他使用，包括政府或经政府许可的第三者的使用，此类使用的范围和期限应限制在被授权的意图之内。同时，TRIPS 第三十一条第（c）项特别指出涉及半导体技术的，只能被应用于公共的非商业性目的，或用于补救经司法或者行政程序确定为限制竞争行为。2008 年修改专利法时，为与 TRIPS 的内容相衔接，增加了本条的内容，此次未作修改。

条文解读

一、实施的必要性

1. 半导体技术比较特殊。半导体技术是以半导体为材料，制作成组件及集成电路的技术。半导体材料在集成电路系统中广泛应用，半导体技术在电子信息技术中具有重要的地位。

2. 国际通行做法。一些国家的专利法也对这一问题作了特殊规定，其规定的内容大致与 TRIPS 的规定相同。例如，法国专利法规定，涉及半导体技术领域的发明专利，对其实施强制许可的授权仅限于公共、非商业性的目的，或者是作为对经司法、行政机关确定为反竞争行为的一种救济。德国专利法规定，在半导体的科技领域，对于专利的发明，仅在为排除专利权利人在诉讼程序或行政程序中确定违反竞争的实务所必要时，才能强制许可他人使用。有着类似规定的国家还有加拿大、瑞士、韩国等。

二、实施的条件

按照本条的规定，强制许可涉及的发明创造为半导体技术的，其实施限于以下两种情形：

1. 为了公共利益的目的。例如，为了公共利益目的对一项获得专利的污染防治技术方案给予强制许可。

2. 本法第五十三条第（二）项规定的情形，即专利权人行使专利权的行为被依法认定为垄断行为，为消除或者减少该行为对竞争产生的不利影响。

除上述两种情形外，不得对涉及半导体技术的发明专利实施强制许可。例如，不得依照本法第五十三条第（一）项的规定，以专利权人无正当理由未实施或者未充分实施其专利为由，申请对涉及半导体技术的发明专利实施强制许可。

第五十八条 除依照本法第五十三条第（二）项、第五十五条规定给予的强制许可外，强制许可的实施应当主要为了供应国内市场。

条文主旨

本条是关于有关专利强制许可的实施应当主要为了供应国内市场的规定。

立法背景

本法针对专利实施的强制许可不仅规定了严格的申请条件，同时也对因强制许可的实施而生产的产品的目标市场作了限制性规定，即强制许可的实施应当主要为了供应国内市场。这一规定与 TRIPS 的规定一致。依据该协定第三十一条第（f）项的规定，若一成员方的法律允许未经权利人授权而对专利的标的事项作其他使用，包括政府或经政府许可的第三者的使用，任何此类使用之授权均应主要是为供应成员方国内市场。2008 年修改专利法时，为与 TRIPS 的内容相衔接，增加了本条的内容，此次未作修改。

条文解读

按照本条的规定，本法第五十三条第（二）项、第五十五条规定的专利实施的强制许可并不要求其实施应当主要为了供应国内市场，这主要是为了更好地与 TRIPS 及其修改议定书的有关内容相衔接。

一、强制许可的实施应当主要为了供应国内市场

主要为了供应国内市场，是指由强制许可所完成的产品，应当大部分为了供应国内市场。之所以作出这一限制，一方面，是为了保障专利权人的利益；另一方面，也是由于专利权具有地域性的特点。通过给予强制许可而制造的专利产品通常比专利权人制造或者其被许可人制造的专利产品价格上低廉一些，如果一个国家通过给予强制许可而制造的专利产品大量流入其他国家，就会对专利权人在其他国家就同一发明创造获得的专利权带来冲击。专利权地域性特点体现在专利权人在一个国家享有的专利权仅在该国范围内有效，在不同国家就同一发明创造获得的专利权彼此独立。这也就意味着，实施强制许可的范围也仅在一国范围内。

二、例外情形

1. 为了制止垄断行为而给予强制许可的例外。本法第五十三条第（二）项是关于为消除、减少垄断行为对竞争产生的不利影响而实施强制许可的规定。将其作为例外规定，主要是考虑到滥用专利权形成垄断行为所产生的影响或者后果往往并不限于一个国家境内，有可能会影响到所有就同一发明授予专利权的国家。例如，一些专利许可协议将专利权人在世界范围内的所有相关专利捆绑在一起，如果该许可行为被认定是垄断行为，受其影响的就可能是全球范围内的被许可人。既然在这种情况下给予强制许可的目的在于纠正垄断行为带来的负面影响，就不应当将强制许可的实施范围限定在国内市场。

2. 为了帮助他国解决公共健康问题而给予强制许可的例外。本法第五十五条是关于制造专利药品并将其出口到符合 TRIPS 规定的国家或者地区的强制许可的规定。将其作为例外规定，主要考虑是，在缺乏制药能力或者能力不足的 WTO 成员面临公共健康问题的情况下，具有制药能力的成员即使想利用强制许可制度制造廉价专利药品并出口到这些成员，也会受到 TRIPS 第三十一条第（f）项关于强制许可的使用主要为供应国内市场的规定的限制。为了消除第（f）项的负面影响，2003 年 8 月通过的 WTO《总理事会决议》和 2005 年 12 月通过的《关于修改 TRIPS 的议定书》，规定为了帮助他国解决公共健康问题的强制许可的实施范围不限于国内市场。

相关规定

《中华人民共和国专利法》第五十三条第（二）项、第五十五条

第五十九条 **依照本法第五十三条第（一）项、第五十六条规定申请强制许可的单位或者个人应当提供证据，证明其以合理的条件请求专利权人许可**

其实施专利，但未能在合理的时间内获得许可。

条文主旨

本条是关于申请强制许可的申请人负有提出有关证据的义务的规定。

立法背景

1984 年专利法规定，依照本法规定申请强制许可的单位和个人，应当提出未能以合理条件与专利权人签订实施许可合同的证明。2008 年修改专利法时，将“与专利权人签订实施许可合同的证明”修改为能够证明其以合理的条件请求专利权人许可其实施专利、但未能在合理的时间内获得许可的证据，更加强调提交相应证据的义务。此次未作修改。

条文解读

本法第五十三条第（一）项是关于专利权人未实施专利的强制许可的规定，第五十六条是关于对技术互相依存的发明或者实用新型专利给予强制许可的规定。这两种专利实施的强制许可均需由具备实施条件的单位或者个人向国务院专利行政部门提出申请，并经国务院专利行政部门审查后作出决定。为使国务院专利行政部门能对申请人提出的申请是否符合法定条件进行审查，本条规定，申请人必须提供相关的证据，即申请人在向国务院专利行政部门提出专利实施强制许可申请时，应当提出未能以合理条件与专利权人签订实施许可合同的证明。这就要求申请人在向国务院专利行政部门提出申请之前，应当按照平等互利、诚实信用的原则，先与有关的专利权人进行协商。如果能够与专利权人在平等互利、诚实信用等原则下经过充分协商达成专利实施许可合同，不依赖于强制许可，在实施专利的过程中，通常更容易得到专利权人的积极配合，掌握有关实施专利的技术，有利于保证专利实施的成功。

如果申请人与专利权人就专利实施许可没有达成协议，申请人可以向国务院专利行政部门提出专利实施强制许可的申请，但申请人在提出申请时，必须向国务院专利行政部门提交有关证据，证明其未能以合理条件与专利权人签订专利实施许可合同的情况。至于什么样的条件才算是“合理条件”，包括实施范围的合理、许可使用费的合理等，应由专利行政部门根据不同情况作出判断。

除本法第五十三条第（一）项、第五十六条规定的专利实施的强制许可外，本法第五十四条、第五十五条规定的专利实施的强制许可由国务院专利行政部门依职权颁布，并不需要具备实施条件的单位或者个人向国务院专利行政部门提出申请。本法第五十三条第（二）项规定的专利强制许可尽管也需要由具备实施条件的单位或者个人提出申请，但是，由于专利权人行使专利权的行为已经被依法认定为垄断行为，作为对该垄断行为的一种补救措施，专利强制许可的条件已经具备。因此，本条规定并不要求申请人提供有关证据。只要专利权人行使专利权的行为被依法认定为垄断行为，具备实施条件的单位或者个人即可向国务院专利行政部门申请给予实施专利强制许可。

相关规定

《中华人民共和国专利法》第五十三条、第五十四条、第五十五条、第五十六条

第六十条　国务院专利行政部门作出的给予实施强制许可的决定，应当及时通知专利权人，并予以登记和公告。

给予实施强制许可的决定，应当根据强制许可的理由规定实施的范围和时间。强制许可的理由消除并不再发生时，国务院专利行政部门应当根据专利权人的请求，经审查后作出终止实施强制许可的决定。

条文主旨

本条是关于强制许可决定的通知、登记、公告和终止的规定。

立法背景

1984年专利法对强制许可的相关程序性要求仅限于登记和公告，规定专利局作出的给予实施强制许可的决定，应当予以登记和公告。2000年修改专利法时，将“专利局”修改为“国务院专利行政部门”，增加了通知专利权人的程序要求，同时新增一款，规定“给予实施强制许可的决定，应当根据强制许可的理由规定实施的范围和时间。强制许可的理由消除并不再发生时，国务院专利行政部门应当根据专利权人的请求，经审查后作出终止实施强制许可的决定”。此次未作修改。

条文解读

1. 按照本条第一款的规定，国务院专利行政部门在作出给予专利实施强制许可的决定后，应当将该决定及时通知专利权人。专利实施强制许可决定直接影响专利权人的专有权，涉及专利权人的重大利益，应当让专利权人及时知道这一情况。专利权人也可据此作出必要的安排，包括依照本法第五十七条的规定，与实施强制许可的单位或个人协商，要求其支付合理的使用费。此外，国务院专利行政部门在作出专利实施强制许可的决定后，还应予以登记和公告，以便让公众了解这一情况。

2. 按照本条第二款的规定，国务院专利行政部门在作出专利实施强制许可决定时，应当根据强制许可的理由，规定实施的范围和时间。申请人取得专利实施强制许可后，只能在强制许可决定规定的范围和时间内实施专利，而不得超越强制许可决定中规定的范围和时间。

3. 专利实施的强制许可是有条件的。这些条件一旦不存在，就应当终止强制许可，以保护专利权人的利益，维护其应有的专有权利。为此，本条第二款中规定，强制许可的理由消除并不再发生时，国务院专利行政部门应当根据专利权人的请求，经审查后作出终止实施强制许可的决定。按照这一规定，终止专利实施的强制许可，应由专利权人提出。专利权人一旦提出终止强制许可的申请，国务院专利行政部门即应进行审查。经审查确认给予专利实施强制许可的理由已消除并不再发生时，即应作出终止实施强制许可的决定。

第六十一条　取得实施强制许可的单位或者个人不享有独占的实施权，并且无权允许他人实施。

条文主旨

本条是对依强制许可取得专利实施权的单位或个人权利限制的规定。

立法背景

1984 年专利法即对本条的内容作了规定，历次修改过程中，均未作出修改。

条文解读

取得专利实施强制许可的单位或者个人，享有实施专利的权利。但是，为了合理保护专利权人的利益，对依强制许可取得专利实施权的单位或者个人的权利应当加以限制。依照本条规定，对依强制许可取得专利实施权的单位或者个人权利限制，包括以下两个方面：

一、不享有独占实施权

强制许可不是独占许可。也就是说，取得强制许可实施权的单位或者个人，无权限制专利权人本人或者再许可其他的单位、个人实施该项专利。其他的单位或者个人无论是通过国家专利行政机关得到强制许可的实施权，还是通过专利权人许可得到的实施权，都受法律保护，取得强制许可的单位或者个人无权加以限制。专利权人在被强制许可某单位或者个人实施自己所有的专利后，仍然有权自己实施该项专利或者自愿许可第三者实施该项专利。

这样规定主要考虑的是，强制许可制度是防止专利权人滥用其专利权或者维护公共利益而授权他人实施专利的制度，只有使更多的人获得实施该专利的权利，才能更好地实现这一目的。强制许可本来就是对专利权人的独占权的一种限制，如果允许取得强制许可实施权的单位或者个人对许可其实施的专利有独占的实施权，与强制许可的目的相悖，对专利权人来说，也是极不公平的，将会从根本上破坏专利制度本身。

二、无权允许他人实施

取得专利实施强制许可的单位或者个人，虽然经国务院专利行政部门的决定取得了实施专利的权利，但是其权利仅是在规定的范围和时间内实施专利。取得专利实施强制许可的单位或者个人并不是专利权人，没有权利允许他人实施该项专利。

这样规定的主要考虑是，第一，如果强制许可专利的被许可人能够允许他人实施该专利，那么专利法规定的给予强制许可的严格程序就有可能被绕过。第二，根据本法第十二条的规定，即便在双方自愿订立实施许可合同的情况下，被许可人也无权允许合同规定以外的任何单位和个人实施该专利。那么强制许可作为未经专利权人同意而给予的许可更应当顾及专利权人的合法利益。否则，将损害专利权人的利益，对专利权人来说是不公平的。

第六十二条　**取得实施强制许可的单位或者个人应当付给专利权人合理的使用费，或者依照中华人民共和国参加的有关国际条约的规定处理使用费问题。付给使用费的，其数额由双方协商；双方不能达成协议的，由国务院专利行政部门裁决。**

条文主旨

本条是关于强制许可使用费的规定。

立法背景

1984 年专利法规定，取得实施强制许可的单位或者个人应当付给专利权人合理的使用费，其数额由双方商定；双方不能达成协议的，由专利局裁决。2000 年修改专利法时将“专利局”修改为“国务院专利行政部门”。2008 年修改专利法时，增加规定，可以“依照中华人民共和国参加的有关国际条约的规定处理使用费问题”。此次未作修改。

条文解读

专利权人的权利主要体现在两个方面：一是禁止他人未经其许可实施其专利，二是对经其许可实施其专利的人收取使用费。强制许可意味着被许可人通过国家的许可而非专利权人的许可，即可实施他人的专利，其结果是剥夺了专利权人的上述第一种权利。如果规定在强制许可的情况下，被许可人可以不向专利权人支付任何费用，就将专利权人的上述第二种权利也剥夺了，这就会导致专利权人在此时无法获得任何回报，这显然不符合建立专利制度的目的。因此，各国均规定在给予强制许可的情形下，应当给予专利权人合理的补偿。

1. 专利实施强制许可，目的是防止专利权人对其专利技术的不适当垄断，并没有使专利权人失去其专利所有权，这不是专利权的“征用”。因此，在专利实施强制许可的情况下，专利权人仍然享有请求实施其专利的人包括取得强制许可而实施其专利的单位或者个人支付专利使用费的权利。而取得专利实施强制许可的单位或者个人，因实施他人的专利而获得利益，也应当向专利权人支付实施其专利的使用费。

2. 按照本条的规定，取得专利实施强制许可的单位或个人应当向专利权人支付合理的专利使用费，或者依照我国参加的有关国际条约的规定处理使用费问题。这里的“有关国际条约”主要是指与TRIPS及其修改议定书中对药品专利强制许可制度的有关规定。依据TRIPS及其修改议定书的规定，出口成员授予一项强制许可，则该成员须依据协定的规定支付适当报酬。若有资格进口的成员对同一产品授予一项强制许可，因其报酬已在有关出口成员支付，该进口成员无须支付使用费。除适用国际条约的规定处理使用费问题的情形外，专利使用费的数额一般应由取得实施强制许可的单位或者个人与专利权人按照公平合理的原则协商确定。双方经过协商，对使用费数额达成一致的，即应以双方协商的数额作为强制许可使用费，由取得实施强制许可的单位或者个人支付给专利权人。如果双方没有就使用费的数额达成一致意见的，应当向国务院专利行政部门提出申请，请求国务院专利行政部门对使用费数额作出裁决，并以裁决的数额作为强制许可使用费，由取得实施强制许可的单位或者个人按此数额支付给专利权人。

第六十三条　专利权人对国务院专利行政部门关于实施强制许可的决定不服的，专利权人和取得实施强制许可的单位或者个人对国务院专利行政部门关于实施强制许可的使用费的裁决不服的，可以自收到通知之日起三个月内向人民法院起诉。

条文主旨

本条是关于因对国务院专利行政部门作出的有关强制许可决定不服而提起诉讼的情形的规定。

立法背景

1984 年专利法规定，专利权人对专利局关于实施强制许可的决定或者关于实施强制许可使用费的裁决不服的，可以在收到通知之日起三个月内向人民法院起诉。2000 年修改专利法时，将“专利局”修改为“国务院专利行政部门”，同时增加了一种可以提起诉讼的情形，即“专利权人和取得实施强制许可的单位或者个人对国务院专利行政部门关于实施强制许可的使用费的裁决不服的”。此次未作修改。

条文解读

各国对强制许可采取的程序不完全相同，其中多数国家采取的是行政程序，即由专利授权机关或者其他行政机关作出给予强制许可的决定；少数国家采取司法程序，即由法院按照司法程序给予强制许可。在行政机关给予强制许可的情况下，各国都规定专利权人可以请求获得司法救济。

我国对专利强制许可的给予采用的是行政程序，本条对行政程序的结果给予了司法救济。即当事人对于国务院专利行政部门作出的关于实施强制许可的决定或者对强制许可使用费的裁决不服的，都有权向法院提起诉讼。这样一方面能够保护专利权人和其他有关当事人的合法利益，使之不至于因行政机关的决定或者裁决不当而受到损害；另一方面也能够监督国务院专利行政部门依法行使职权。

一、给予强制许可决定司法救济

为了防止不适当的技术垄断，鼓励发明创造的推广应用，促进科学技术的进步和创新，本章对专利实施的强制许可作了规定。同时，考虑到专利权毕竟属于专利权人的民事权利，行政机关虽然可以通过强制许可的形式进行适当干预，但这种干预必须经过严格的程序、符合严格的法定条件，如果国务院专利行政部门作出不符合法定条件的专利实施强制许可决定，势必影响专利权人的合法权益。

因此，为了切实保障专利权人的合法权益，本条规定了专利权人对国务院专利行政部门关于实施强制许可的决定不服的，可以自收到通知之日起三个月内向人民法院起诉，这就为专利权人不服强制许可决定提供了一个司法救济的途径。

二、给予强制许可使用费裁决司法救济

在专利实施强制许可的情况下，如果专利权人与取得强制许可的单位或者个人就使用费的数额无法达成协议，按照本法第六十二条的规定，就要由国务院专利行政部门裁决。专利权人或者取得实施强制许可的单位或者个人对国务院专利行政部门关于实施强制许可的使用费的裁决不服的，即不愿接受国务院专利行政部门裁决的数额的，可以自收到通知之日起三个月内向人民法院起诉。

国务院专利行政部门关于专利实施强制许可的决定和对强制许可使用费的裁决，都属于行政机关的行政决定。对这两类行政决定不服的，应当以国务院专利行政部门为被告，依照本条和行政诉讼法的规定，向有管辖权的人民法院提起行政诉讼。

相关规定

《中华人民共和国专利法》第六十二条

第七章　专利权的保护

第六十四条　发明或者实用新型专利权的保护范围以其权利要求的内容为准，说明书及附图可以用于解释权利要求的内容。

外观设计专利权的保护范围以表示在图片或者照片中的该产品的外观设计为准，简要说明可以用于解释图片或者照片所表示的该产品的外观设计。

条文主旨

本条是关于专利权保护范围的规定。

立法背景

1984年制定专利法，第五十九条对发明、实用新型、外观设计专利权的保护范围作了规定：发明或者实用新型专利权的保护范围以其权利要求的内容为准，说明书及附图可以用于解释权利要求。外观设计专利权的保护范围以表示在图片或者照片中的该外观设计专利产品为准。2008年修改专利法，一是将“该外观设计专利产品”修改为

"该产品的外观设计"，明确外观设计专利的保护客体不是产品本身，而是由形状、图案、色彩等设计要素构成的该产品的外观设计；二是增加规定，简要说明可以用于解释图片或者照片所表示的该产品的外观设计。此次未作修改。

条文解读

一、为什么要界定专利权的保护范围

专利权的保护范围，是指发明、实用新型和外观设计专利权的法律效力所及的范围。界定权利的保护范围，是判断是否构成侵权的前提条件。专利权是一种无形财产权，与有形财产权客体是有体物、权利边界清晰不同，其客体是无体物，权利边界不易确定。由法律明确规定专利权的保护范围，划清专利侵权与非侵权的界限，既有利于依法充分保护专利权人的合法权益，又可以避免不适当地扩大专利权的保护范围，损害专利权人以外的社会公众的利益。

二、发明或者实用新型专利权的保护范围

根据本条第一款规定，发明或者实用新型专利权的保护范围，以其权利要求的内容为准，说明书及附图可以用于解释权利要求的内容。这一规定包括两层含义：

1. 一项发明创造专利权的保护范围，应当以其权利要求的内容为准，即以由专利申请人提出的并经国务院专利行政主管部门批准的权利要求书中所记载的权利要求的内

容为准，不小于也不得超出权利要求书中所记载的权利要求内容的范围。本法第二十六条中明确规定，申请发明或者实用新型专利的，应当提交权利要求书；权利要求书应当以说明书为依据，清楚、简要地限定要求专利保护的范围。一件发明或者实用新型的权利要求书至少包括一项权利要求，有时还包括若干项从属权利要求。权利要求书记载的是发明或者实用新型的技术特征，一项权利要求记载的全部技术特征共同限定了要求专利保护的范围。专利授权后，他人实施的技术方案如果包含了权利要求记载的全部技术特征，就落入了该专利权的保护范围。

2. 说明书及附图对权利要求具有解释的功能，可以作为解释权利要求内容的依据。实践中，几乎没有人可以仅通过阅读权利要求书就能够准确理解该专利权所保护的技术方案的确切含义，说明书和附图是解释权利要求时必不可少的辅助信息。本法第二十六条中也明确规定，申请发明或者实用新型专利的，应当提交说明书；说明书应当对发明或者实用新型作出清楚、完整的说明，以所属技术领域的技术人员能够实现为准；必要的时候，应当有附图。但是，相对于权利要求的内容而言，说明书及附图只具有从属的地位，不能仅以其作为发明或者实用新型专利权保护的基本依据，基本依据只能是权利要求书。对于仅在说明书或者附图中描述而在权利要求中未记载的技术方案，不属于专利权的保护范围。

三、外观设计专利权的保护范围

根据本条第二款的规定，外观设计专利权的保护范围，以表示在图片或者照片中的该产品的外观设计为准，简要说明可以用于解释图片或者照片所表示的该产品的外观设计。

1. 外观设计专利权的保护范围以表示在图片或者照片中的该产品的外观设计为准。本法第二十七条明确规定，申请外观设计专利的，应当提交该外观设计的图片或者照片，有关图片或者照片应当清楚地显示要求专利保护的产品的外观设计。与发明和实用新型相比，外观设计专利的图片或者照片既起到了“权利要求书”的作用，又起到了“说明书”的作用。因此，本款进一步明确，外观设计专利权的保护范围，以体现该产品外观设计的图片或者照片为基本依据。

2. 简要说明可以用于解释图片或者照片所表示的该产品的外观设计。本法第二十七条明确规定，申请外观设计专利的，应当提交对该外观设计的简要说明。确定外观设计专利权的保护范围，如果只依据其图片或者照片，在实践中可能导致不适当地扩大或者缩小外观设计专利权的保护范围。外观设计的简要说明，记载了对确定外观设计专利权可能产生重要影响的信息，比如产品的名称、用途、设计要点等，通过简要说明来解释图片或者照片所表示的该产品的外观设计，有利于更加合理地界定外观设计专利权的保护范围，进而更加准确地判断是否构成侵犯专利权。

相关规定

《中华人民共和国专利法》第二十六条、第二十七条；《最高人民法院关于审理侵犯专利权纠纷案件应用法律若干问题的解释》

第六十五条 未经专利权人许可，实施其专利，即侵犯其专利权，引起纠纷的，由当事人协商解决；不愿协商或者协商不成的，专利权人或者利害关系人可以向人民法院起诉，也可以请求管理专利工作的部门处理。管理专利工作的部门处理时，认定侵权行为成立的，可以责令侵权人立即停止侵权行为，当事人不服的，可以自收到处理通知之日起十五日内依照《中华人民共和国行政诉讼法》向人民法院起诉；侵权人期满不起诉又不停止侵权行为的，管理专利工作的部门可以申请人民法院强制执行。进行处理的管理专利工作的部门应当事人的请求，可以就侵犯专利权的赔偿数额进行调解；调解不成的，当事人可以依照《中华人民共和国民事诉讼法》向人民法院起诉。

条文主旨

本条是关于专利侵权纠纷解决方式的规定。

立法背景

1984 年制定专利法时，考虑到专利侵权纠纷的处理专业性很强，而当时法院处理专利侵权纠纷的经验又有所不足，对专利权在司法保护的基础上增加了行政保护，明确实行“双轨制”。2000 年修改专利法，一是增加了由当事人协商解决的规定；二是对行政机关认定侵权成立和调解侵权赔偿额的行为性质进行区分，规定可以分别提起行政诉讼和民事诉讼，并调整了有关诉讼程序的规定。此次未作修改。

条文解读

一、专利侵权纠纷

合法取得的专利权受法律保护。未经专利权人许可，实施其专利，即侵犯其专利权。根据本法第十一条的规定，“实施其专利”，对发明和实用新型专利权而言，是指为生产经营目的制造、使用、许诺销售、销售、进口其专利产品，或者使用其专利方法以及使用、许诺销售、销售、进口依照该专利方法直接获得的产品；对外观设计专利权而言，是指为生产经营目的制造、许诺销售、销售、进口其外观设计专利产品。一般情形下，任何单位和个人未经专利权人许可，从事了上述行为，都构成侵犯专利权。

同时，在一些特殊情况下，虽然其他单位或者个人未经专利权人许可实施其专利，也不构成侵犯专利权。例如，本法第六十七条规定，在专利侵权纠纷中，被控侵权人有证据证明其实施的技术或者设计属于现有技术或者现有设计的，不构成侵犯专利权。又如，本法第七十五条规定，有下列情形之一的，不视为侵犯专利权：（1）专利产品或者依照专利方法直接获得的产品，由专利权人或者经其许可的单位、个人售出后，使用、许诺销售、销售、进口该产品的；（2）在专利申请日前已经制造相同产品、使用相同方法或者已经作好制造、使用的必要准备，并且仅在原有范围内继续制造、使用的；（3）临时通过中国领陆、领水、领空的外国运输工具，依照其所属国同中国签订的协议或者共同参加的国际条约，或者依照互惠原则，为运输工具自身需要而在其装置和设备中使用有关专利的；（4）专为科学研究和实验而使用有关专利的；（5）为提供行政审批所需要的信息，制造、使用、进口专利药品或者专利医疗器械的，以及专门为其制造、进口专利药品或者专利医疗器械的。

需要说明的是，在专利侵权纠纷中，涉及的主体除专利权人和侵权人外，还有“利害关系人”，例如，专利实施许可合同的被许可人、专利权人的合法继承人等。

二、专利侵权纠纷的解决方式

对专利侵权纠纷，本条规定了如下处理方式：

（一）协商解决

协商解决，是指发生侵权案件以后，双方当事人直接进行磋商，以达成解决争议办法的处理方式。这种方式有利于降低纠纷处理成本、有效定分止争。

（二）向人民法院起诉

权利人认为他人侵犯其专利权，不愿协商解决或者协商解决不成的，可以以侵权人为被告，依照民事诉讼法的规定，提起民事诉讼。

1. 关于专利侵权纠纷民事案件的地域管辖。依照民事诉讼法第二十八条和最高人民法院有关司法解释的规定，因侵犯专利权行为提起的诉讼，由侵权行为地或者被告住所地人民法院管辖。侵权行为地包括：被诉侵犯发明、实用新型专利权的产品的制造、使用、许诺销售、销售、进口等行为的实施地；专利方法使用行为的实施地，依照该专利方法直接获得的产品的使用、许诺销售、销售、进口等行为的实施地；外观设计专利产品的制造、许诺销售、销售、进口等行为的实施地等；以及上述侵权行为的侵权结果发生地。

2. 关于专利侵权纠纷民事案件的级别管辖。按照最高人民法院有关司法解释的规定，专利纠纷第一审案件，由各省、自治区、直辖市人民政府所在地的中级人民法院和最高人民法院指定的中级人民法院管辖。最高人民法院根据实际情况，可以指定基层人民法院管辖第一审专利纠纷案件。2014 年 8 月，第十二届全国人大常委会第十次会议作出关于在北京、上海、广州设立知识产权法院（级别为中级人民法院）的决定，明确由知识产权法院跨区域管辖第一审专利民事案件；最高人民法院有关司法解释进一步明确，北京、上海知识产权法院管辖市辖区内第一审专利民事案件；广州知识产权法院管辖广东省内第一审专利民事案件。2020 年 12 月，第十三届全国人民代表大会常务委员会第二十四次会议作出关于设立海南自由贸易港知识产权法院的决定，明确由海南自由贸易港知识产权法院管辖海南省第一审专利民事案件。

关于二审，原则上，按照民事诉讼法第一百六十四条的规定，当事人不服地方人民法院第一审判决的，有权在判决书送达之日起十五日内向上一级人民法院提起上诉。2018 年 10 月，第十三届全国人大常委会第六次会议作出关于专利等知识产权案件诉讼程序若干问题的决定，特别规定，当事人对发明专利、实用新型专利等专业技术性较强的知识产权民事案件第一审判决、裁定不服，提起上诉的，由最高人民法院审理。

（三）行政处理

按照本条的规定，专利侵权纠纷的当事人如果不愿直接向人民法院起诉，以“打官司”方式来解决争议的，可以请求管理专利工作的部门处理。对此作几点说明：

1. 专利侵权纠纷，性质上属于民事纠纷，当事人协商解决不成的，通常应通过司法程序加以解决。但我国专利法从实际情况出发，规定当事人也可以请求管理专利工作的部门进行处理。这对于发挥管理专利工作的部门业务熟悉、处理程序简便的优势，减少专利诉讼案件，方便当事人，是有利的。但是，究竟是直接向人民法院起诉，还是请求管理专利工作的部门处理，采用哪种方式对自己比较有利，要由当事人自己来判断，选择权在当事人，或者说是在被侵权人。管理专利工作的部门只能根据有关当事人的请求进行处理，当事人没有提出请求的，管理专利工作的部门不能主动进行处理。

2. 可以作出本条规定的行政处理的机关，为“管理专利工作的部门”，主要是指地方人民政府管理专利工作的部门，如各省、市知识产权局。同时，本法第七十条第二款进一步明确，地方人民政府管理专利工作的部门应专利权人或者利害关系人请求处理专利侵权纠纷，对在本行政区域内侵犯其同一专利权的案件可以合并处理；对跨区域侵犯其同一专利权的案件可以请求上级地方人民政府管理专利工作的部门处理。此外，根据本法第七十条第一款的规定，对于在全国有重大影响的专利侵权纠纷，专利权人或者利害关系人请求国务院专利行政部门处理的，国务院专利行政部门也可以处理。

3. 管理专利工作的部门对专利侵权纠纷进行处理的内容，主要是对是否构成侵权进行认定，对认定为侵权的行为，可以责令侵权人立即停止侵权行为。

4. 管理专利工作的部门依照本条规定作出的处理，属于具体行政行为，具有强制执行力。如果侵权人既不在规定的期限内向法院起诉，又不停止侵权行为，作出处理的管理专利工作的部门可以申请人民法院强制执行。

5. 由于这一处理的性质属于具体行政行为，当事人对管理专利工作的部门作出的处理决定不服的，可以自接到处理通知之日起 15 日内，依照行政诉讼法的规定，以作出处理的管理专利工作的部门为被告，向人民法院提起行政诉讼。超过 15 日的，除有法定事由外，人民法院将不予受理。

（四）行政调解

依照本条的规定，进行调解的机关，应是对专利侵权纠纷作出行政处理的同一个管理专利工作的部门；调解的内容，是侵犯专利权的赔偿数额；调解只能应当事人的请求进行；这种调解属于行政机关对当事人之间的民事纠纷作出的行政调解，不是行政处理，应由当事人自愿履行，不具有强制执行力，调解不成或者达成调解协议后又反悔的，有关当事人可以依照民事诉讼法的规定，以对方当事人为被告向人民法院提起民事诉讼。

相关规定

《中华人民共和国专利法》第十一条、第五十九条、第六十七条、第七十条、第七十五条；《中华人民共和国民事诉讼法》第二十八条；《全国人民代表大会常务委员会关于在北京、上海、广州设立知识产权法院的决定》；《全国人民代表大会常务委员会关于设立海南自由贸易港知识产权法院的决定》；《全国人民代表大会常务委员会关于专利等知识产权案件诉讼程序若干问题的决定》；《中华人民共和国行政诉讼法》；《中华人民共和国民事诉讼法》；《最高人民法院关于审理专利纠纷案件适用法律问题的若干规定》；《最高人民法院关于北京、上海、广州知识产权法院案件管辖的规定》；《最高人民法院关于知识产权法庭若干问题的规定》；国家知识产权局《专利侵权行为认定指南（试行）》、《专利纠纷行政调解指引（试行）》

第六十六条　**专利侵权纠纷涉及新产品制造方法的发明专利的，制造同样产品的单位或者个人应当提供其产品制造方法不同于专利方法的证明。**

专利侵权纠纷涉及实用新型专利或者外观设计专利的，人民法院或者管理专利工作的部门可以要求专利权人或者利害关系人出具由国务院专利行政部门对相关实用新型或者外观设计进行检索、分析

和评价后作出的专利权评价报告，作为审理、处理专利侵权纠纷的证据；专利权人、利害关系人或者被控侵权人也可以主动出具专利权评价报告。

条文主旨

本条是关于专利侵权纠纷中证据提供问题的规定。

立法背景

“谁主张，谁举证”是民事诉讼的基本原则，但是，对于新产品制造方法专利来说，专利方法体现在产品制造过程中，专利权人很难进入被诉侵权人的制造场所搜集证据。因此，1984 年专利法第六十条第二款规定了举证责任倒置制度：在发生侵权纠纷的时候，如果发明专利是一项产品的制造方法，制造同样产品的单位或者个人应当提供其产品制造方法的证明。1992 年修改专利法，将举证责任倒置的范围限于“新”产品制造方法。2000 年修改专利法，进一步完善规定，将举证责任倒置的内容由“其产品制造方法”修改为“其产品制造方法不同于专利方法”。2008 年对条款位置作了调整。此次未作修改。

在专利侵权纠纷审理或者处理过程中，专利权人应当首先证明其拥有专利权。在早期的司法实践中，只要专利权人出具了国家知识产权局授予的专利证书和专利权尚未终止的证明，就可以证明其拥有有效的专利权。但是，按照专利法的规定，国家知识产权局对实用新型专利和外观设计专利申请仅进行形式审查，不进行实质审查，因此外观设计和实用新型专利权被宣告无效的可能性较大，权利稳定性较差。如果专利权人以他人侵犯其实用新型专利权、外观设计专利权提起诉讼，但最后专利权被宣告无效，则浪费了司法、行政资源，也干扰了他人的正常生产经营活动。因此，2000 年修改专利法，增加了关于实用新型专利权检索报告的规定：专利侵权纠纷涉及实用新型专利的，人民法院或者管理专利工作的部门可以要求专利权人出具由国务院专利行政部门作出的检索报告。2008 年修改专利法，进一步扩展了其适用范围：一是将“检索报告”扩展为“专利权评价报告”；二是将专利权评价报告的对象由实用新型专利权扩展到包括外观设计专利权；三是将出具报告的主体由“专利权人”扩展到包括“利害关系人”；四是明确该报告的性质，是“审理、处理专利侵权纠纷的证据”。此次修改专利法，进一步增加规定，专利权人、利害关系人除按照人民法院或者管理专利工作的部门的要求出具专利权评价报告外，也可以主动出具该报告；同时规定，被控侵权人也可以主动出具专利权评价报告。

条文解读

一、关于新产品制造方法专利举证责任倒置

按照本条第一款的规定，专利侵权纠纷涉及新产品制

造方法的发明专利的，制造同样产品的单位或者个人应当提供其产品制造方法不同于专利方法的证明。适用这一规定，需要把握以下几点：(1) 适用举证责任倒置的范围，限于涉及“新产品制造方法的发明专利”纠纷，即依据该制造方法生产的产品是“新产品”，这需要由专利权人先予证明。如果产品本身不是“新产品”，则不适用本款规定。(2) 适用举证责任倒置的前提条件是，被诉侵权人制造了同样的产品，这需要由专利权人先予证明。如果被诉侵权人与专利权人生产的产品不同，则不适用本款规定。(3) 如果前两项要求均满足，相关专利侵权诉讼中的举证责任，应由被诉侵权的人即被告来承担。被诉侵权的人不能提供其同样产品的制造方法不同于专利方法的充分证据的，推定其使用了专利权人的发明专利，构成了对专利权的侵犯，应当依法承担侵权损害赔偿责任。

二、关于实用新型专利、外观设计专利纠纷提供专利权评价报告

为弥补实用新型专利权和外观设计专利权未经实质审查、权利稳定性差，以其为基础作出的专利侵权纠纷裁判结果、处理结果效力不稳定等不足，本条第二款规定，专利侵权纠纷涉及实用新型专利或者外观设计专利的，人民法院或者管理专利工作的部门可以要求专利权人或者利害关系人出具由国务院专利行政部门对相关实用新型或者外观设计进行检索、分析和评价后作出的专利权评价报告，作为审理、处理专利侵权纠纷的证据；专利权人、利害关系人或者被控侵权人也可以主动出具专利权评价报告。适用这一规定，需要把握以下几点：

1. 专利权评价报告只是审理、处理专利侵权纠纷的证据。(1) 专利权评价报告，是国务院专利行政部门作为专业机构应当事人申请，对实用新型专利权或者外观设计专利权是否符合专利授权标准（是否属于保护客体，是否具备新颖性、创造性、实用性等）进行检索、分析和评价后，得出的公信度较高的专业意见；而不是国务院专利行政部门行使行政管理职权，作出的行政决定。因此，对专利权评价报告的结论不服的，没有申请复议或者提起诉讼的救济程序；在人民法院审理专利侵权纠纷、管理专利工作的部门处理专利侵权纠纷过程中，专利权评价报告仅仅具有证据效力。(2) 专利权评价报告只是审理、处理专利侵权纠纷过程中的证据，不是判断专利权有效性的依据。一方面，专利权评价报告得出该专利权不符合授予专利权条件的结论的，该专利权并不会自动被宣告无效；被控侵权人要宣告专利权无效的，应当另行向国务院专利行政部门提出请求。另一方面，专利权评价报告只是国务院专利行政部门依据其掌握的信息得出的意见，专利权评价报告得出该专利权符合授予专利权条件的结论的，并不意味着该专利权绝对有效（国家知识产权局主要是进行书面审查，检索数据库，不可能掌握实践中所有的使用情况）；如果其他人事后能够提出构成该专利权无效的有力证据的（例如，该技术已被他人公开使用），该专利权仍可能被宣告无效。

2. 出具专利权评价报告的主体，包括专利权人，也包括利害关系人（例如，专利实施独占许可合同的被许可人，由专利权人授予起诉权的专利实施普通许可合同的被许可人），还包括被控侵权人。规定专利权人、利害关系人出具专利权评价报告，可以促使其对自身的权利状态有更清晰的认识，减少其就无效的专利权盲目开展维权活动。规定被控侵权人也可以主动出具专利权评价报告，有利于其充分评估侵权风险，采取合理的应对措施。二者结合起来，有利于双方当事人对专利权形成合理预期，促进纠纷解决，降低维权成本。

3. 出具专利权评价报告既是一种义务，也是一种权利。一方面，人民法院或者管理专利工作的部门根据审理、处理专利侵权纠纷的需要，要求专利权人或者利害关系人出具专利权评价报告时，专利权人、利害关系人必须出具；另一方面，专利权人、利害关系人或者被控侵权人认为专利权评价报告对其有利时，也可以主动出具。

4. 并不是只有在专利侵权纠纷中，相关当事人才能要求国务院专利行政部门出具专利权评价报告。例如本法第五十条规定，专利权人就实用新型、外观设计专利提出开放许可声明的，应当提供专利权评价报告。

相关规定

《中华人民共和国专利法》第五十条

第六十七条　在专利侵权纠纷中，被控侵权人有证据证明其实施的技术或者设计属于现有技术或者现有设计的，不构成侵犯专利权。

条文主旨

本条是关于专利侵权纠纷中现有技术抗辩权的规定。

立法背景

专利法第二十二条规定，授予专利权的发明和实用新型，应当不属于现有技术；第二十三条规定，授予专利权的外观设计，应当不属于现有设计。据此，属于现有技术的技术方案、属于现有设计的设计方案，本不应授予专利权。但是，实践中，专利审查机关进行审查时不可能掌握一切现有技术和现有设计，无法完全避免不当授权；特别是我国对实用新型专利和外观设计专利只进行形式审查，不进行实质审查，发生不当授权的可能性较大。一旦发生不当授权，其他人实施现有技术或者现有设计时，也可能落入专利权的保护范围。根据专利法的有关规定和实践中的做法，在专利侵权案件中，被控侵权人如果要主张自己不侵权，必须先向专利复审委员会（此次修改为“国务院专利行政部门”，下同）提出无效宣告请求，对专利复审委员会的决定不服的，还要向人民法院起诉；在专利权被宣告无效后，法院才可以判决被控侵权人的行为不构成侵犯专利权；这一过程耗时费力，给现有技术实施人造成较大负担。为防止恶意利用现有技术和现有设计申请专利，阻碍现有技术实施，帮助现有技术实施人及时从专利侵权纠纷中摆脱出来，2008 年修改专利法，增加了关于现有技术抗辩权的规定。此次未作修改。

条文解读

本条规定，在专利侵权纠纷中，被控侵权人有证据证明其实施的技术或者设计属于现有技术或者现有设计的，不构成侵犯专利权。适用这一规定，需要把握以下几点：

1. 被控侵权人应当证明其实施的技术或者设计属于现有技术或者现有设计。所谓现有技术，是指申请日以前在国内外为公众所知的技术；现有设计，是指申请日以前在国内外为公众所知的设计。实践中，有关司法解释规定，被诉侵权设计落入专利权保护范围的全部技术特征，与一项现有技术方案中的相应技术特征相同或者无实质性差异的，人民法院应当认定被诉侵权人实施的技术属于现有技术。被诉侵权设计与一个现有设计相同或者无实质性差异的，人民法院应当认定被诉侵权人实施的设计属于现有设计。同时，考虑到2008年修改专利法时，将专利新颖性判断标准由相对新颖性调整为绝对新颖性，现有技术的界定也相应发生变化，有关司法解释进一步明确，对于被诉侵权人主张的现有技术抗辩或者现有设计抗辩，人民法院应当依照专利申请日时施行的专利法界定现有技术或者现有设计。

2. 被控侵权人可以在专利侵权诉讼中直接提起现有技术抗辩，无须另行向国务院专利行政部门提出无效宣告请求，也无须等待专利无效宣告审查及后续的行政诉讼结果。人民法院一旦认定被控侵权人实施的技术或者设计属于现有技术或者现有设计的，即可以直接判决被控侵权人不侵权。

3. 人民法院关于专利无效抗辩的裁判结果，只是对被控侵权人的行为是否侵犯专利权的认定，而不是对专利权是否有效的认定。要宣告专利权无效，依然要通过专利无效程序来确认。

相关规定

《中华人民共和国专利法》第二十二条、第二十三条；《最高人民法院关于审理侵犯专利权纠纷案件应用法律若干问题的解释》；《最高人民法院关于审理侵犯专利权纠纷案件应用法律若干问题的解释（二）》

第六十八条 假冒专利的，除依法承担民事责任外，由负责专利执法的部门责令改正并予公告，没收违法所得，可以处违法所得五倍以下的罚款；没有违法所得或者违法所得在五万元以下的，可以处二十五万元以下的罚款；构成犯罪的，依法追究刑事责任。

条文主旨

本条是关于假冒专利应承担的法律责任的规定。

立法背景

1984 年专利法规定了“假冒他人专利”的法律责任，即依照侵犯专利权的规定处理，由专利管理机关或者人民法院责令停止违法行为、赔偿损失；情节严重的，参照假冒他人注册商标的规定追究刑事责任。1992 年修改专利法，增加规定了“冒充专利”的法律责任，即将非专利产品冒充专利产品的或者将非专利方法冒充专利方法的，由专利管理机关责令停止冒充行为，公开更正，并处以罚款。2008 年修改专利法，考虑到“假冒他人专利”和“冒充专利”都是造假行为，但二者的法律责任相差很大，不合适，因此将二者统称为“假冒专利”，对其法律责任作了规定：假冒专利的，除依法承担民事责任外，由管理专利工作的部门责令改正并予公告，没收违法所得，可以并处违法所得四倍以下的罚款；没有违法所得的，可以处二十万元以下的罚款；构成犯罪的，依法追究刑事责任。此次修改专利法，主要是提高了行政处罚的额度；同时，根据国务院机构改革，将查处假冒专利的主管单位，由“管理专利工作的部门”（主要是各级知识产权局），调整为“负责专利执法的部门”（主要是各级市场监管局）。

条文解读

一、假冒专利

本条所称假冒专利，在实践中主要包括以下情形：（1）在未被授予专利权的产品或者其包装上标注专利标识，专利权被宣告无效后或者终止后继续在产品或者其包装上标注专利标识，或者未经许可在产品或者产品包装上标注他人的专利号；（2）销售第（1）项所述产品；（3）在产品说明书等材料中将未被授予专利权的技术或者设计称为专利技术或者专利设计，将专利申请称为专利，或者未经许可使用他人的专利号，使公众将所涉及的技术或者设计误认为是专利技术或者专利设计；（4）伪造或者变造专利证书、专利文件或者专利申请文件；（5）其他使公众混淆，将未被授予专利权的技术或者设计误认为是专利技术或者专利设计的行为。需要说明的是，专利权终止前依法在专利产品、依照专利方法直接获得的产品或者其包装上标注专利标识，在专利权终止后许诺销售、销售该产品的，不属于假冒专利行为。

二、假冒专利行为的法律责任

假冒专利行为的不良后果，一是侵犯了专利权人的合法权益；二是欺骗了广大的消费者；三是扰乱了国家正常的专利管理秩序。因此，对假冒专利行为，应当依法追究其法律责任。根据本条规定，假冒专利应承担下述法律责任：

1. 民事责任。假冒专利，同时又构成侵犯他人专利权的，应依法承担侵权损害的民事责任。例如，本法第七十一条即对侵犯专利权的赔偿数额计算方法（包括基础计算方法、惩罚性赔偿、法定赔偿等）作了规定。

2. 行政责任。一是责令假冒者改正并予公告，即由管理专利工作的部门要求违法行为人立即停止假冒专利的行为；同时对违法行为人的假冒专利行为及责令其改正的决定予以公告。二是没收违法所得。三是可以并处罚款。其中对有违法所得的，除没收违法所得外，由管理专利工作的部门根据具体的情况作出是否处以罚款的决定。为了更加有效地制止假冒专利行为，修正后的专利法加大了行政处罚的力度，针对有违法所得的情形，将罚款数额的上限由原专利法规定的违法所得的四倍提高至五倍；同时，针对没有违法所得或者违法所得在五万元以下的情况，也将罚款数额的上限由二十万元提高至二十五万元。

3. 刑事责任。即“构成犯罪的，依法追究刑事责任”。根据刑法第二百一十六条的规定：“假冒他人专利，情节严重的，处三年以下有期徒刑或者拘役，并处或者单处罚金。”

相关规定

《中华人民共和国专利法》第六十九条、第七十一条；《中华人民共和国刑法》第二百一十六条；《中华人民共和国专利法实施细则》第八十四条

第六十九条 负责专利执法的部门根据已经取得的证据，对涉嫌假冒专利行为进行查处时，有权采取下列措施：

（一）询问有关当事人，调查与涉嫌违法行为有关的情况；

（二）对当事人涉嫌违法行为的场所实施现场检查；

（三）查阅、复制与涉嫌违法行为有关的合同、发票、账簿以及其他有关资料；

（四）检查与涉嫌违法行为有关的产品；

（五）对有证据证明是假冒专利的产品，可以查封或者扣押。

管理专利工作的部门应专利权人或者利害关系人的请求处理专利侵权纠纷时，可以采取前款第（一）项、第（二）项、第（四）项所列措施。

负责专利执法的部门、管理专利工作的部门依法行使前两款规定的职权时，当事人应当予以协助、配合，不得拒绝、阻挠。

条文主旨

本条是关于专利行政执法措施以及当事人的协助、配合义务的规定。

立法背景

在我国的专利管理工作中，管理专利工作的部门由于缺乏必要的执法手段，针对假冒专利行为，难以采取必要的调查处理措施制止违法行为。为解决这一问题，2008 年修改专利法，增加了关于管理专利工作的部门对涉嫌假冒专利的行为进行查处时有权采取的措施和当事人的配合义务的规定。此次修改专利法，一是根据国务院机构改革，调整为由“负责专利执法的部门”（主要是各级市场监管局）查处涉嫌假冒专利案件，由“管理专利工作的部门”（主要是各级知识产权局）处理专利侵权纠纷；二是新增了管理专利工作的部门处理专利侵权纠纷时可以采取的措施的规定。

条文解读

一、负责专利执法的部门查处涉嫌假冒专利案件有权采取的措施

根据本条第一款的规定，负责专利执法的部门在对涉嫌假冒专利行为进行查处时，有权采取以下措施：

1. 询问调查权。即询问有关当事人，调查与涉嫌违法行为有关的情况。负责专利执法的部门开展调查时，可以到有关当事人的住所、工作场所、生产经营场所对该当事人进行询问，或者责令有关当事人到指定场所接受询问，要求当事人将其知道的事实如实向负责专利执法的部门提供，以调查与涉嫌违法行为有关的情况。询问应当制作询问笔录，并由询问人和被询问人签名或者盖章。询问不限于直接涉嫌违法行为的人员，也包括与涉嫌违法行为有关的其他人。询问当事人不得限制或者变相限制被询问人的人身自由。

2. 现场检查权。即对当事人涉嫌从事假冒专利行为的场所实施现场检查。当事人涉嫌从事假冒专利行为的场所，包括涉嫌假冒专利产品的生产加工场所、经营场所等。负责专利执法的部门可以派人进入上述场所并进行检查，以查明事实，掌握证据。对于与当事人的假冒专利行为无关的住所及其他场所，不得实施现场检查。

3. 查阅、复制权。即查阅、复制与涉嫌违法行为有关的合同、发票、账簿以及其他有关资料。合同、发票、账簿及其他有关资料，是记录经济活动的证据。通过查阅、复制这些资料，可以掌握当事人是否实施了假冒专利的行为，其行为的性质、情节轻重、危害后果如何，从而能够为负责专利执法的部门作出处罚决定提供依据。因此，本条赋予负责专利执法的部门查阅、复制与涉嫌违法行为有关的合同、发票、账簿以及其他有关资料的权力。

4. 产品检查权。即检查与涉嫌违法行为有关的产品。产品及其包装、说明书等上是否标注专利标识、专利号，该标注是否真实，是判断是否存在假冒专利行为的重要依据。因此，查处假冒专利行为时，有必要赋予负责专利执法的部门对产品的检查权。

5. 查封、扣押权。即对有证据证明是假冒专利的产品，可以查封或者扣押。所谓查封，是指负责专利执法的部门采取张贴封条或者其他必要措施，将假冒专利产品就地予以封存；未经许可，任何单位或者个人不得启封、转移或者动用。所谓扣押，是指负责专利执法的部门将假冒专利产品移至他处予以扣留封存。这里需要指出的是，采取查封、扣押措施对当事人的影响很大，负责专利执法的部门在决定采取这一措施时一定要慎重，必须在有证据证明是假冒专利的产品的情况下，才能采取这一措施，不能凭主观臆测或者仅凭他人举报就采取这一措施。发现采取查封、扣押措施不当的，应当立即解除查封、扣押措施。

二、管理专利工作的部门处理专利侵权纠纷时可以采取的措施

我国虽然为专利侵权纠纷的当事人提供了行政解决途径，但对此一直存在不同意见：一种意见认为，行政机关处理专利侵权纠纷具有便利、快捷的优点，应当赋予其充分的执法权限，以更好地保护专利权人的合法权益。另一种意见认为，专利侵权纠纷是平等主体之间的民事纠纷，应当以自力救济、司法途径解决为主；行政机关不宜过多干预企业的生产经营活动，特别是查封、扣押等对企业生产经营活动影响较大的执法措施，不宜由行政机关在认定专利侵权过程中行使。综合两方面意见，考虑到管理专利工作的部门在处理专利侵权纠纷时主要是认定侵权是否成立，本条第二款赋予其与之相适应的必要职权，即询问调查权（询问有关当事人，调查与涉嫌侵权行为有关的情况）、现场检查权（对当事人涉嫌侵权行为的场所实施现场检查）、产品检查权（检查与涉嫌侵权行为有关的产品）；同时，本法并未赋予管理专利工作的部门查阅、复制权和查封、扣押权。

三、当事人的配合义务

根据本条第三款的规定，负责专利执法的部门、管理专利工作的部门依法行使前两款规定的职权时，当事人应当予以协助、配合，不得拒绝、阻挠。负责专利执法的部门、管理专利工作的部门依法行使职权受法律保护，有关当事人应当予以协助、配合，接受询问调查，如实提供有

关情况和资料，配合负责专利执法的部门、管理专利工作的部门检查有关场所和产品等，不得以任何理由拒绝，甚至以暴力、威胁或者其他手段阻挠负责专利执法的部门、管理专利工作的部门依法行使职权。

相关规定

《中华人民共和国专利法》第六十八条；《中华人民共和国刑法》第二百一十六条

第七十条 国务院专利行政部门可以应专利权人或者利害关系人的请求处理在全国有重大影响的专利侵权纠纷。

地方人民政府管理专利工作的部门应专利权人或者利害关系人请求处理专利侵权纠纷，对在本行政区域内侵犯其同一专利权的案件可以合并处理；对跨区域侵犯其同一专利权的案件可以请求上级地方人民政府管理专利工作的部门处理。

条文主旨

本条是关于专利侵权纠纷行政管辖的规定。

立法背景

1984年专利法规定，对专利侵权行为，专利权人或者利害关系人可以请求专利管理机关进行处理，但是并未明确专利管理机关的层级。2000 年修改专利法，全国人大法律委员会有关审议结果的报告中明确，对侵犯专利权纠纷，由省、自治区、直辖市人民政府管理专利工作的部门处理，也可以由一些专利管理工作量大，又有实际处理能力的市人民政府管理专利工作的部门处理。

此次修改专利法，国务院提出的草案强化了专利行政执法，增加规定：国务院专利行政部门可以应专利权人或者利害关系人的请求处理在全国有重大影响的专利侵权纠纷；管理专利工作的部门应专利权人或者利害关系人的请求处理专利侵权纠纷，对在本行政区域内侵犯其同一专利权的案件可以合并处理；对跨区域侵犯其同一专利权的案件可以请求上级人民政府管理专利工作的部门处理。在审议过程中，有的意见提出，国务院专利行政部门作为专利授权确权部门，不宜过多地直接处理具体案件；同时，实践中跨省域的专利侵权案件很多，都由国务院专利行政部门处理，也不现实。据此，将国务院处理案件的范围限定在“在全国有重大影响的案件，并将相关规定修改为：跨区域的专利侵权案件可以请求上级“地方”人民政府管理专利工作的部门处理。

条文解读

一、国务院专利行政部门处理专利侵权纠纷的行政管辖权范围

国务院专利行政部门处理专利侵权纠纷，必须满足以下前提条件：一是专利权人或者利害关系人提出由国务院专利行政部门处理专利侵权纠纷的请求。专利权是私权，如何维权应当由专利权人或者利害关系人自行选择。如果专利权人或者利害关系人没有提出请求，国务院专利行政部门不得主动处理专利侵权纠纷。二是该专利侵权纠纷在全国有重大影响。对于不属于在全国有重大影响的案件，即使专利权人或者利害关系人提出请求，国务院专利行政部门也不得处理。

二、地方各级人民政府管理专利工作的部门处理专利侵权纠纷的行政管辖权范围

1. 地方人民政府管理专利工作的部门可以应专利权人或者利害关系人请求处理专利侵权纠纷。如果专利权人或者利害关系人没有提出请求，地方人民政府管理专利工作的部门不得主动处理专利侵权纠纷。

2. 地方人民政府管理专利工作的部门对在本行政区域内侵犯其同一专利权的案件可以合并处理；对跨区域侵犯其同一专利权的案件可以请求上级地方人民政府管理专利工作的部门处理。实践中，有时会发生众多侵权人侵犯同一专利权的案件，如果由专利权人自行逐一起诉，维权成本较高、难度较大。为充分发挥行政机关处理专利侵权纠纷效率高的优势，本条第二款对此类案件的合并审理做了规定。如果这些案件都发生在本行政区域，专利权人或者利害关系人可以请求地方人民政府管理专利工作的部门合并处理；如果这些案件超出了受理案件的地方人民政府管理专利工作的部门管理的行政区域，专利权人或者利害关系人可以请求上级地方人民政府管理专利工作的部门处理。对于跨省又尚不构成在全国有重大影响的专利侵权纠纷，可以由相关省级管理专利工作的部门之间协调处理权限，或者由国务院专利行政部门协调、指定处理权限。

相关规定

《中华人民共和国专利法》第六十五条

第七十一条 侵犯专利权的赔偿数额按照权利人因被侵权所受到的实际损失或者侵权人因侵权所获得的利益确定；权利人的损失或者侵权人获得的利益难以确定的，参照该专利许可使用费的倍数合理确定。对故意侵犯专利权，情节严重的，可以在按照上述方法确定数额的一倍以上五倍以下确定赔偿数额。

权利人的损失、侵权人获得的利益和专利许可使用费均难以确定的，人民法院可以根据专利权的类型、侵权行为的性质和情节等因素，确定给予三万元以上五百万元以下的赔偿。

赔偿数额还应当包括权利人为制止侵权行为所支付的合理开支。

人民法院为确定赔偿数额，在权利人已经尽力举证，而与侵权行为相关的账簿、资料主要由侵权人掌握的情况下，可以责令侵权人提供与侵权行为相关的账簿、资料；侵权人不提供或者提供虚假的账簿、资料的，人民法院可以参考权利人的主张和提供的证据判定赔偿数额。

条文主旨

本条是关于侵犯专利权赔偿数额计算方法的规定。

立法背景

2000 年修改专利法时，为便于司法实践中确定专利侵权损害赔偿数额，新增了关于赔偿数额计算方法的规定：侵犯专利权的赔偿数额，按照权利人因被侵权所受到的损失或者侵权人因侵权所获得的利益确定；被侵权人的损失或者侵权人获得的利益难以确定的，参照该专利许可使用费的倍数合理确定。2008 年修改专利法，一是明确了赔偿数额的确定顺序：侵犯专利权的赔偿数额按照权利人因被侵权所受到的实际损失确定；实际损失难以确定的，可以按照侵权人因侵权所获得的利益确定。二是为了更好地弥补专利权人的维权成本，增加规定：侵犯专利权的赔偿应当包括权利人为制止侵权行为所支付的合理开支。三是为提高司法保护的效率，新增了关于法定赔偿的规定，幅度为一万元以上一百万元以下。此次修改专利法，为把违法成本显著提上去，把法律威慑作用充分发挥出来，大幅提高专利侵权违法成本：一是取消了赔偿数额的确定顺序，当事人可以自行选择更有利于其自身权利保护的赔偿数额计算方法；二是增加了关于惩罚性赔偿的规定，对故意侵犯专利权，情节严重的，可以给予一倍以上五倍以下的惩罚性赔偿；三是将法定赔偿数额幅度由“一万元以上一百万元以下”，提高至“三万元以上五百万元以下”；四是新增了关于文书提供令（又称举证妨碍制度）的规定（第四款）。

条文解读

一、关于专利侵权损害赔偿数额的基础计算方法

对于人民法院在审理专利侵权纠纷案件时，或者管理专利工作的部门应当事人的请求对侵犯专利权的赔偿数额进行调解时，应当如何确定侵权损害赔偿的数额，本条规定了三种基本计算方法：

1. 按照权利人因被侵权所受到的实际损失确定。司法实践中，权利人因被侵权所受到的实际损失，可以根据专

利权人的专利产品因侵权所造成销售量减少的总数乘以每件专利产品的合理利润所得之积计算；权利人销售量减少的总数难以确定的，侵权产品在市场上销售的总数乘以每件专利产品的合理利润所得之积可以视为权利人因被侵权所受到的实际损失。

2. 按照侵权人因侵权所获得的利益确定。司法实践中，侵权人因侵权所获得的利益可以根据该侵权产品在市场上销售的总数乘以每件侵权产品的合理利润所得之积计算；侵权人因侵权所获得的利益一般按照侵权人的营业利润计算，对于完全以侵权为业的侵权人，可以按照销售利润计算。

3. 参照该专利许可使用费的倍数合理确定。这里讲的“专利许可使用费”，应是指普通专利许可使用的使用费。至于“倍数”的具体数额，本法未作具体规定。需要由人民法院或者管理专利工作的部门根据案件的具体情况，按照能够使专利权人因侵权行为受到的实际损失得到充分的赔偿，使侵权人不能因侵权行为得到任何好处的原则，合理确定。

二、关于惩罚性赔偿

惩罚性赔偿，是加害人给付受害人超过其实际损害数额的一种金钱赔偿，是一种集补偿、制裁、遏制等功能于一身的制度。

（一）有关国家和地区对惩罚性赔偿的态度

惩罚性赔偿制度源于英美法系。19 世纪以前美国的惩罚性赔偿基本是对精神损害的赔偿。19世纪以后，惩罚性赔偿主要转向制裁和遏制极其恶意的不法行为。20世纪以来，一些大公司制造的不合格商品对消费者造成了严重损害，惩罚性赔偿逐渐被广泛用于产品责任领域。美国国会1793年通过的专利法正式将惩罚性赔偿纳入专利侵权领域，规定赔偿额“至少等于专利权人通常情况下将该专利售出或许可给他人的价格的三倍”；1836年修订专利法时，将“至少三倍”修改为对“故意”侵权人处以“最高三倍的损害赔偿”。

德国、法国等大陆法系国家在民事立法、司法实践中普遍不接受惩罚性赔偿制度，认为损害赔偿的唯一目的就是纯粹的补偿性，应当遵从填平原则。然而，近年来，这些国家也开始逐渐接受惩罚性赔偿，德国法院在有些情况下也将惩罚性的因素加入损害赔偿中。

（二）我国立法中惩罚性赔偿的有关规定

我国1993年制定消费者权益保护法时，首次引入惩罚性赔偿制度。此后合同法、侵权责任法、食品安全法、电子商务法、反不正当竞争法和民法典陆续引入了惩罚性赔偿制度。特别是2020年审议通过的民法典，对惩罚性赔偿作了系统规定。民法典总则第一百七十九条在规定承担民事责任的方式时明确，法律规定惩罚性赔偿的，依照其规定。第七编侵权责任明确了三种应当承担惩罚性赔偿的情形：第一千一百八十五条规定，故意侵害他人知识产权，情节严重的，被侵权人有权请求相应的惩罚性赔偿；第一千二百零七条规定，明知产品存在缺陷仍然生产、销售，或者没有依据前条规定采取有效补救措施，造成他人死亡或者健康严重损害的，被侵权人有权请求相应的惩罚性赔偿；第一千二百三十二条规定，侵权人违反法律规定故意污染环境、破坏生态造成严重后果的，被侵权人有权请求相应的惩罚性赔偿。

知识产权领域，2013 年修改商标法首次引入惩罚性赔偿，规定对恶意侵犯商标专用权，情节严重的，可以在依法确定数额的一倍以上三倍以下确定赔偿数额。2019 年修改商标法，则将惩罚性赔偿的倍数由“一倍以上三倍以下”提高至“一倍以上五倍以下”。2020 年 11 月修改的著作权法也同样引入了惩罚性赔偿，规定对故意侵犯著作权或者与著作权有关的权利，情节严重的，可以在依法确定数额的一倍以上五倍以下给予赔偿。

（三）专利法中关于惩罚性赔偿的规定

此次修改专利法，为了加强专利权保护，有效遏制专利侵权行为，也增加了关于惩罚性赔偿的规定，即对故意侵犯专利权，情节严重的，可以按照上述方法在确定数额的一倍以上五倍以下确定赔偿数额。适用这一规定，需要把握以下几点：

1. 适用惩罚性赔偿的前提条件是，侵权人故意侵犯专利权，且情节严重。

2. 惩罚性赔偿的基数是通过三种基础计算方法计算出来的专利侵权损害赔偿数额，即权利人因侵权受到的损失、侵权人因侵权获得的利益或者专利许可使用费的合理倍数。

3. 惩罚性赔偿的倍数是一倍以上五倍以下。设置如此高的倍数，充分体现了我国加强专利权保护的决心。

三、关于法定赔偿

本条第二款规定了法定赔偿制度，即权利人的损失、侵权人获得的利益和专利许可使用费均难以确定的，人民法院可以根据专利权的类型、侵权行为的性质和情节等因素，确定给予三万元以上五百万元以下的赔偿。适用这一规定，需要把握以下几点：

1. 适用法定赔偿的前提条件是，权利人的损失、侵权人获得的利益和专利许可使用费均难以确定。有些专利侵权案件，难以取得充分的证据证明权利人因被侵权所受损失、侵权人因侵权获得利益，也没有许可他人实施该项专利、没有专利许可使用费可供参考，难以准确计算出侵权损害赔偿数额，因此，只能由法院酌情给予法定赔偿。法定赔偿只是难以准确计算出侵权损害赔偿数额时的一种不得已的替代方法，在具体诉讼实践中还是应通过各种方法尽量查明损失、获利等情况，以切实有效地保护权利人的合法权益。

2. 确定法定赔偿数额，应当考虑专利权的类型、侵权行为的性质和情节等因素。所谓“专利权的类型”，主要是指发明专利权、实用新型专利权或是外观设计专利权。所谓“侵权行为的性质和情节”，包括侵权人的主观过错程度、使用的侵权手段、方式、侵权行为持续的时间、给权利人造成的损害程度等。

3. 法定赔偿数额的幅度是三万元以上五百万元以下。2008 年修改专利法时首次引入法定赔偿数额的规定时，设定的幅度为一万元以上一百万元以下。此次修改专利法，国务院提出的草案规定的幅度是十万元以上五百万元以下。常委会一审和征求意见过程中，一些意见认为，实践中相当比例的专利（主要是外观设计和实用新型），市场价值较低，十万元的下限赔偿额偏高，当事人责任过重，建议下调或者取消；有的提出，商标法对商标侵权的法定赔偿额没有规定下限，建议衔接。据此，二审稿取消了十万元的下限。常委会二审和征求意见过程中，又有一些意见提出，取消法定赔偿数额的下限，与加强专利权人合法权益保护的导向不符，建议恢复；如果认为十万元下限太高，可以适当降低一些。据此，三审稿改为五万元。常委会三审的时候，又有常委会组成人员提出，规定下限确实有利于强化对专利权人合法权益的保护，但同时也要考虑到实践中相当比例的专利市场价值较低、侵权人生产经营规模较小的实际情况，经有关方面反复研究，最后将法定赔偿额的下限调整为三万元。

四、关于合理开支

《与贸易有关的知识产权协定》（TRIPS）规定，损害赔偿费应当足以弥补因侵犯知识产权给权利人造成的损失，司法当局有权责令侵权人向权利持有人支付其开支。

专利侵权行为具有隐蔽性强、取证难的特点，专利维权具有专业性强、难度大的特点，这些都会增加专利维权的成本。从专利保护工作的实践来看，如果专利权人维权的成本得不到充分赔偿，就不能有效弥补权利人因侵权所受到的损失，不利于提高专利权人维权的积极性。同时，专利维权的成本也要“合理”，遵循“比例原则”，不能为了追究很小的侵权行为，就要求侵权人承担过高的维权成本。因此，本条第三款专门规定，赔偿数额还应当包括权利人为制止侵权行为所支付的合理开支。司法实践中，所谓“合理开支”，一般包括被侵权人或者委托代理人对侵权行为进行调查、取证的合理费用，以及符合国家有关部门规定的律师费用。

五、关于文书提供令（举证妨碍制度）

为了解决专利侵权诉讼中的“举证难”问题，减轻专利权人的举证责任，本条新增加了第二款有关文书提供令的规定，即人民法院为确定赔偿数额，在权利人已经尽力举证，而与侵权行为相关的账簿、资料主要由侵权人掌握的情况下，可以责令侵权人提供与侵权行为相关的账簿、资料；侵权人不提供或者提供虚假的账簿、资料的，人民法院可以参考权利人的主张和提供的证据判定赔偿数额。适用这一规定，需要把握以下几点：

1. 文书提供令制度仅适用于确定侵权损害赔偿数额相关的证据。对于是否构成侵权行为的证据，不适用文书提供令制度。

2. 适用文书提供令制度的前提条件是：（1）权利人已经尽力举证。如果权利人有能力、有条件获取、提供相关证据，而未积极、充分提供，则不适用这一制度。（2）与侵权行为相关的账簿、资料主要由侵权人掌握。例如，侵权商品的产销数量、销售价格、成本费用、利润水平等，一般主要由侵权人掌握。

3. 文书提供令的目的是责令侵权人提供与侵权行为相关的账簿、资料。

4. 侵权人不提供或者提供虚假的账簿、资料的后果是，人民法院可以参考权利人的主张和提供的证据判定赔偿数额。

相关规定

《中华人民共和国专利法》第十一条、第六十五条，《最高人民法院关于审理专利纠纷案件适用法律问题的若干规定》

第七十二条 专利权人或者利害关系人有证据

证明他人正在实施或者即将实施侵犯专利权、妨碍其实现权利的行为，如不及时制止将会使其合法权益受到难以弥补的损害的，可以在起诉前依法向人民法院申请采取财产保全、责令作出一定行为或者禁止作出一定行为的措施。

条文主旨

本条是关于诉前财产保全、行为保全的规定。

立法背景

《与贸易有关的知识产权协定》（TRIPS）规定，司法当局应有权决定及时、有效的临时措施：阻止任何对知识产权侵权行为的发生，保护关于被断言的侵权行为的有关证据；在适当的情况下，特别是在任何延迟均可能会给权利人带来不可弥补的损害或证据极有毁灭危险的情况下，司法当局有权采取适当的措施。

2000 年修改专利法时，为了有效保护专利权人利益，为我国加入世界贸易组织创造有利条件，增加了关于诉前行为保全和财产保全的规定，并明确，人民法院处理保全申请，适用民事诉讼法有关财产保全的规定。2008 年修改专利法，一方面，考虑到当时的民事诉讼法已经对财产保全作了全面规定，删除了关于财产保全的规定，统一适用民事诉讼法的相关规定；另一方面，考虑到当时的民事诉讼法尚无关于行为保全的规定，而行为保全包括责令他人停止重大生产经营活动等措施，需要比财产保全更为慎重，难以完全适用民事诉讼法关于财产保全的规定，因此对诉前行为保全提出申请时的担保、法院作出裁定的时限、申请人未按时起诉的后果、申请错误的赔偿等都作出了具体规定。此次修改专利法，考虑到 2012 年修改民事诉讼法已经对行为保全问题作出了明确规定，因此删除了对行为保全的具体程序性规定，改为仅对财产保全、行为保全问题作出衔接性规定，具体程序统一适用民事诉讼法的规定。

条文解读

按照一般的诉讼程序，专利权人或者利害关系人从发现侵权行为到提起诉讼，再到法院作出责令侵权人停止侵权行为的判决需要较长时间；而有的专利占有市场时间较短，可能等不到侵权诉讼结束就丧失了市场价值；如不及时制止侵权行为，专利权人可能“赢了官司，输了市场”。同时，侵权人在诉讼期间也可能转移或者隐匿财产，如不及时控制住其财产，专利权人即使赢了官司，也得不到有效赔偿。近年来，还出现了侵权人通过各种途径阻碍专利权人或者利害关系人提起诉讼、维护自身权利的情况。为了保护专利权人和利害关系人合法权益，本条对诉前保全作了规定，即专利权人或者利害关系人有证据证明他人正在实施或者即将实施侵犯专利权、妨碍其实现权利的行为，如不及时制止将会使其合法权益受到难以弥补的损害的，可以在起诉前依法向人民法院申请采取财产保全、责令作出一定行为或者禁止作出一定行为的措施。适用这一规定，需要把握以下几点：

1. 诉前保全，顾名思义，专利权人或者利害关系人在起诉之前就可以向人民法院提出申请。

2. 申请诉前保全的主体，既可以是专利权人，也可以是利害关系人，例如专利实施许可合同的被许可人、专利财产权利的合法继承人等。

3. 申请诉前保全，需要满足两个前提条件：一是专利权人或者利害关系人有证据证明他人正在实施或者即将实施侵犯专利权的行为。需要注意的是，即使侵权行为尚未实际发生，但专利权人或者利害关系人有证据证明他人即将实施侵权行为的，也可以申请诉前保全。二是专利权人或者利害关系人有证据证明如不及时制止该行为将会使其合法权益受到难以弥补的损害。例如，被申请人的行为将会侵害申请人享有的商誉且造成无法挽回的损害，被申请人的行为将会导致侵权行为难以控制且显著增加申请人损害，被申请人的侵害行为将会导致申请人的相关市场份额明显减少，等等。

4. 诉前保全的形式包括两种：一是财产保全，是指人民法院作出裁定，对一方当事人的财产采取查封、扣押、冻结等保全措施，防止该当事人转移、处分被保全的财产，以保证将来生效判决的执行。二是行为保全，是指人民法院作出裁定，责令一方当事人作出一定行为，或者禁止其作出一定行为，防止该当事人正在实施或者将要实施的行为给申请人造成不可弥补的损害，如禁止被申请人处分标的物、要求被申请人停止实施侵权行为、禁止被申请人向其他法院提起诉讼、要求被申请人撤回已向其他法院提出的诉讼等。

5. 诉前保全的程序，适用民事诉讼法的有关规定。例如，第一百零一条规定，诉前保全的管辖法院，是被保全财产所在地、被申请人住所地或者对案件有管辖权的人民法院。申请人应当提供担保，不提供担保的，裁定驳回申请。人民法院接受申请后，必须在四十八小时内作出裁定；裁定采取保全措施的，应当立即开始执行。申请人在人民法院采取保全措施后三十日内不依法提起诉讼或者申请仲裁的，人民法院应当解除保全。第一百零二条规定，保全限于请求的范围，或者与本案有关的财物。第一百零三条规定，财产保全采取查封、扣押、冻结或者法律规定的其他方法。人民法院保全财产后，应当立即通知被保全财产的人。财产已被查封、冻结的，不得重复查封、冻结。第一百零四条规定，财产纠纷案件，被申请人提供担保的，人民法院应当裁定解除保全。第一百零五条规定，申请有错误的，申请人应当赔偿被申请人因保全所遭受的损失。

相关规定

《中华人民共和国民事诉讼法》第一百零一条至第一百零五条；《最高人民法院关于审查知识产权纠纷行为保全案件适用法律若干问题的规定》

第七十三条　为了制止专利侵权行为，在证据可能灭失或者以后难以取得的情况下，专利权人或者利害关系人可以在起诉前依法向人民法院申请保全证据。

条文主旨

本条是关于诉前证据保全的规定。

立法背景

《与贸易有关的知识产权协定》（TRIPS）规定，司法当局应有权决定及时、有效的临时措施保护关于被断言的侵权行为的有关证据；在适当的情况下，特别是在证据极有毁灭危险的情况下，司法当局有权采取适当的措施。

2008 年修改专利法时，考虑到当时的民事诉讼法仅规定了起诉后的证据保全，新增了关于起诉前的证据保全及其担保、程序等的规定。此次修改专利法，考虑到 2012 年修改民事诉讼法已经对起诉前的证据保全问题作出了明确规定，因此删除了关于起诉前的证据保全的具体程序性规定，而仅作出衔接性规定，具体程序统一适用民事诉讼法的规定。

条文解读

证据保全是指在证据可能灭失或者以后难以取得的情况下，人民法院依申请或者依职权予以调查收集和固定保护的行为。证据保全有助于保护可能破坏或灭失的证据，能够保障和落实当事人的证据收集权和证据提出权，有利于诉讼的顺利进行和法院公正裁判，促进纠纷的和解，在民事诉讼中具有重要意义。

为了加强对专利权的保护，防止侵权人在专利权人起诉前转移、毁灭证据，并与 TRIPS 关于临时措施的规定相衔接，本条对诉前证据保全作了规定：为了制止专利侵权行为，在证据可能灭失或者以后难以取得的情况下，专利权人或者利害关系人可以在起诉前依法向人民法院申请保全证据。适用这一规定，需要把握以下几点：

1. 申请诉前证据保全的主体限于专利权人和利害关系人。“利害关系人”，比较典型的有专利实施许可合同的被许可人、专利权人的合法继承人等。

2. 申请诉前证据保全的条件有二：一是为了制止专利侵权行为；二是证据可能灭失或者以后难以取得。

3. 关于申请诉前证据保全的程序，适用民事诉讼法的有关规定。民事诉讼法第八十一条第二款、第三款规定，因情况紧急，在证据可能灭失或者以后难以取得的情况下，利害关系人可以在提起诉讼或者申请仲裁前向证据所在地、被申请人住所地或者对案件有管辖权的人民法院申请保全证据。证据保全的其他程序，参照适用民事诉讼法第九章保全的有关规定，比如，参照民事诉讼法第一百零一条第三款的规定，对于诉前证据保全，提出申请的利害关系人在人民法院采取证据保全措施后三十日内不依法提起诉讼或者申请仲裁的，人民法院应当解除证据保全；又如，参照民事诉讼法第一百零五条的规定，证据保全申请有错误的，申请人应当赔偿被申请人因证据保全所遭受的损失。

相关规定

《中华人民共和国民事诉讼法》第八十一条、第一百零一条至第一百零五条

第七十四条 侵犯专利权的诉讼时效为三年，自专利权人或者利害关系人知道或者应当知道侵权行为以及侵权人之日起计算。

发明专利申请公布后至专利权授予前使用该发明未支付适当使用费的，专利权人要求支付使用费的诉讼时效为三年，自专利权人知道或者应当知道他人使用其发明之日起计算，但是，专利权人于专

利权授予之日前即已知道或者应当知道的，自专利权授予之日起计算。

条文主旨

本条是关于诉讼时效的规定。

立法背景

我国 1984 年专利法第六十一条对侵犯专利权的诉讼时效作了规定：侵犯专利权的诉讼时效为二年，自专利权人或者利害关系人得知或者应当得知侵权行为之日起计算。2000 年修改专利法，增加了关于专利权人要求支付临时保护期内使用费的诉讼时效的规定：发明专利申请公布后至专利权授予前使用该发明未支付适当使用费的，专利权人要求支付使用费的诉讼时效为二年，自专利权人得知或者应当得知他人使用其发明之日起计算，但是，专利权人于专利权授予之日前即已得知或者应当得知的，自专利权授予之日起计算。此次修改专利法，与 2020 年通过的民法典的相关规定相衔接，将诉讼时效由“二年”修改为“三年”；将“得知或者应当得知侵权行为”修改为“知道或者应当知道侵权行为以及侵权人”。

条文解读

诉讼时效是指请求人民法院保护自己合法权益的法定

的有效期限。在诉讼时效内，人民法院对当事人的权利保护请求予以支持；超过诉讼时效的，人民法院对当事人的权利保护请求不予支持。

一、侵犯专利权的诉讼时效

根据本条第一款的规定，侵犯专利权的诉讼时效为三年，自专利权人或者利害关系人知道或者应当知道侵权行为以及侵权人之日起计算。需要注意的是，诉讼时效起算的前提条件包括两个：一是专利权人或者利害关系人知道或者应当知道侵权行为发生；二是专利权人或者利害关系人知道或者应当知道侵权人是谁。

二、专利权人要求支付临时保护期内使用费的诉讼时效

我国发明专利申请采取“早期公开、延迟审查”原则。发明专利申请在经过初步审查后，自申请日起满 18 个月，发明申请的内容就予以公布，或者根据申请人的请求更早地公布其申请内容，但专利权并不同时授予，而是要等到通过实质审查后，才能被授予专利权。这样，发明专利申请的内容在被授予专利权之前就已经被公开，公众在发明专利申请公开后、专利权被授予前就能够了解到该发明专利申请的内容，并可以根据被公开的专利申请来实施相应的技术方案。而此时，专利权并没有被实际授予，申请人还不具有合法的专利权人的身份，无权行使禁止权，阻止他人对发明的实施。但是，由于专利权的期限是自专利申请日开始计算的，发明专利的申请日与授权日之间的这段时间应当是专利权人可以享有权利的期限。为解决这一问题，本法第十三条规定了“临时保护”制度，即发明专利申请公布后，申请人可以要求实施其发明的单位或者个人支付适当的费用。

与“临时保护”制度相配套，本条第二款规定，发明专利申请公布后至专利权授予前使用该发明未支付适当使用费的，专利权人要求支付使用费的诉讼时效为三年，自专利权人知道或者应当知道他人使用其发明之日起计算，但是，专利权人于专利权授予之日前即已知道或者应当知道的，自专利权授予之日起计算。适用这一规定，需要把握以下几点：

1. 发明专利申请公布后，“申请人”可以要求实施其发明的单位或者个人支付适当的费用；但是，如果使用人不支付的，只有专利权被授予，申请人转变为“专利权人”后，才可以向人民法院提起要求支付临时保护期内使用费的诉讼。

2. 诉讼时效起算的前提条件是“专利权人或者利害关系人知道或者应当知道他人使用其发明”，包括两层含义：一是知道或者应当知道其发明被他人使用；二是知道或者应当知道使用人是谁。

3. 诉讼时效的起算时点包括两种情况：专利权人于专利权授予后才知道或者应当知道他人使用其发明，诉讼时效自知道或者应当知道他人使用其发明之日起计算；专利权人于专利权授予之日前即已知道或者应当知道的，诉讼时效自专利权授予之日起计算。

三、诉讼时效的相关法律适用

除本条规定的诉讼时效期间外，其他相关事宜应当遵守民法典的有关规定，例如，第一百八十八条规定，自权利受到损害之日起超过二十年的，人民法院不予保护，有特殊情况的，人民法院可以根据权利人的申请决定延长。第一百九十二条规定，诉讼时效期间届满的，义务人可以提出不履行义务的抗辩。诉讼时效期间届满后，义务人同意履行的，不得以诉讼时效期间届满为由抗辩；义务人已经自愿履行的，不得请求返还。第一百九十四条规定，在诉讼时效期间的最后六个月内，因下列障碍，不能行使请求权的，诉讼时效中止：（一）不可抗力；（二）无民事行为能力人或者限制民事行为能力人没有法定代理人，或者法定代理人死亡、丧失民事行为能力、丧失代理权；（三）继承开始后未确定继承人或者遗产管理人；（四）权利人被义务人或者其他人控制；（五）其他导致权利人不能行使请求权的障碍。自中止时效的原因消除之日起满六个月，诉讼时效期间届满。第一百九十五条规定，有下列情形之一的，诉讼时效中断，从中断、有关程序终结时起，诉讼时效期间重新计算：（一）权利人向义务人提出履行请求；（二）义务人同意履行义务；（三）权利人提起诉讼或者申请仲裁；

（四）与提起诉讼或者申请仲裁具有同等效力的其他情形。

相关规定

《中华人民共和国专利法》第十三条；《中华人民共和国民法典》第九章

第七十五条 有下列情形之一的，不视为侵犯专利权：

（一）专利产品或者依照专利方法直接获得的产品，由专利权人或者经其许可的单位、个人售出后，使用、许诺销售、销售、进口该产品的；

（二）在专利申请日前已经制造相同产品、使用相同方法或者已经作好制造、使用的必要准备，并且仅在原有范围内继续制造、使用的；

（三）临时通过中国领陆、领水、领空的外国运输工具，依照其所属国同中国签订的协议或者共同参加的国际条约，或者依照互惠原则，为运输工具自身需要而在其装置和设备中使用有关专利的；

（四）专为科学研究和实验而使用有关专利的；

（五）为提供行政审批所需要的信息，制造、使用、进口专利药品或者专利医疗器械的，以及专门为其制造、进口专利药品或者专利医疗器械的。

条文主旨

本条是关于不视为侵犯专利权的情形的规定。

立法背景

我国1984年专利法第六十二条对不视为侵犯专利权的情形作了规定，包括专利产品权利用尽原则、使用或者销售不知道是侵权的产品、先用权、外国运输工具临时过境、科学研究。2000年修改专利法，一是将权利用尽原则延伸至“依照专利方法直接获得的产品”，并增加“许诺销售”的情形；将使用或者销售不知道是侵权的产品的情形，由“不视为侵犯专利权”，改为“能证明其产品合法来源的，不承担赔偿责任”，并单独作第二款。2008年修改专利法，一是在权利用尽原则项下增加了关于平行进口的规定；二是增加了第五项关于“Bolar例外”的规定；三是将第二款单独作为一条。此次未作修改。

条文解读

1. 专利权具有独占性质，按照本法第十一条的规定，发明和实用新型专利权被授予后，除本法另有规定的以外，任何单位或者个人未经专利权人许可，都不得实施其专利，即不得为生产经营目的制造、使用、许诺销售、销售、进口其专利产品，或者使用其专利方法以及使用、许诺销售、销售、进口依照该专利方法直接获得的产品；外观设计专利权被授予后，任何单位或者个人未经专利权人许可，都不得实施其专利，即不得为生产经营目的制造、许诺销售、销售、进口其外观设计专利产品。否则，根据本法第六十五条的规定，未经专利权人许可，实施其专利，即侵犯其专利权。但在某些情况下，未经专利权人许可而实施其专利的行为，具有一定的合理性，法律上将其“不视为”侵犯专利权。这是对专利权的一种合理性限制，目的是在合理保护专利权人合法权益的前提下，同时保护社会及公众的利益。

2. 依照本条规定，不视为侵犯专利权的情形包括：

（1）权利用尽，即“专利产品或者依照专利方法直接获得的产品，由专利权人或者经其许可的单位、个人售出后，使用、许诺销售、销售、进口该产品的”，不视为侵犯专利权。专利权人对其专利具有独占权，但其专利产品在合法售出（包括专利权人自己售出或者经专利权人许可的人售出）后，专利权即为用尽，对这些产品的使用、许诺销售、销售等行为不再需要经过专利权人的许可，购买者可自由处置。这是对专利权的一种合理限制，目的是防止专利产品在市场上的流通和使用受到限制，以维护正常的经济秩序。

2008 年修改专利法时增加了“专利产品合法售出后，进口该产品不视为侵犯专利权”的规定，即允许“平行进口”的规定。“平行进口”与专利权权利用尽紧密相关。

专利权权利用尽包括“国内用尽”“地区用尽”和“国际用尽”。“国内用尽”是指专利产品在被授予专利权的国家合法售出后，购买者对该专利产品在该国有自由处置的权利。“地区用尽”是指专利产品在该区域被授予专利权的一个国家合法售出后，购买者对该专利产品在该区域内具有自由处置的权利，但是在区域之外合法售出的专利产品，未经专利权人许可而进口到区域之内的成员国，专利权人仍有权禁止。这一原则适用于欧盟地区。“国际用尽”是指专利产品在被授予专利权的一个国家合法售出的，购买者对该专利产品在任何国家具有自由处置的权利。根据“国际用尽”的原则，将合法售出的专利产品进口到专利权人取得专利权的其他国家，无须经过该专利权人的同意，这通常被称为允许“平行进口”（所谓“平行”，是指他人不需要经过专利权人同意的进口权与专利权人的进口权并存）。允许“平行进口”，主要是考虑到我国还属于技术输入国，对一些关键产品还依赖进口，允许平行进口可以使我国企业在国外购买的专利产品更加方便地合法进入我国。

（2）先用权，即他人“在专利申请日前已经制造相同产品、使用相同方法或者已经作好制造、使用的必要准备，并且仅在原有范围内继续制造、使用的”，不视为侵犯专利权。先用权是对专利权的又一种限制，这种限制可以消除实际生活中存在的已经投入人力、物力完成的发明创造的单位或者个人，因没有先申请专利而带来的不能再实施自己的智力成果的不“公平”结果。“已经作好制造、使用的必要准备”，司法实践中比较典型的有，已经完成实施发明创造所必需的主要技术图纸或者工艺文件，或者已经制造或者购买实施发明创造所必需的主要设备或者原材料。需要说明的是，先用权人不视为侵犯专利权的行为，只限于在“原有范围”内继续制造和使用。所谓“原有范围”，包括专利申请日前已有的生产规模，以及利用已有的生产设备或者根据已有的生产准备可以达到的生产规模。超过原有的范围内制造和使用的，则属于侵犯专利权的行为。

（3）外国运输工具临时过境，即“临时通过中国领土、领水、领空的外国运输工具，依照其所属国同中国签订的协议或者共同参加的国际条约，或者依照互惠原则，为运输工具自身需要而在其装置和设备中使用有关专利的”，不视为侵犯专利权。对专利权的这一限制，是为了保证国际交通的国际惯例，《保护工业产权巴黎公约》第五条之三明确规定，在本联盟任何国家内，下列情况不应认为是侵犯专利权人的权利：①本联盟其他国家的船舶暂时或偶然地进入上述国家的领水时，在该船的船身、机器、滑车装置、传动装置及其他附件上使用构成专利主题的装置设备，但以专为该船的需要而使用这些装置设备为限；②本联盟其他国家的飞机或陆上车辆暂时或偶然地进入上述国家时，在该飞机或陆地上车辆的构造或操纵中，或者在该飞机或陆上车辆附件的构造或操纵中使用构成专利主题的装置设备。

（4）科学研究，即“专为科学研究和实验而使用有关专利的”，不视为侵犯专利权。其目的是鼓励进行科学技术研究。但限于“专为”进行科学研究和科学实验，即仅限于不是为了生产经营，不以营利为目的的科研活动。

（5）Bolar例外，即“为提供行政审批所需要的信息，制造、使用、进口专利药品或者专利医疗器械的，以及专门为其制造、进口专利药品或者专利医疗器械的”，不视为侵犯专利权。药品或医疗器械关系到公众健康，各国对其投放市场都实行严格的审批制度，且审批时间较长。为了通过审批，生产厂家要进行研究、分析和临床实验等一系列活动，以取得审批需要的数据和其他信息。对获得专利的药品和医疗器械，仿制企业（非专利权人）为了在专利权保护期届满后及时推出仿制品，往往需要在专利有效期内制造、使用或进口这些药品或器械，以从事研究、分析等活动，提前获得审批需要的数据和信息。这就必须要获得专利权人的许可并支付专利使用费，否则将会构成侵权。如果等到专利权保护期届满后再进行制造等行为，其产品上市就要在专利权保护期届满后一段时间，而这段时间仿制药品和医疗器械不能投放市场，在客观上延长了专利的保护期限。为解决这一问题，专利法增加规定，为提供行政审批所需要的信息，在专利保护期内制造、使用、进口专利药品或者专利医疗器械的行为，和在专利保护期内专门为其制造、进口专利药品或者专利医疗器械的行为，不视为侵犯专利权，以使仿制药品和医疗器械能够在专利权保护期届满后及时投放市场，社会公众在药品和医疗器械专利保护期满后及时获得价格低廉的药品和医疗器械。

这一规定又称“Bolar 例外”，源于美国 1984 年 Roche v. Bolar 一案的判决。被告 Bolar 公司为了在专利保护期限届满后立即推出仿制药，在保护期内从加拿大进口了原告 Roche 公司的专利产品的生产原料进行实验。1984 年美国联邦巡回上诉法院认定 Bolar 公司侵犯了原告的专利权。Bolar 公司在上诉中指出，由于美国食品和药品管理局的审批周期长达数年，仿制企业等候审批的过程实际上延长了专利保护的期限。上诉法院在判决中承认存在这一问题，但是指出该问题应当通过立法解决。受此案推动，美国国会同年通过了《药品价格竞争与专利期限补偿法》，亦称 Hatch - Waxman 法案。根据该法案，美国在专利法第二百七十一条中增加了 e 款规定：“在美国制造、使用、许诺销售、销售或者向美国进口发明专利产品的行为，如果单纯是为了依照有关法律的规定获得并提供为制造、使用或者销售药品或者兽医用生物产品所要求的有关信息，则不构成侵犯专利权的行为。”即在美国专利法中增加了一种不侵权的情形。1990 年，美国最高法院在对另一起案件的判决中认定“Bolar 例外”也适用于医疗设备专利。欧盟、加拿大、澳大利亚等国家和地区也参照美国的做法在专利法中对这一问题作了规定。

相关规定

《中华人民共和国专利法》第十一条、第六十五条；《最高人民法院关于审理侵犯专利权纠纷案件应用法律若干问题的解释》

第七十六条　药品上市审评审批过程中，药品上市许可申请人与有关专利权人或者利害关系人，因申请注册的药品相关的专利权产生纠纷的，相关当事人可以向人民法院起诉，请求就申请注册的药品相关技术方案是否落入他人药品专利权保护范围作出判决。国务院药品监督管理部门在规定的期限内，可以根据人民法院生效裁判作出是否暂停批准相关药品上市的决定。

药品上市许可申请人与有关专利权人或者利害关系人也可以就申请注册的药品相关的专利权纠纷，向国务院专利行政部门请求行政裁决。

国务院药品监督管理部门会同国务院专利行政部门制定药品上市许可审批与药品上市许可申请阶段专利权纠纷解决的具体衔接办法，报国务院同意后实施。

条文主旨

本条是关于药品专利纠纷早期解决机制，即药品专利链接制度的规定。

立法背景

我国此前的法律中没有关于药品专利链接制度的规定。2017 年 10 月，中办、国办印发《关于深化审评审批制度改革鼓励药品医疗器械创新的意见》，提出要“探索建立药品专利链接制度”；2019 年 11 月 24 日，中办、国办印发《关于强化知识产权保护的意见》，再次提出要“探索建立药品专利链接制度”。此外，2020 年 1 月 15 日，中美双方达成的经济贸易协议中，也涉及药品专利纠纷早期解决机制的有关内容。此次修改专利法，根据改革实践需要，落实有关协议要求，对建立药品专利纠纷早期解决机制所涉及的专利法的有关问题专门作了规定，以为改革提供法律保障。

条文解读

一、药品专利链接制度的国际实践

专利链接制度起源于美国，加拿大、韩国根据与美国的自贸协定也引入了这一制度；但欧盟、印度明确反对这一制度，日本则采取了替代做法。

（一）美国、加拿大、韩国的药品专利链接制度

1984年，美国国会通过了《药品价格竞争与专利期补偿法案》（Hatch - Waxman法案），该法案通过建立药品专利链接、简略申请、Bolar例外、专利期补偿、药品试验数据独占保护等一整套制度体系，以平衡药品领域原研药企业与仿制药企业的利益关系，促进了美国原研药和仿制药行业的发展。美国的专利链接制度主要包括以下内容：一是桔皮书制度，即原研药注册时需要提交覆盖该原研药的药品、使用方法的全部专利信息，并予以公开；仿制药注册过程中，只需要考虑是否侵犯这些记载于桔皮书中的专利。二是仿制药注册与原研药专利相衔接的制度。仿制药申请人应当提交该仿制药及其制造方法涉及的所有专利的专利号和专利到期时间，并针对桔皮书中列举的原研药专利作出声明。不同声明会导致不同结果：1. 仿制药申请人声明没有相关药品的专利登记信息、专利已经过期的，美国食品药品监督管理局（FDA）审查后立即批准仿制药上市。2. 仿制药申请人声明专利将在一定时间过期的，FDA将等到专利过期后批准仿制药上市。3. 仿制药申请人声明专利无效或者仿制药不侵犯专利权的，构成“专利挑战”；仿制药申请人应当通知专利权人，专利权人可以向法院提出专利侵权诉讼，仿制药申请人也可以向法院反诉专利无效。FDA将自动中止仿制药上市审批，直至法院作出判决，或者30个月中止期届满。首个成功挑战原研药专利

并获得上市许可的仿制药申请人，将享有180天的市场独占期（在此期间，FDA不会再批准其他仿制药企业的上市申请）。需要说明的是，美国的药品专利链接制度只适用于化学药品，不适用于生物制品。生物仿制药涉及专利纠纷的，原研药企业和仿制药企业可以相互提供信息、协商解决；协商不成的，可以向法院起诉。专利侵权纠纷不影响FDA批准生物仿制药上市；但是，专利权人可以涉嫌侵权为由向法院申请诉前禁令阻止其上市。

加拿大于1993年根据北美自贸协定的要求建立药品专利链接制度，现行有效文本为2017年《专利药品（批准通知）条例》。加拿大药品专利链接制度与美国类似，同时也存在以下区别：一是同时适用于化学药品和生物制品；二是审批中止期为24个月；三是首个成功挑战原研药专利并获得上市许可的仿制药申请人不享受市场独占期；四是专利权人起诉后可以自动获得中止期，也可以放弃中止期以避免因错误中止给仿制药企业造成损失而承担赔偿责任；五是在仿制药上市前，专利权人可以就未列入药品专利登记簿中的专利提起诉讼，但这些诉讼不能获得中止期。

韩国按照美韩自贸协议要求，对《韩国药事法》进行修改，于2012年开始实施专利清单制度（类似于美国桔皮书制度），并于2015年3月全面实施专利链接制度。韩国药品专利链接制度与美国类似，同时也存在以下区别：一是同时适用于化学药品和生物制品。二是对原研药企业提出的专利清单，韩国食品药品安全局会评估其专利有效性并删除未达到标准的专利，第三方（如仿制药企业）也可以对专利提出异议。三是中止期不是自动获得的，而是应当由专利权人提出申请，并由韩国食品药品安全局审查决定是否给予；中止期为自专利权人收到专利挑战通知之日起9个月，且中止期不能阻止仿制药获得上市审批，只能阻止仿制药销售。四是韩国首仿药市场独占期为9个月。

（二）欧盟、印度明确反对药品专利链接制度

欧盟明确禁止药品专利链接制度。欧盟法规（EC）726/2004第八十一条和欧盟指令（EC）2001/83第一百二十六条规定，药品上市许可审批机构不得以未在该法规和指令中规定的其他理由拒绝、终止或撤回上市许可。由于原研药的专利状态并未规定在上述法规和指令中，因此在药品审评过程中不应予以考虑。此外，2012年，欧盟委员会还要求其成员国意大利删除国内法中的专利链接条款以与欧盟指令保持一致。欧盟的药品专利权人多在仿制药上市前，通过请求法院发布“临时禁令”的方式阻止涉嫌侵权药品上市。

印度法律法规中没有规定药品链接制度。印度德里高等法院在2009年就拜尔公司与Cipla公司专利纠纷案件的判决中明确指出，印度现行药品法和专利法没有建立专利链接制度的依据。理由是：一是专利权属于私权，药品注册属于公权，将私权转化为公权进行保护是不妥的；二是

这一制度与 Bolar 例外制度相冲突；三是《与贸易有关的知识产权协定》（TRIPS）第二十七条要求专利保护的提供不能存在技术领域的歧视，这一制度与 TRIPS 协定的要求相违背。

（三）日本的“事前协商”制度

日本没有建立类似于美国的药品专利链接制度。实践中，日本主要通过“事前协商”制度来解决药品审批期间可能存在的专利纠纷：在仿制药上市前，药品主管部门要求原研药企业和仿制药企业应当就仿制药是否侵犯原研药专利权进行“事前协商”，协商结果不影响仿制药上市。仿制药企业经过“事前协商”，如果觉得在后续侵权诉讼中获胜的可能性不大，就会主动撤回仿制药上市申请。

二、我国的药品专利纠纷早期解决机制

药品上市许可申请人申请药品上市审评审批，本身不侵犯专利权，专利权人和利害关系人无法提起合法有效的民事诉讼。但是，如果等到仿制药审评审批通过后，仿制药企业将仿制药上市，即从事了本法第十一条规定的专利实施行为（“为生产经营目的”制造、使用、许诺销售、销售、进口其专利产品，或者使用其专利方法以及使用、许诺销售、销售、进口依照该专利方法直接获得的产品），构成了法定侵犯专利权的情形，专利权人才提起侵权诉讼，一旦构成侵权，仿制药企业前期的生产经营投入就浪费了，而专利权人和利害关系人也要承担市场被仿制药冲击的风

险和高昂的维权成本。因此，此次修改专利法，参考相关国际经验，增加了关于专利纠纷早期解决机制的规定，以便于在仿制药上市审评审批阶段确认申请注册的药品相关技术方案是否落入他人药品专利权保护范围，降低相关当事人的成本。

本条第一款规定，药品上市审评审批过程中，药品上市许可申请人与有关专利权人或者利害关系人，因申请注册的药品相关的专利权产生纠纷的，相关当事人可以向人民法院起诉，请求就申请注册的药品相关技术方案是否落入他人药品专利权保护范围作出判决。适用这一规定，需要把握以下几点：

1. 药品专利纠纷早期解决机制适用于药品上市审评审批过程中。对于已经通过上市审评审批的药品，涉嫌侵犯专利权的，专利权人或者利害关系人可以另行提起侵权之诉，但不适用药品专利纠纷早期解决机制关于暂停批准相关药品上市的特殊程序。

2. 药品专利纠纷早期解决机制适用于因申请注册的药品“相关的专利权”产生的纠纷。在国外的立法例中，不是所有种类的药品都适用药品专利链接制度，也不是所有与药品相关的专利都适用药品专利链接制度。在我国，何种药品的哪些专利权适用药品专利链接制度，还需要在相关配套规定中进一步明确。

3. 纠纷解决方式是向人民法院起诉。

4. 诉讼的当事人一方是在后药品（主要是仿制药）的上市许可申请人，另一方是有关在先专利的专利权人或者利害关系人。其中，利害关系人主要是指相关专利权的被许可人。

5. 诉由是请求人民法院就申请注册的药品相关技术方案是否落入他人药品专利权保护范围作出判决。这是一种特殊的确认之诉，本款规定为其提供了明确的法律依据。需要说明的是，虽然学理上将此称为“拟制侵权”，但是这并非真正的侵权行为，不适用有关侵权救济的规定。

药品监督管理部门在一定期限内等待专利侵权纠纷审判结果（等待期），是建立专利链接制度的各国的通行做法。但是，国务院药品监督管理部门审评审批药品上市申请，属于行政许可行为，应当遵守关于行政许可条件、期限的规定。根据药品管理法第二十五条第一款的规定，对申请注册的药品，国务院药品监督管理部门应当组织药学、医学和其他技术人员进行审评，对药品的安全性、有效性和质量可控性以及申请人的质量管理、风险防控和责任赔偿等能力进行审查；符合条件的，颁发药品注册证书。药品管理法规定的上市审评审批程序，并未涉及药品的专利侵权纠纷问题；如果没有其他法律依据，国务院药品监督管理部门不得以存在专利侵权纠纷为由暂停其审评审批程序。为了为国务院药品监督管理部门暂停其审评审批程序提供依据，本条第一款同时规定，国务院药品监督管理部门在规定的期限内，可以根据人民法院生效裁判作出是否暂停批准相关药品上市的决定。至于等待期如何设置、设置多长，由有关配套规定进一步细化。

同时，长期以来，我国对专利权采取司法和行政保护“双轨制”，专利行政部门和人民法院一样，也有处理专利纠纷的经验，有能力对就申请注册的药品相关技术方案是否落入他人药品专利权保护范围作出判断。因此，本条第二款规定，药品上市许可申请人与有关专利权人或者利害关系人也可以就申请注册的药品相关的专利权纠纷，向国务院专利行政部门请求行政裁决。

专利法修改过程中，草案二次审议稿增加了关于药品专利纠纷早期解决机制的相关规定。有的意见建议，在平衡药品专利权人和仿制药申请人利益的基础上，对相关规定再作研究；有的建议对相关具体规定，如仿制药申请人的通知义务、等待期的设置、生物药是否适用等，进一步予以细化和完善；有的提出，部分规定属于药品审批的内容，不宜在专利法中规定。宪法和法律委员会经研究认为，药品专利纠纷早期解决机制属于新设制度，涉及药品专利权人和仿制药申请人利益平衡，应当稳妥推进；对于其中涉及专利的法律问题，专利法可只作原则规定、提供必要的法律依据，具体内容可由国务院及其有关主管部门依法予以细化并在实践中不断完善。因此，最终通过的文本删除了关于药品专利纠纷早期解决机制的具体程序性规定；

同时在本条第三款明确规定，国务院药品监督管理部门会同国务院专利行政部门制定药品上市许可审批与药品上市许可申请阶段专利纠纷解决的具体衔接办法，报国务院同意后实施。

相关规定

《中华人民共和国专利法》第十一条、第七十五条；《中华人民共和国行政许可法》第四十二条

第七十七条　为生产经营目的使用、许诺销售或者销售不知道是未经专利权人许可而制造并售出的专利侵权产品，能证明该产品合法来源的，不承担赔偿责任。

条文主旨

本条是关于专利侵权纠纷中合法来源抗辩的规定。

立法背景

1984 年制定专利法时，为保护善意第三人利益，在第六十二条中规定，使用或者销售不知道是未经专利权人许可而制造并售出的专利产品的，“不视为侵犯专利权”。2000 年修改专利法，一是考虑到仅以“不知道”为理由即视为不侵犯专利权，容易给专利产品的违法制造者以可乘之机，

不利于充分保护专利权人合法权益，因此修改为，“能证明该产品合法来源的，不承担赔偿责任”；二是将其适用范围延伸至依照专利方法直接获得的产品。2008 年修改专利法，增加了“许诺销售”的情形。此次未作修改。

条文解读

为生产经营目的使用、许诺销售或者销售不知道是未经专利权人许可而制造并售出的专利侵权产品并能证明该产品合法来源的行为，属于侵权行为，但考虑到这种行为主观上不存在恶意，且危害较小，一般予以制止即可，故本条规定，这种行为不承担“赔偿责任”。适用本条规定，应当把握以下几点：

1. 本法第十一条规定的实施专利权的行为包括制造、使用、许诺销售、销售、进口行为，但不承担赔偿责任的行为仅限于为生产经营目的使用、许诺销售或者销售的行为，不包括制造或者进口专利侵权产品的行为。

2. 不承担赔偿责任的侵权人，应当能够同时证明：第一，本人确实“不知道”自己使用、许诺销售或者销售的产品是专利侵权产品；此处的“不知道”，是指实际不知道且不应当知道。如果行为人知道或者应当知道存在侵权行为，就应当承担赔偿责任。第二，该产品有合法来源，即通过合法的销售渠道、通常的买卖合同等正常商业方式取得产品。如果行为人无法提供产品来源，或者所提供的产品来源不合法，就应当承担赔偿责任。

3. 本条规定的情形，仍属于侵犯专利权的行为，法律上只是因其善意行为而免于承担赔偿责任。此时侵权人应当立即停止侵权行为，否则就构成故意侵权，应当依法承担侵犯他人专利权的责任。

相关规定

《中华人民共和国专利法》第十一条；《最高人民法院关于审理侵犯专利权纠纷案件应用法律若干问题的解释（二）》

第七十八条　违反本法第十九条规定向外国申请专利，泄露国家秘密的，由所在单位或者上级主管机关给予行政处分；构成犯罪的，依法追究刑事责任。

条文主旨

本条是关于违反规定向外国申请专利泄露国家秘密应承担的法律责任的规定。

立法背景

1984 年制定专利法时，第六十四条规定，违反本法第二十条规定，擅自向外国申请专利，泄露国家重要机密的，由所在单位或者上级主管机关给予行政处分；情节严重的，依法追究刑事责任。2000 年修改专利法时，将“泄露国家重要机密”修改为“泄露国家秘密”；将“情节严重的”，修改为“构成犯罪的”。此次未作修改。

条文解读

1. 本法第十九条规定，任何单位或者个人将在中国完成的发明或者实用新型向外国申请专利或者提出专利国际申请的，应当事先报经国务院专利行政部门进行保密审查。本法第四条规定，申请专利的发明创造涉及国家安全或者重大利益需要保密的，按照国家有关规定办理。根据上述规定，任何单位或者个人将在中国完成的发明或者实用新型向外国申请专利的，必须事先经国务院专利行政部门进行保密审查，经审查如发现向外国申请专利的发明创造涉及国家安全或者重大利益需要保密的，则按照保守国家秘密法等有关规定办理，以维护国家安全和利益。申请人违反上述规定，导致泄露国家秘密的，须依法承担相应的法律责任。

2. 根据保守国家秘密法第二条的规定，国家秘密是关系国家的安全和利益，依照法定程序确定，在一定时间内只限一定范围的人员知悉的事项。同时，保守国家秘密法对国家秘密的范围和密级、保密制度、监督管理、法律责任等均作了明确规定。例如，第九条规定，科学技术中的秘密事项，涉及国家安全和利益的事项，泄露后可能损害国家在政治、经济、国防、外交等领域的安全和利益的，应当确定为国家秘密。第二十一条规定，国家秘密载体的制作、收发、传递、使用、复制、保存、维修和销毁，应当符合国家保密规定。第四十八条规定，有邮寄、托运国家秘密载体出境，或者未经有关主管部门批准，携带、传递国家秘密载体出境等情形的，依法给予处分；构成犯罪的，依法追究刑事责任；尚不构成犯罪，且不适用处分的人员，由保密行政管理部门督促其所在机关、单位予以处理。根据本条规定，违反本法第十九条规定向外国申请专利，泄露国家秘密的，由所在单位或者上级主管机关给予行政处分。

3. 根据本条规定，违反本法第十九条规定向外国申请专利，泄露国家秘密，构成犯罪的，依法追究刑事责任。根据刑法第三百九十八条的规定，国家机关工作人员违反保守国家秘密法的规定，故意或者过失泄露国家秘密，情节严重的，处三年以下有期徒刑或者拘役；情节特别严重的，处三年以上七年以下有期徒刑。非国家机关工作人员犯前款罪的，依照前款的规定酌情处罚。

相关规定

《中华人民共和国专利法》第四条、第十九条；《中华人民共和国保守国家秘密法》；《中华人民共和国刑法》第三百九十八条

第七十九条 **管理专利工作的部门不得参与向社会推荐专利产品等经营活动。**

管理专利工作的部门违反前款规定的，由其上级机关或者监察机关责令改正，消除影响，有违法收入的予以没收；情节严重的，对直接负责的主管人员和其他直接责任人员依法给予处分。

条文主旨

本条是关于禁止管理专利工作的部门参与向社会推荐专利产品等经营活动，以及违反这一规定应承担的法律责任的规定。

立法背景

2000年修改专利法时增加了本条规定。此次修改专利权，主要是将“行政处分”修改为“处分”。

条文解读

一、管理专利工作的部门作为依法对专利工作实施行政管理的国家机关，应当依法公正地履行对专利工作的行政管理职责，保护专利权人的合法权益和社会公共利益。专利产品的好坏，应当由市场和消费者来判断，不应由某个国家机关来确定、推荐，否则，可能会影响市场上的公平竞争。至于管理专利工作的部门以其他方式参与专利产品的经营活动，更与管理专利工作部门的性质不符，损害国家机关的形象，影响管理专利工作的客观、公正性，还可能产生腐败行为。为此，本条第一款明确规定，禁止管理专利工作的部门参与向社会推荐专利产品等经营活动。对违反者将依法追究其法律责任。这里需要说明的是，本条的规定，并不影响管理专利工作的部门通过举行专利技术成果展览会或其他方式，无偿向社会宣传推荐优秀的专利技术成果。

二、根据本条第二款规定，管理专利工作的部门参与向社会推荐专利产品等经营活动应承担下述法律责任：

1. 责令改正，消除影响，没收违法收入。即由管理专利工作的部门的上级机关或者监察机关要求违法单位及其相关人员停止自己的行为，收回已经作出的推荐文件或者口头要求，消除产生的不良影响。如果管理专利工作的部门及其相关人员有违法收入的，该违法收入由上级机关或者监察机关予以没收，没收的违法收入应按规定上缴财政。

2. 处分。如果管理专利工作的部门违法参与推荐专利产品等经营活动，情节严重，造成恶劣影响的，应依照监察法、公务员法、公职人员政务处分法等法律、行政法规的规定，对直接负责的主管人员和其他直接责任人员视情节轻重，分别给予警告、记过、记大过、降级、撤职或者开除的处分。

相关规定

《中华人民共和国监察法》；《中华人民共和国公务员法》；《中华人民共和国公职人员政务处分法》

第八十条　从事专利管理工作的国家机关工作人员以及其他有关国家机关工作人员玩忽职守、滥用职权、徇私舞弊，构成犯罪的，依法追究刑事责任；尚不构成犯罪的，依法给予处分。

条文主旨

本条是关于国家机关工作人员渎职行为应承担的法律责任的规定。

立法背景

1984 年专利法第六十六条规定，专利局工作人员及有关国家工作人员徇私舞弊的，由专利局或者有关主管机关给予行政处分；情节严重的，比照刑法第一百八十八条规定追究刑事责任。2000 年修改专利法时改为现行表述方式。此次修改专利权，主要是将“行政处分”修改为“处分”。

条文解读

1. “从事专利管理工作的国家机关工作人员以及其他

有关国家机关工作人员”，既包括国务院专利行政部门的工作人员、管理专利工作部门的工作人员和负责专利执法部门的工作人员，也包括依法管理与专利有关公务的其他有关国家机关的工作人员，例如，依照本法第四十九条规定有权决定推广运用国有企业事业单位的发明专利的国务院有关主管部门，依照《知识产权海关保护条例》的规定负责知识产权海关保护的海关工作人员。

忠于职守、严格依法办事是本法对“从事专利管理工作的国家机关工作人员以及其他有关国家机关工作人员”的基本要求。这些人员代表国家行使监督管理权，其行使职权时必须依照本法和其他有关法律、行政法规的规定进行。对有玩忽职守、滥用职权、徇私舞弊的渎职行为的，应依法追究其法律责任。

2. 本条所称玩忽职守，是指从事专利管理工作的国家机关工作人员以及其他有关国家机关工作人员在专利管理工作中严重不负责任，不履行或者不认真履行职责，致使公共财产、国家和人民利益遭受重大损失的行为。本条所称滥用职权，是指从事专利管理工作的国家机关工作人员以及其他有关国家机关工作人员在专利管理工作中超越职权，违法决定、处理其无权决定、处理的事项，或者违反规定处理公务，致使公共财产、国家和人民利益遭受重大损失的行为。本条所称徇私舞弊，是指从事专利管理工作的国家机关工作人员以及其他有关国家机关工作人员为了个人或者亲友私利而弄虚作假致使公共财产、国家和人民利益遭受重大损失的行为。

3. 根据本条规定，从事专利管理工作的国家机关工作人员以及其他有关国家机关工作人员玩忽职守、滥用职权、徇私舞弊，构成犯罪的，依法追究刑事责任。根据刑法第三百九十七条的规定："国家机关工作人员滥用职权或者玩忽职守，致使公共财产、国家和人民利益遭受重大损失的，处三年以下有期徒刑或者拘役；情节特别严重的，处三年以上七年以下有期徒刑。本法另有规定的，依照规定。国家机关工作人员徇私舞弊，犯前款罪的，处五年以下有期徒刑或者拘役；情节特别严重的，处五年以上十年以下有期徒刑。本法另有规定的，依照规定。"

4. 根据本条规定，从事专利管理工作的国家机关工作人员以及其他有关国家机关工作人员玩忽职守、滥用职权、徇私舞弊，没有构成犯罪的，依法给予处分。应依照监察法、公务员法、公职人员政务处分法等法律、行政法规的规定，对直接负责的主管人员和其他直接责任人员视情节轻重，分别给予警告、记过、记大过、降级、撤职或者开除的处分。

相关规定

《中华人民共和国刑法》第三百九十七条；《中华人民共和国监察法》；《中华人民共和国公务员法》；《中华人民共和国公职人员政务处分法》

第八章　附　则

第八十一条　**向国务院专利行政部门申请专利和办理其他手续，应当按照规定缴纳费用。**

条文主旨

本条是关于申请专利和办理其他手续应当按照规定缴纳费用的规定。

立法背景

1984年制定专利法时，即对缴纳专利费用作了规定，即向专利局申请专利和办理其他手续，应当按照规定缴纳费用。2000年修改专利法时，将本条规定中的“专利局”修改为“国务院专利行政部门”。此后本条规定未再作修改。

条文解读

1. 申请专利和办理其他相关手续应当缴纳费用，这是所有建立专利制度的国家普遍采用的做法，主要是因为：

一是向国务院专利行政部门申请专利和办理其他手续，专利行政部门需要为申请人提供专利审查、登记、发证等一系列专门服务。行政机关这类为特定当事人的利益提供的服务，当事人应当付费。二是收费可以起到一定的调节作用，促使申请人、专利权人或者其他人在向国务院专利行政部门提出专利申请或者其他请求之前，慎重考虑是否确有必要，这样既可以提高专利申请的质量，也可以适当减少国务院专利行政部门的工作量，提高工作效率。参照国际通行作法，本条明确规定：向国务院专利行政部门申请专利和办理其他手续应当按照规定缴纳费用。

2. 按照目前的规定，实践中向国务院专利行政部门申请专利和办理其他手续应缴纳的费用包括：申请费、申请附加费、公布印刷费、优先权要求费；发明专利申请实质审查费、复审费；年费；恢复权利请求费、延长期限请求费；著录事项变更费、专利权评价报告请求费、无效宣告请求费。同时，缴费标准、支付方式、缴费时间等也应符合相关规定。

第八十二条 本法自1985年4月1日起施行。

条文主旨

本条是关于本法施行日期的规定。

条文解读

法律的施行日期，即法律的生效日期，也就是一部法律产生法律效力的时间，是法律实施不可缺少的部分。立法法第五十七条规定："法律应当明确规定施行日期。"一部法律何时开始生效，一般是由该法律的具体性质和实际需要决定的，我国立法实践中通常有三种做法：一是规定该法律自公布之日起施行；二是规定该法律公布后一段期限截止后开始生效，具体时间为期限截止之时；三是直接规定该法律的具体生效时间，通常会为法律的实施留出一定的宣传和准备时间，这一方式目前使用最多，本法亦采用这一方式。根据本条规定，本法开始生效的时间是1985年4月1日。

对于修改后的法律，有的以第一次制定的时间为施行日期，有的以修改后确定的日期为施行日期，采用何种方式与修改法律的形式密切相关。目前，修改法律主要有两种形式：一种是修订，即对法律条文作全面修改，重新予以规定。全面修改大致相当于重新制定一部法律，因此法律的施行日期一般也会重新规定。另一种是通过修改决定的方式，对法律的部分条文予以修改，未修改的部分继续施行。修改决定一般不修改法律的施行日期，仅规定修改决定的实施日期，即修改部分执行修改决定的生效日期，未修改部分执行原来法律规定的生效日期。

具体到专利法，自 1984 年制定以来，一共历经四次修改，均是采用修改决定的方式，对专利法的部分条文予以修改。故经 1992 年 9 月 4 日修改的条款自 1993 年 1 月 1 日起生效；经 2000 年 8 月 25 日修改的条款自 2001 年 7 月 1 日起生效；经 2008 年 12 月 27 日修改的条款自 2009 年 10 月 1 日起生效；以上修改条款的生效时间，在全国人大常委会的几次修改决定中都有相应规定。本次修改的条款，根据 2020 年 10 月 17 日第十三届全国人民代表大会常务委员会第二十二次会议通过的《全国人民代表大会常务委员会关于修改〈中华人民共和国专利法〉的决定》第二十九条的规定，自 2021 年 6 月 1 日起生效。之所以这么规定，是考虑到本次修改决定施行以前还有大量工作要做，包括：国务院和国务院有关部门需要依据修改后新的法律规定，对原来的一些配套规定进行修改，同时制定一些新的配套规定，而制定、修改工作则需要一定的时间；专利管理机关的工作人员、有关司法机关的工作人员对修改后的法律也有一个学习、掌握的过程；修改决定颁布以后也有一个向社会宣传、普及的过程。

此外，根据立法法第九十三条的规定，法律、行政法规、地方性法规、自治条例和单行条例、规章不溯及既往，但为了更好地保护公民、法人和非法人组织的权利和利益而作的特别规定除外。该规定确立了法律不溯及既往的基本原则，根据该规定，对本法的修改决定生效前发生的专利管理、专利申请等问题，应执行当时法律的规定。

相关规定

《中华人民共和国立法法》第五十七条、第九十三条；《全国人民代表大会常务委员会关于修改〈中华人民共和国专利法〉的决定》（2020 年 10 月 17 日第十三届全国人民代表大会常务委员会第二十二次会议通过）第二十九条

附录一

全国人民代表大会常务委员会关于修改《中华人民共和国专利法》的决定

（2020年10月17日第十三届全国人民代表大会常务委员会第二十二次会议通过　2020年10月17日中华人民共和国主席令第五十五号公布　自2021年6月1日起施行）

第十三届全国人民代表大会常务委员会第二十二次会议决定对《中华人民共和国专利法》作如下修改：

一、将第二条第四款修改为："外观设计，是指对产品的整体或者局部的形状、图案或者其结合以及色彩与形状、图案的结合所作出的富有美感并适于工业应用的新设计。"

二、将第六条第一款修改为："执行本单位的任务或者主要是利用本单位的物质技术条件所完成的发明创造为职务发明创造。职务发明创造申请专利的权利属于该单位，申请被批准后，该单位为专利权人。该单位可以依法处置其职务发明创造申请专利的权利和专利权，促进相关发明创造的实施和运用。"

三、将第十四条改为第四十九条。

四、将第十六条改为第十五条，增加一款，作为第二款："国家鼓励被授予专利权的单位实行产权激励，采取股权、期权、分红等方式，使发明人或者设计人合理分享创新收益。"

五、增加一条，作为第二十条：“申请专利和行使专利权应当遵循诚实信用原则。不得滥用专利权损害公共利益或者他人合法权益。

“滥用专利权，排除或者限制竞争，构成垄断行为的，依照《中华人民共和国反垄断法》处理。”

六、删除第二十一条第一款中的“及其专利复审委员会”。

将第二款修改为：“国务院专利行政部门应当加强专利信息公共服务体系建设，完整、准确、及时发布专利信息，提供专利基础数据，定期出版专利公报，促进专利信息传播与利用。”

七、在第二十四条中增加一项，作为第一项：“（一）在国家出现紧急状态或者非常情况时，为公共利益目的首次公开的”。

八、将第二十五条第一款第五项修改为：“（五）原子核变换方法以及用原子核变换方法获得的物质”。

九、将第二十九条第二款修改为：“申请人自发明或者实用新型在中国第一次提出专利申请之日起十二个月内，或者自外观设计在中国第一次提出专利申请之日起六个月内，又向国务院专利行政部门就相同主题提出专利申请的，可以享有优先权。”

十、将第三十条修改为：“申请人要求发明、实用新型专利优先权的，应当在申请的时候提出书面声明，并且在第一次提出申请之日起十六个月内，提交第一次提出的专利申请文件的副本。

“申请人要求外观设计专利优先权的，应当在申请的时候提出书面声明，并且在三个月内提交第一次提出的专利申请文件的副本。

“申请人未提出书面声明或者逾期未提交专利申请文件副本

的，视为未要求优先权。”

十一、将第四十一条修改为：“专利申请人对国务院专利行政部门驳回申请的决定不服的，可以自收到通知之日起三个月内向国务院专利行政部门请求复审。国务院专利行政部门复审后，作出决定，并通知专利申请人。

“专利申请人对国务院专利行政部门的复审决定不服的，可以自收到通知之日起三个月内向人民法院起诉。”

十二、将第四十二条修改为：“发明专利权的期限为二十年，实用新型专利权的期限为十年，外观设计专利权的期限为十五年，均自申请日起计算。

“自发明专利申请日起满四年，且自实质审查请求之日起满三年后授予发明专利权的，国务院专利行政部门应专利权人的请求，就发明专利在授权过程中的不合理延迟给予专利权期限补偿，但由申请人引起的不合理延迟除外。

“为补偿新药上市审评审批占用的时间，对在中国获得上市许可的新药相关发明专利，国务院专利行政部门应专利权人的请求给予专利权期限补偿。补偿期限不超过五年，新药批准上市后总有效专利权期限不超过十四年。”

十三、将第四十五条、第四十六条中的“专利复审委员会”修改为“国务院专利行政部门”。

十四、将第六章的章名修改为“专利实施的特别许可”。

十五、增加一条，作为第四十八条：“国务院专利行政部门、地方人民政府管理专利工作的部门应当会同同级相关部门采取措施，加强专利公共服务，促进专利实施和运用。”

十六、增加一条，作为第五十条：“专利权人自愿以书面方式向国务院专利行政部门声明愿意许可任何单位或者个人实施其专利，并明确许可使用费支付方式、标准的，由国务院专利行政部门予以公告，实行开放许可。就实用新型、外观设计专利提出开放许可声明的，应当提供专利权评价报告。

“专利权人撤回开放许可声明的，应当以书面方式提出，并由国务院专利行政部门予以公告。开放许可声明被公告撤回的，不影响在先给予的开放许可的效力。”

十七、增加一条，作为第五十一条：“任何单位或者个人有意愿实施开放许可的专利的，以书面方式通知专利权人，并依照公告的许可使用费支付方式、标准支付许可使用费后，即获得专利实施许可。

“开放许可实施期间，对专利权人缴纳专利年费相应给予减免。

“实行开放许可的专利权人可以与被许可人就许可使用费进行协商后给予普通许可，但不得就该专利给予独占或者排他许可。”

十八、增加一条，作为第五十二条：“当事人就实施开放许可发生纠纷的，由当事人协商解决；不愿协商或者协商不成的，可以请求国务院专利行政部门进行调解，也可以向人民法院起诉。”

十九、将第六十一条改为第六十六条，将第二款修改为：“专利侵权纠纷涉及实用新型专利或者外观设计专利的，人民法院或者管理专利工作的部门可以要求专利权人或者利害关系人出具由国务院专利行政部门对相关实用新型或者外观设计进行检索、分析和评价后作出的专利权评价报告，作为审理、处理专利侵权纠纷的证据；专利权人、利害关系人或者被控侵权人也可以主动出具专利权评价报告。”

二十、将第六十三条改为第六十八条，修改为：“假冒专利的，除依法承担民事责任外，由负责专利执法的部门责令改正并予公告，没收违法所得，可以处违法所得五倍以下的罚款；没有违法所得或者违法所得在五万元以下的，可以处二十五万元以下的罚款；构成犯罪的，依法追究刑事责任。”

二十一、将第六十四条改为第六十九条，修改为：“负责专利执法的部门根据已经取得的证据，对涉嫌假冒专利行为进行查处时，有权采取下列措施：

“（一）询问有关当事人，调查与涉嫌违法行为有关的情况；

“（二）对当事人涉嫌违法行为的场所实施现场检查；

“（三）查阅、复制与涉嫌违法行为有关的合同、发票、账簿以及其他有关资料；

“（四）检查与涉嫌违法行为有关的产品；

“（五）对有证据证明是假冒专利的产品，可以查封或者扣押。

“管理专利工作的部门应专利权人或者利害关系人的请求处理专利侵权纠纷时，可以采取前款第（一）项、第（二）项、第（四）项所列措施。

“负责专利执法的部门、管理专利工作的部门依法行使前两款规定的职权时，当事人应当予以协助、配合，不得拒绝、阻挠。”

二十二、增加一条，作为第七十条：“国务院专利行政部门可以应专利权人或者利害关系人的请求处理在全国有重大影响的专利侵权纠纷。

“地方人民政府管理专利工作的部门应专利权人或者利害关系人请求处理专利侵权纠纷，对在本行政区域内侵犯其同一专利权的案件可以合并处理；对跨区域侵犯其同一专利权的案件可以请求上级地方人民政府管理专利工作的部门处理。”

二十三、将第六十五条改为第七十一条，修改为：“侵犯专利权的赔偿数额按照权利人因被侵权所受到的实际损失或者侵权人因侵权所获得的利益确定；权利人的损失或者侵权人获得的利益难以确定的，参照该专利许可使用费的倍数合理确定。对故意侵犯专利权，情节严重的，可以在按照上述方法确定数额的一倍以上五倍以下确定赔偿数额。

“权利人的损失、侵权人获得的利益和专利许可使用费均难以确定的，人民法院可以根据专利权的类型、侵权行为的性质和情节等因素，确定给予三万元以上五百万元以下的赔偿。

“赔偿数额还应当包括权利人为制止侵权行为所支付的合理开支。

“人民法院为确定赔偿数额，在权利人已经尽力举证，而与侵权行为相关的账簿、资料主要由侵权人掌握的情况下，可以责令侵权人提供与侵权行为相关的账簿、资料；侵权人不提供或者提供虚假的账簿、资料的，人民法院可以参考权利人的主张和提供的证据判定赔偿数额。”

二十四、将第六十六条改为第七十二条，修改为：“专利权人或者利害关系人有证据证明他人正在实施或者即将实施侵犯专利权、妨碍其实现权利的行为，如不及时制止将会使其合法权益受到难以弥补的损害的，可以在起诉前依法向人民法院申请采取财产保全、责令作出一定行为或者禁止作出一定行为的措施。”

二十五、将第六十七条改为第七十三条，修改为：“为了制止专利侵权行为，在证据可能灭失或者以后难以取得的情况下，专利权人或者利害关系人可以在起诉前依法向人民法院申请保全证据。”

二十六、将第六十八条改为第七十四条，修改为：“侵犯专利权的诉讼时效为三年，自专利权人或者利害关系人知道或者应当知道侵权行为以及侵权人之日起计算。

“发明专利申请公布后至专利权授予前使用该发明未支付适当使用费的，专利权人要求支付使用费的诉讼时效为三年，自专利权人知道或者应当知道他人使用其发明之日起计算，但是，专利权人于专利权授予之日前即已知道或者应当知道的，自专利权授予之日起计算。”

二十七、增加一条，作为第七十六条：“药品上市审评审批过程中，药品上市许可申请人与有关专利权人或者利害关系人，因申请注册的药品相关的专利权产生纠纷的，相关当事人可以向人民法院起诉，请求就申请注册的药品相关技术方案是否落入他人药品专利权保护范围作出判决。国务院药品监督管理部门在规定的期限内，可以根据人民法院生效裁判作出是否暂停批准相关药品上市的决定。

“药品上市许可申请人与有关专利权人或者利害关系人也可以就申请注册的药品相关的专利权纠纷，向国务院专利行政部门请求行政裁决。

“国务院药品监督管理部门会同国务院专利行政部门制定药品上市许可审批与药品上市许可申请阶段专利权纠纷解决的具体

衔接办法，报国务院同意后实施。”

二十八、删除第七十二条。

二十九、将第七十三条改为第七十九条，第七十四条改为第八十条，将其中的“行政处分”修改为“处分”。

本决定自2021年6月1日起施行。

《中华人民共和国专利法》根据本决定作相应修改并对条文顺序作相应调整，重新公布。

中华人民共和国专利法

（1984年3月12日第六届全国人民代表大会常务委员会第四次会议通过　根据1992年9月4日第七届全国人民代表大会常务委员会第二十七次会议《关于修改〈中华人民共和国专利法〉的决定》第一次修正　根据2000年8月25日第九届全国人民代表大会常务委员会第十七次会议《关于修改〈中华人民共和国专利法〉的决定》第二次修正　根据2008年12月27日第十一届全国人民代表大会常务委员会第六次会议《关于修改〈中华人民共和国专利法〉的决定》第三次修正　根据2020年10月17日第十三届全国人民代表大会常务委员会第二十二次会议《关于修改〈中华人民共和国专利法〉的决定》第四次修正）

目　录

第一章　总　　则

第一条　为了保护专利权人的合法权益，鼓励发明创造，推动发明创造的应用，提高创新能力，促进科学技术进步和经济社会发展，制定本法。

第二条　本法所称的发明创造是指发明、实用新型和外观设计。

发明，是指对产品、方法或者其改进所提出的新的技术方案。

实用新型，是指对产品的形状、构造或者其结合所提出的适于实用的新的技术方案。

外观设计，是指对产品的整体或者局部的形状、图案或者其结合以及色彩与形状、图案的结合所作出的富有美感并适于工业应用的新设计。

第三条　国务院专利行政部门负责管理全国的专利工作；统一受理和审查专利申请，依法授予专利权。

省、自治区、直辖市人民政府管理专利工作的部门负责本行政区域内的专利管理工作。

第四条　申请专利的发明创造涉及国家安全或者重大利益需要保密的，按照国家有关规定办理。

第五条　对违反法律、社会公德或者妨害公共利益的发明创造，不授予专利权。

对违反法律、行政法规的规定获取或者利用遗传资源，并依赖该遗传资源完成的发明创造，不授予专利权。

第六条 执行本单位的任务或者主要是利用本单位的物质技术条件所完成的发明创造为职务发明创造。职务发明创造申请专利的权利属于该单位，申请被批准后，该单位为专利权人。该单位可以依法处置其职务发明创造申请专利的权利和专利权，促进相关发明创造的实施和运用。

非职务发明创造，申请专利的权利属于发明人或者设计人；申请被批准后，该发明人或者设计人为专利权人。

利用本单位的物质技术条件所完成的发明创造，单位与发明人或者设计人订有合同，对申请专利的权利和专利权的归属作出约定的，从其约定。

第七条 对发明人或者设计人的非职务发明创造专利申请，任何单位或者个人不得压制。

第八条 两个以上单位或者个人合作完成的发明创造、一个单位或者个人接受其他单位或者个人委托所完成的发明创造，除另有协议的以外，申请专利的权利属于完成或者共同完成的单位或者个人；申请被批准后，申请的单位或者个人为专利权人。

第九条 同样的发明创造只能授予一项专利权。但是，同一申请人同日对同样的发明创造既申请实用新型专利又申请发明专利，先获得的实用新型专利权尚未终止，且申请人声明放弃该实用新型专利权的，可以授予发明专利权。

两个以上的申请人分别就同样的发明创造申请专利的，专利权授予最先申请的人。

第十条 专利申请权和专利权可以转让。

中国单位或者个人向外国人、外国企业或者外国其他组织转让专利申请权或者专利权的，应当依照有关法律、行政法规的规定办理手续。

转让专利申请权或者专利权的，当事人应当订立书面合同，并向国务院专利行政部门登记，由国务院专利行政部门予以公告。专利申请权或者专利权的转让自登记之日起生效。

第十一条 发明和实用新型专利权被授予后，除本法另有规定的以外，任何单位或者个人未经专利权人许可，都不得实施其专利，即不得为生产经营目的制造、使用、许诺销售、销售、进口其专利产品，或者使用其专利方法以及使用、许诺销售、销售、进口依照该专利方法直接获得的产品。

外观设计专利权被授予后，任何单位或者个人未经专利权人许可，都不得实施其专利，即不得为生产经营目的制造、许诺销售、销售、进口其外观设计专利产品。

第十二条 任何单位或者个人实施他人专利的，应当与专利权人订立实施许可合同，向专利权人支付专利使用费。被许可人无权允许合同规定以外的任何单位或者个人实施该专利。

第十三条 发明专利申请公布后，申请人可以要求实施其发明的单位或者个人支付适当的费用。

第十四条 专利申请权或者专利权的共有人对权利的行使有约定的，从其约定。没有约定的，共有人可以单独实施或者以普通许可方式许可他人实施该专利；许可他人实施该专利的，收取的使用费应当在共有人之间分配。

除前款规定的情形外，行使共有的专利申请权或者专利权应当取得全体共有人的同意。

第十五条　被授予专利权的单位应当对职务发明创造的发明人或者设计人给予奖励；发明创造专利实施后，根据其推广应用的范围和取得的经济效益，对发明人或者设计人给予合理的报酬。

国家鼓励被授予专利权的单位实行产权激励，采取股权、期权、分红等方式，使发明人或者设计人合理分享创新收益。

第十六条　发明人或者设计人有权在专利文件中写明自己是发明人或者设计人。

专利权人有权在其专利产品或者该产品的包装上标明专利标识。

第十七条　在中国没有经常居所或者营业所的外国人、外国企业或者外国其他组织在中国申请专利的，依照其所属国同中国签订的协议或者共同参加的国际条约，或者依照互惠原则，根据本法办理。

第十八条　在中国没有经常居所或者营业所的外国人、外国企业或者外国其他组织在中国申请专利和办理其他专利事务的，应当委托依法设立的专利代理机构办理。

中国单位或者个人在国内申请专利和办理其他专利事务的，可以委托依法设立的专利代理机构办理。

专利代理机构应当遵守法律、行政法规，按照被代理人的委托办理专利申请或者其他专利事务；对被代理人发明创造的内容，除专利申请已经公布或者公告的以外，负有保密责任。专利代理机构的具体管理办法由国务院规定。

第十九条　任何单位或者个人将在中国完成的发明或者实用新型向外国申请专利的，应当事先报经国务院专利行政部门进行保密审查。保密审查的程序、期限等按照国务院的规定执行。

中国单位或者个人可以根据中华人民共和国参加的有关国际条约提出专利国际申请。申请人提出专利国际申请的，应当遵守前款规定。

国务院专利行政部门依照中华人民共和国参加的有关国际条约、本法和国务院有关规定处理专利国际申请。

对违反本条第一款规定向外国申请专利的发明或者实用新型，在中国申请专利的，不授予专利权。

第二十条 申请专利和行使专利权应当遵循诚实信用原则。不得滥用专利权损害公共利益或者他人合法权益。

滥用专利权，排除或者限制竞争，构成垄断行为的，依照《中华人民共和国反垄断法》处理。

第二十一条 国务院专利行政部门应当按照客观、公正、准确、及时的要求，依法处理有关专利的申请和请求。

国务院专利行政部门应当加强专利信息公共服务体系建设，完整、准确、及时发布专利信息，提供专利基础数据，定期出版专利公报，促进专利信息传播与利用。

在专利申请公布或者公告前，国务院专利行政部门的工作人员及有关人员对其内容负有保密责任。

第二章 授予专利权的条件

第二十二条 授予专利权的发明和实用新型，应当具备新颖性、创造性和实用性。

新颖性，是指该发明或者实用新型不属于现有技术；也没有任何单位或者个人就同样的发明或者实用新型在申请日以前向国务院专利行政部门提出过申请，并记载在申请日以后公布的专利申请文件或者公告的专利文件中。

创造性，是指与现有技术相比，该发明具有突出的实质性特点和显著的进步，该实用新型具有实质性特点和进步。

实用性，是指该发明或者实用新型能够制造或者使用，并且能够产生积极效果。

本法所称现有技术，是指申请日以前在国内外为公众所知的技术。

第二十三条　授予专利权的外观设计，应当不属于现有设计；也没有任何单位或者个人就同样的外观设计在申请日以前向国务院专利行政部门提出过申请，并记载在申请日以后公告的专利文件中。

授予专利权的外观设计与现有设计或者现有设计特征的组合相比，应当具有明显区别。

授予专利权的外观设计不得与他人在申请日以前已经取得的合法权利相冲突。

本法所称现有设计，是指申请日以前在国内外为公众所知的设计。

第二十四条　申请专利的发明创造在申请日以前六个月内，有下列情形之一的，不丧失新颖性：

（一）在国家出现紧急状态或者非常情况时，为公共利益目的首次公开的；

（二）在中国政府主办或者承认的国际展览会上首次展出的；

（三）在规定的学术会议或者技术会议上首次发表的；

（四）他人未经申请人同意而泄露其内容的。

第二十五条 对下列各项，不授予专利权：

（一）科学发现；

（二）智力活动的规则和方法；

（三）疾病的诊断和治疗方法；

（四）动物和植物品种；

（五）原子核变换方法以及用原子核变换方法获得的物质；

（六）对平面印刷品的图案、色彩或者二者的结合作出的主要起标识作用的设计。

对前款第（四）项所列产品的生产方法，可以依照本法规定授予专利权。

第三章 专利的申请

第二十六条 申请发明或者实用新型专利的，应当提交请求书、说明书及其摘要和权利要求书等文件。

请求书应当写明发明或者实用新型的名称，发明人的姓名，申请人姓名或者名称、地址，以及其他事项。

说明书应当对发明或者实用新型作出清楚、完整的说明，以所属技术领域的技术人员能够实现为准；必要的时候，应当有附图。摘要应当简要说明发明或者实用新型的技术要点。

权利要求书应当以说明书为依据，清楚、简要地限定要求专利保护的范围。

依赖遗传资源完成的发明创造，申请人应当在专利申请文件中说明该遗传资源的直接来源和原始来源；申请人无法说明原始来源的，应当陈述理由。

第二十七条 申请外观设计专利的，应当提交请求书、该外观设计的图片或者照片以及对该外观设计的简要说明等文件。

申请人提交的有关图片或者照片应当清楚地显示要求专利保护的产品的外观设计。

第二十八条 国务院专利行政部门收到专利申请文件之日为申请日。如果申请文件是邮寄的，以寄出的邮戳日为申请日。

第二十九条 申请人自发明或者实用新型在外国第一次提出专利申请之日起十二个月内，或者自外观设计在外国第一次提出专利申请之日起六个月内，又在中国就相同主题提出专利申请的，依照该外国同中国签订的协议或者共同参加的国际条约，或者依照相互承认优先权的原则，可以享有优先权。

申请人自发明或者实用新型在中国第一次提出专利申请之日起十二个月内，或者自外观设计在中国第一次提出专利申请之日起六个月内，又向国务院专利行政部门就相同主题提出专利申请的，可以享有优先权。

第三十条 申请人要求发明、实用新型专利优先权的，应当在申请的时候提出书面声明，并且在第一次提出申请之日起十六个月内，提交第一次提出的专利申请文件的副本。

申请人要求外观设计专利优先权的，应当在申请的时候提出书面声明，并且在三个月内提交第一次提出的专利申请文件的副本。

申请人未提出书面声明或者逾期未提交专利申请文件副本的，视为未要求优先权。

第三十一条 一件发明或者实用新型专利申请应当限于一项发明或者实用新型。属于一个总的发明构思的两项以上的发明或者实用新型，可以作为一件申请提出。

一件外观设计专利申请应当限于一项外观设计。同一产品两项以上的相似外观设计，或者用于同一类别并且成套出售或者使用的产品的两项以上外观设计，可以作为一件申请提出。

第三十二条 申请人可以在被授予专利权之前随时撤回其专利申请。

第三十三条 申请人可以对其专利申请文件进行修改，但是，对发明和实用新型专利申请文件的修改不得超出原说明书和权利要求书记载的范围，对外观设计专利申请文件的修改不得超出原图片或者照片表示的范围。

第四章 专利申请的审查和批准

第三十四条 国务院专利行政部门收到发明专利申请后，经初步审查认为符合本法要求的，自申请日起满十八个月，即行公布。国务院专利行政部门可以根据申请人的请求早日公布其申请。

第三十五条 发明专利申请自申请日起三年内，国务院专利行政部门可以根据申请人随时提出的请求，对其申请进行实质审查；申请人无正当理由逾期不请求实质审查的，该申请即被视为撤回。

国务院专利行政部门认为必要的时候，可以自行对发明专利申请进行实质审查。

第三十六条 发明专利的申请人请求实质审查的时候，应当提交在申请日前与其发明有关的参考资料。

发明专利已经在外国提出过申请的，国务院专利行政部门可以要求申请人在指定期限内提交该国为审查其申请进行检索的资料或者审查结果的资料；无正当理由逾期不提交的，该申请即被视为撤回。

第三十七条 国务院专利行政部门对发明专利申请进行实质审查后，认为不符合本法规定的，应当通知申请人，要求其在指定的期限内陈述意见，或者对其申请进行修改；无正当理由逾期不答复的，该申请即被视为撤回。

第三十八条 发明专利申请经申请人陈述意见或者进行修改后，国务院专利行政部门仍然认为不符合本法规定的，应当予以驳回。

第三十九条 发明专利申请经实质审查没有发现驳回理由的，由国务院专利行政部门作出授予发明专利权的决定，发给发明专利证书，同时予以登记和公告。发明专利权自公告之日起生效。

第四十条 实用新型和外观设计专利申请经初步审查没有发现驳回理由的，由国务院专利行政部门作出授予实用新型专利权或者外观设计专利权的决定，发给相应的专利证书，同时予以登记和公告。实用新型专利权和外观设计专利权自公告之日起生效。

第四十一条 专利申请人对国务院专利行政部门驳回申请的决定不服的，可以自收到通知之日起三个月内向国务院专利行政部门请求复审。国务院专利行政部门复审后，作出决定，并通知专利申请人。

专利申请人对国务院专利行政部门的复审决定不服的，可以自收到通知之日起三个月内向人民法院起诉。

第五章　专利权的期限、终止和无效

第四十二条　发明专利权的期限为二十年，实用新型专利权的期限为十年，外观设计专利权的期限为十五年，均自申请日起计算。

自发明专利申请日起满四年，且自实质审查请求之日起满三年后授予发明专利权的，国务院专利行政部门应专利权人的请求，就发明专利在授权过程中的不合理延迟给予专利权期限补偿，但由申请人引起的不合理延迟除外。

为补偿新药上市审评审批占用的时间，对在中国获得上市许可的新药相关发明专利，国务院专利行政部门应专利权人的请求给予专利权期限补偿。补偿期限不超过五年，新药批准上市后总有效专利权期限不超过十四年。

第四十三条　专利权人应当自被授予专利权的当年开始缴纳年费。

第四十四条　有下列情形之一的，专利权在期限届满前终止：

（一）没有按照规定缴纳年费的；

（二）专利权人以书面声明放弃其专利权的。

专利权在期限届满前终止的，由国务院专利行政部门登记和公告。

第四十五条 自国务院专利行政部门公告授予专利权之日起，任何单位或者个人认为该专利权的授予不符合本法有关规定的，可以请求国务院专利行政部门宣告该专利权无效。

第四十六条 国务院专利行政部门对宣告专利权无效的请求应当及时审查和作出决定，并通知请求人和专利权人。宣告专利权无效的决定，由国务院专利行政部门登记和公告。

对国务院专利行政部门宣告专利权无效或者维持专利权的决定不服的，可以自收到通知之日起三个月内向人民法院起诉。人民法院应当通知无效宣告请求程序的对方当事人作为第三人参加诉讼。

第四十七条 宣告无效的专利权视为自始即不存在。

宣告专利权无效的决定，对在宣告专利权无效前人民法院作出并已执行的专利侵权的判决、调解书，已经履行或者强制执行的专利侵权纠纷处理决定，以及已经履行的专利实施许可合同和专利权转让合同，不具有追溯力。但是因专利权人的恶意给他人造成的损失，应当给予赔偿。

依照前款规定不返还专利侵权赔偿金、专利使用费、专利权转让费，明显违反公平原则的，应当全部或者部分返还。

第六章 专利实施的特别许可

第四十八条 国务院专利行政部门、地方人民政府管理专利工作的部门应当会同同级相关部门采取措施，加强专利公共服务，促进专利实施和运用。

第四十九条 国有企业事业单位的发明专利，对国家利益或者公共利益具有重大意义的，国务院有关主管部门和省、自治区、直辖市人民政府报经国务院批准，可以决定在批准的范围内推广应用，允许指定的单位实施，由实施单位按照国家规定向专利权人支付使用费。

第五十条 专利权人自愿以书面方式向国务院专利行政部门声明愿意许可任何单位或者个人实施其专利，并明确许可使用费支付方式、标准的，由国务院专利行政部门予以公告，实行开放许可。就实用新型、外观设计专利提出开放许可声明的，应当提供专利权评价报告。

专利权人撤回开放许可声明的，应当以书面方式提出，并由国务院专利行政部门予以公告。开放许可声明被公告撤回的，不影响在先给予的开放许可的效力。

第五十一条 任何单位或者个人有意愿实施开放许可的专利的，以书面方式通知专利权人，并依照公告的许可使用费支付方式、标准支付许可使用费后，即获得专利实施许可。

开放许可实施期间，对专利权人缴纳专利年费相应给予减免。

实行开放许可的专利权人可以与被许可人就许可使用费进行协商后给予普通许可，但不得就该专利给予独占或者排他许可。

第五十二条 当事人就实施开放许可发生纠纷的，由当事人协商解决；不愿协商或者协商不成的，可以请求国务院专利行政部门进行调解，也可以向人民法院起诉。

第五十三条 有下列情形之一的，国务院专利行政部门根据具备实施条件的单位或者个人的申请，可以给予实施发明专利或者实用新型专利的强制许可：

（一）专利权人自专利权被授予之日起满三年，且自提出专利申请之日起满四年，无正当理由未实施或者未充分实施其专利的；

（二）专利权人行使专利权的行为被依法认定为垄断行为，为消除或者减少该行为对竞争产生的不利影响的。

第五十四条 在国家出现紧急状态或者非常情况时，或者为了公共利益的目的，国务院专利行政部门可以给予实施发明专利或者实用新型专利的强制许可。

第五十五条 为了公共健康目的，对取得专利权的药品，国务院专利行政部门可以给予制造并将其出口到符合中华人民共和国参加的有关国际条约规定的国家或者地区的强制许可。

第五十六条 一项取得专利权的发明或者实用新型比前已经取得专利权的发明或者实用新型具有显著经济意义的重大技术进步，其实施又有赖于前一发明或者实用新型的实施的，国务院专利行政部门根据后一专利权人的申请，可以给予实施前一发明或者实用新型的强制许可。

在依照前款规定给予实施强制许可的情形下，国务院专利行政部门根据前一专利权人的申请，也可以给予实施后一发明或者实用新型的强制许可。

第五十七条 强制许可涉及的发明创造为半导体技术的，其实施限于公共利益的目的和本法第五十三条第（二）项规定的情形。

第五十八条 除依照本法第五十三条第（二）项、第五十五条规定给予的强制许可外，强制许可的实施应当主要为了供应国内市场。

第五十九条 依照本法第五十三条第（一）项、第五十六条规定申请强制许可的单位或者个人应当提供证据，证明其以合理的条件请求专利权人许可其实施专利，但未能在合理的时间内获得许可。

第六十条 国务院专利行政部门作出的给予实施强制许可的决定，应当及时通知专利权人，并予以登记和公告。

给予实施强制许可的决定，应当根据强制许可的理由规定实施的范围和时间。强制许可的理由消除并不再发生时，国务院专利行政部门应当根据专利权人的请求，经审查后作出终止实施强制许可的决定。

第六十一条 取得实施强制许可的单位或者个人不享有独占的实施权，并且无权允许他人实施。

第六十二条 取得实施强制许可的单位或者个人应当付给专利权人合理的使用费，或者依照中华人民共和国参加的有关国际条约的规定处理使用费问题。付给使用费的，其数额由双方协商；双方不能达成协议的，由国务院专利行政部门裁决。

第六十三条 专利权人对国务院专利行政部门关于实施强制许可的决定不服的，专利权人和取得实施强制许可的单位或者个人对国务院专利行政部门关于实施强制许可的使用费的裁决不服的，可以自收到通知之日起三个月内向人民法院起诉。

第七章　专利权的保护

第六十四条 发明或者实用新型专利权的保护范围以其权利要求的内容为准，说明书及附图可以用于解释权利要求的内容。

外观设计专利权的保护范围以表示在图片或者照片中的该产品的外观设计为准，简要说明可以用于解释图片或者照片所表示的该产品的外观设计。

第六十五条 未经专利权人许可，实施其专利，即侵犯其专利权，引起纠纷的，由当事人协商解决；不愿协商或者协商不成的，专利权人或者利害关系人可以向人民法院起诉，也可以请求管理专利工作的部门处理。管理专利工作的部门处理时，认定侵权行为成立的，可以责令侵权人立即停止侵权行为，当事人不服的，可以自收到处理通知之日起十五日内依照《中华人民共和国行政诉讼法》向人民法院起诉；侵权人期满不起诉又不停止侵权行为的，管理专利工作的部门可以申请人民法院强制执行。进行处理的管理专利工作的部门应当事人的请求，可以就侵犯专利权的赔偿数额进行调解；调解不成的，当事人可以依照《中华人民共和国民事诉讼法》向人民法院起诉。

第六十六条 专利侵权纠纷涉及新产品制造方法的发明专利的，制造同样产品的单位或者个人应当提供其产品制造方法不同于专利方法的证明。

专利侵权纠纷涉及实用新型专利或者外观设计专利的，人民法院或者管理专利工作的部门可以要求专利权人或者利害关系人出具由国务院专利行政部门对相关实用新型或者外观设计进行检索、分析和评价后作出的专利权评价报告，作为审理、处理专利侵权纠纷的证据；专利权人、利害关系人或者被控侵权人也可以主动出具专利权评价报告。

第六十七条 在专利侵权纠纷中，被控侵权人有证据证明其实施的技术或者设计属于现有技术或者现有设计的，不构成侵犯专利权。

第六十八条 假冒专利的，除依法承担民事责任外，由负责专利执法的部门责令改正并予公告，没收违法所得，可以处违法所得五倍以下的罚款；没有违法所得或者违法所得在五万元以下的，可以处二十五万元以下的罚款；构成犯罪的，依法追究刑事责任。

第六十九条 负责专利执法的部门根据已经取得的证据，对涉嫌假冒专利行为进行查处时，有权采取下列措施：

（一）询问有关当事人，调查与涉嫌违法行为有关的情况；

（二）对当事人涉嫌违法行为的场所实施现场检查；

（三）查阅、复制与涉嫌违法行为有关的合同、发票、账簿以及其他有关资料；

（四）检查与涉嫌违法行为有关的产品；

（五）对有证据证明是假冒专利的产品，可以查封或者扣押。

管理专利工作的部门应专利权人或者利害关系人的请求处理专利侵权纠纷时，可以采取前款第（一）项、第（二）项、第（四）项所列措施。

负责专利执法的部门、管理专利工作的部门依法行使前两款规定的职权时，当事人应当予以协助、配合，不得拒绝、阻挠。

第七十条 国务院专利行政部门可以应专利权人或者利害关系人的请求处理在全国有重大影响的专利侵权纠纷。

地方人民政府管理专利工作的部门应专利权人或者利害关系人请求处理专利侵权纠纷，对在本行政区域内侵犯其同一专利权的案件可以合并处理；对跨区域侵犯其同一专利权的案件可以请求上级地方人民政府管理专利工作的部门处理。

第七十一条 侵犯专利权的赔偿数额按照权利人因被侵权所受到的实际损失或者侵权人因侵权所获得的利益确定；权利人的

损失或者侵权人获得的利益难以确定的，参照该专利许可使用费的倍数合理确定。对故意侵犯专利权，情节严重的，可以在按照上述方法确定数额的一倍以上五倍以下确定赔偿数额。

权利人的损失、侵权人获得的利益和专利许可使用费均难以确定的，人民法院可以根据专利权的类型、侵权行为的性质和情节等因素，确定给予三万元以上五百万元以下的赔偿。

赔偿数额还应当包括权利人为制止侵权行为所支付的合理开支。

人民法院为确定赔偿数额，在权利人已经尽力举证，而与侵权行为相关的账簿、资料主要由侵权人掌握的情况下，可以责令侵权人提供与侵权行为相关的账簿、资料；侵权人不提供或者提供虚假的账簿、资料的，人民法院可以参考权利人的主张和提供的证据判定赔偿数额。

第七十二条 专利权人或者利害关系人有证据证明他人正在实施或者即将实施侵犯专利权、妨碍其实现权利的行为，如不及时制止将会使其合法权益受到难以弥补的损害的，可以在起诉前依法向人民法院申请采取财产保全、责令作出一定行为或者禁止作出一定行为的措施。

第七十三条 为了制止专利侵权行为，在证据可能灭失或者以后难以取得的情况下，专利权人或者利害关系人可以在起诉前依法向人民法院申请保全证据。

第七十四条 侵犯专利权的诉讼时效为三年，自专利权人或者利害关系人知道或者应当知道侵权行为以及侵权人之日起计算。

发明专利申请公布后至专利权授予前使用该发明未支付适当使用费的，专利权人要求支付使用费的诉讼时效为三年，自专利权人知道或者应当知道他人使用其发明之日起计算，但是，专利权人于专利权授予之日前即已知道或者应当知道的，自专利权授予之日起计算。

第七十五条 有下列情形之一的，不视为侵犯专利权：

（一）专利产品或者依照专利方法直接获得的产品，由专利权人或者经其许可的单位、个人售出后，使用、许诺销售、销售、进口该产品的；

（二）在专利申请日前已经制造相同产品、使用相同方法或者已经作好制造、使用的必要准备，并且仅在原有范围内继续制造、使用的；

（三）临时通过中国领陆、领水、领空的外国运输工具，依照其所属国同中国签订的协议或者共同参加的国际条约，或者依照互惠原则，为运输工具自身需要而在其装置和设备中使用有关专利的；

（四）专为科学研究和实验而使用有关专利的；

（五）为提供行政审批所需要的信息，制造、使用、进口专利药品或者专利医疗器械的，以及专门为其制造、进口专利药品或者专利医疗器械的。

第七十六条 药品上市审评审批过程中，药品上市许可申请人与有关专利权人或者利害关系人，因申请注册的药品相关的专利权产生纠纷的，相关当事人可以向人民法院起诉，请求就申请注册的药品相关技术方案是否落入他人药品专利权保护范围作出判决。国务院药品监督管理部门在规定的期限内，可以根据人民法院生效裁判作出是否暂停批准相关药品上市的决定。

药品上市许可申请人与有关专利权人或者利害关系人也可以

就申请注册的药品相关的专利权纠纷，向国务院专利行政部门请求行政裁决。

国务院药品监督管理部门会同国务院专利行政部门制定药品上市许可审批与药品上市许可申请阶段专利权纠纷解决的具体衔接办法，报国务院同意后实施。

第七十七条 为生产经营目的使用、许诺销售或者销售不知道是未经专利权人许可而制造并售出的专利侵权产品，能证明该产品合法来源的，不承担赔偿责任。

第七十八条 违反本法第十九条规定向外国申请专利，泄露国家秘密的，由所在单位或者上级主管机关给予行政处分；构成犯罪的，依法追究刑事责任。

第七十九条 管理专利工作的部门不得参与向社会推荐专利产品等经营活动。

管理专利工作的部门违反前款规定的，由其上级机关或者监察机关责令改正，消除影响，有违法收入的予以没收；情节严重的，对直接负责的主管人员和其他直接责任人员依法给予处分。

第八十条 从事专利管理工作的国家机关工作人员以及其他有关国家机关工作人员玩忽职守、滥用职权、徇私舞弊，构成犯罪的，依法追究刑事责任；尚不构成犯罪的，依法给予处分。

第八章　附　　则

第八十一条 向国务院专利行政部门申请专利和办理其他手续，应当按照规定缴纳费用。

第八十二条 本法自 1985 年 4 月 1 日起施行。

《中华人民共和国专利法》修改前后对照表

（波浪线表示删除的内容，黑体字部分表示新增的内容）

2008 年专利法	2020 年专利法
第一章　总　则	**第一章　总　则**
第一条　为了保护专利权人的合法权益，鼓励发明创造，推动发明创造的应用，提高创新能力，促进科学技术进步和经济社会发展，制定本法。	**第一条**　为了保护专利权人的合法权益，鼓励发明创造，推动发明创造的应用，提高创新能力，促进科学技术进步和经济社会发展，制定本法。
第二条　本法所称的发明创造是指发明、实用新型和外观设计。 发明，是指对产品、方法或者其改进所提出的新的技术方案。 实用新型，是指对产品的形状、构造或者其结合所提出的适于实用的新的技术方案。 外观设计，是指对产品的形状、图案或者其结合以及色彩与形状、图案的结合所作出的富有美感并适于工业应用的新设计。	**第二条**　本法所称的发明创造是指发明、实用新型和外观设计。 发明，是指对产品、方法或者其改进所提出的新的技术方案。 实用新型，是指对产品的形状、构造或者其结合所提出的适于实用的新的技术方案。 外观设计，是指对产品的**整体或者局部的**形状、图案或者其结合以及色彩与形状、图案的结合所作出的富有美感并适于工业应用的新设计。
第三条　国务院专利行政部门负责管理全国的专利工作；统一受理和审查专利申请，依法授予专利权。	**第三条**　国务院专利行政部门负责管理全国的专利工作；统一受理和审查专利申请，依法授予专利权。

2008 年专利法	2020 年专利法
省、自治区、直辖市人民政府管理专利工作的部门负责本行政区域内的专利管理工作。	省、自治区、直辖市人民政府管理专利工作的部门负责本行政区域内的专利管理工作。
第四条 申请专利的发明创造涉及国家安全或者重大利益需要保密的，按照国家有关规定办理。	**第四条** 申请专利的发明创造涉及国家安全或者重大利益需要保密的，按照国家有关规定办理。
第五条 对违反法律、社会公德或者妨害公共利益的发明创造，不授予专利权。 对违反法律、行政法规的规定获取或者利用遗传资源，并依赖该遗传资源完成的发明创造，不授予专利权。	**第五条** 对违反法律、社会公德或者妨害公共利益的发明创造，不授予专利权。 对违反法律、行政法规的规定获取或者利用遗传资源，并依赖该遗传资源完成的发明创造，不授予专利权。
第六条 执行本单位的任务或者主要是利用本单位的物质技术条件所完成的发明创造为职务发明创造。职务发明创造申请专利的权利属于该单位；申请被批准后，该单位为专利权人。 非职务发明创造，申请专利的权利属于发明人或者设计人；申请被批准后，该发明人或者设计人为专利权人。 利用本单位的物质技术条件所完成的发明创造，单位与发明人或者设计人订有合同，对申请专利的权利和专利权的归属作出约定的，从其约定。	**第六条** 执行本单位的任务或者主要是利用本单位的物质技术条件所完成的发明创造为职务发明创造。职务发明创造申请专利的权利属于该单位，申请被批准后，该单位为专利权人。**该单位可以依法处置其职务发明创造申请专利的权利和专利权，促进相关发明创造的实施和运用。** 非职务发明创造，申请专利的权利属于发明人或者设计人；申请被批准后，该发明人或者设计人为专利权人。 利用本单位的物质技术条件所完成的发明创造，单位与发明人或者设计人订有合同，对申请专利的权利和专利权的归属作出约定的，从其约定。

2008 年专利法	2020 年专利法
第七条 对发明人或者设计人的非职务发明创造专利申请，任何单位或者个人不得压制。	**第七条** 对发明人或者设计人的非职务发明创造专利申请，任何单位或者个人不得压制。
第八条 两个以上单位或者个人合作完成的发明创造、一个单位或者个人接受其他单位或者个人委托所完成的发明创造，除另有协议的以外，申请专利的权利属于完成或者共同完成的单位或者个人；申请被批准后，申请的单位或者个人为专利权人。	**第八条** 两个以上单位或者个人合作完成的发明创造、一个单位或者个人接受其他单位或者个人委托所完成的发明创造，除另有协议的以外，申请专利的权利属于完成或者共同完成的单位或者个人；申请被批准后，申请的单位或者个人为专利权人。
第九条 同样的发明创造只能授予一项专利权。但是，同一申请人同日对同样的发明创造既申请实用新型专利又申请发明专利，先获得的实用新型专利权尚未终止，且申请人声明放弃该实用新型专利权的，可以授予发明专利权。 两个以上的申请人分别就同样的发明创造申请专利的，专利权授予最先申请的人。	**第九条** 同样的发明创造只能授予一项专利权。但是，同一申请人同日对同样的发明创造既申请实用新型专利又申请发明专利，先获得的实用新型专利权尚未终止，且申请人声明放弃该实用新型专利权的，可以授予发明专利权。 两个以上的申请人分别就同样的发明创造申请专利的，专利权授予最先申请的人。
第十条 专利申请权和专利权可以转让。 中国单位或者个人向外国人、外国企业或者外国其他组织转让专利申请权或者专利权的，应当依照有关法律、行政法规的规定办理手续。 转让专利申请权或者专利权的，当事人应当订立书面合同，并向国务院专利行政部门登记，由国务院专利行政部门予以公告。专利申请权或者专利权的转让自登记之日起生效。	**第十条** 专利申请权和专利权可以转让。 中国单位或者个人向外国人、外国企业或者外国其他组织转让专利申请权或者专利权的，应当依照有关法律、行政法规的规定办理手续。 转让专利申请权或者专利权的，当事人应当订立书面合同，并向国务院专利行政部门登记，由国务院专利行政部门予以公告。专利申请权或者专利权的转让自登记之日起生效。

2008 年专利法	2020 年专利法
第十一条 发明和实用新型专利权被授予后，除本法另有规定的以外，任何单位或者个人未经专利权人许可，都不得实施其专利，即不得为生产经营目的制造、使用、许诺销售、销售、进口其专利产品，或者使用其专利方法以及使用、许诺销售、销售、进口依照该专利方法直接获得的产品。 外观设计专利权被授予后，任何单位或者个人未经专利权人许可，都不得实施其专利，即不得为生产经营目的制造、许诺销售、销售、进口其外观设计专利产品。	**第十一条** 发明和实用新型专利权被授予后，除本法另有规定的以外，任何单位或者个人未经专利权人许可，都不得实施其专利，即不得为生产经营目的制造、使用、许诺销售、销售、进口其专利产品，或者使用其专利方法以及使用、许诺销售、销售、进口依照该专利方法直接获得的产品。 外观设计专利权被授予后，任何单位或者个人未经专利权人许可，都不得实施其专利，即不得为生产经营目的制造、许诺销售、销售、进口其外观设计专利产品。
第十二条 任何单位或者个人实施他人专利的，应当与专利权人订立实施许可合同，向专利权人支付专利使用费。被许可人无权允许合同规定以外的任何单位或者个人实施该专利。	**第十二条** 任何单位或者个人实施他人专利的，应当与专利权人订立实施许可合同，向专利权人支付专利使用费。被许可人无权允许合同规定以外的任何单位或者个人实施该专利。
第十三条 发明专利申请公布后，申请人可以要求实施其发明的单位或者个人支付适当的费用。	**第十三条** 发明专利申请公布后，申请人可以要求实施其发明的单位或者个人支付适当的费用。
第十四条 国有企业事业单位的发明专利，对国家利益或者公共利益具有重大意义的，国务院有关主管部门和省、自治区、直辖市人民政府报经国务院批准，可以决定在批准的范围内推广应用，允许指定的单位实施，由实施单位按照国家规定向专利权人支付使用费。	（移至第四十九条）

2008 年专利法	2020 年专利法
第十五条 专利申请权或者专利权的共有人对权利的行使有约定的，从其约定。没有约定的，共有人可以单独实施或者以普通许可方式许可他人实施该专利；许可他人实施该专利的，收取的使用费应当在共有人之间分配。 除前款规定的情形外，行使共有的专利申请权或者专利权应当取得全体共有人的同意。	**第十四条** 专利申请权或者专利权的共有人对权利的行使有约定的，从其约定。没有约定的，共有人可以单独实施或者以普通许可方式许可他人实施该专利；许可他人实施该专利的，收取的使用费应当在共有人之间分配。 除前款规定的情形外，行使共有的专利申请权或者专利权应当取得全体共有人的同意。
第十六条 被授予专利权的单位应当对职务发明创造的发明人或者设计人给予奖励；发明创造专利实施后，根据其推广应用的范围和取得的经济效益，对发明人或者设计人给予合理的报酬。	**第十五条** 被授予专利权的单位应当对职务发明创造的发明人或者设计人给予奖励；发明创造专利实施后，根据其推广应用的范围和取得的经济效益，对发明人或者设计人给予合理的报酬。 **国家鼓励被授予专利权的单位实行产权激励，采取股权、期权、分红等方式，使发明人或者设计人合理分享创新收益。**
第十七条 发明人或者设计人有权在专利文件中写明自己是发明人或者设计人。 专利权人有权在其专利产品或者该产品的包装上标明专利标识。	**第十六条** 发明人或者设计人有权在专利文件中写明自己是发明人或者设计人。 专利权人有权在其专利产品或者该产品的包装上标明专利标识。
第十八条 在中国没有经常居所或者营业所的外国人、外国企业或者外国其他组织在中国申请专利的，依照其所属国同中国签订的协议或者共同参加的国际条约，或者依照互惠原则，根据本法办理。	**第十七条** 在中国没有经常居所或者营业所的外国人、外国企业或者外国其他组织在中国申请专利的，依照其所属国同中国签订的协议或者共同参加的国际条约，或者依照互惠原则，根据本法办理。

2008 年专利法	2020 年专利法
第十九条 在中国没有经常居所或者营业所的外国人、外国企业或者外国其他组织在中国申请专利和办理其他专利事务的，应当委托依法设立的专利代理机构办理。 中国单位或者个人在国内申请专利和办理其他专利事务的，可以委托依法设立的专利代理机构办理。 专利代理机构应当遵守法律、行政法规，按照被代理人的委托办理专利申请或者其他专利事务；对被代理人发明创造的内容，除专利申请已经公布或者公告的以外，负有保密责任。专利代理机构的具体管理办法由国务院规定。	**第十八条** 在中国没有经常居所或者营业所的外国人、外国企业或者外国其他组织在中国申请专利和办理其他专利事务的，应当委托依法设立的专利代理机构办理。 中国单位或者个人在国内申请专利和办理其他专利事务的，可以委托依法设立的专利代理机构办理。 专利代理机构应当遵守法律、行政法规，按照被代理人的委托办理专利申请或者其他专利事务；对被代理人发明创造的内容，除专利申请已经公布或者公告的以外，负有保密责任。专利代理机构的具体管理办法由国务院规定。
第二十条 任何单位或者个人将在中国完成的发明或者实用新型向外国申请专利的，应当事先报经国务院专利行政部门进行保密审查。保密审查的程序、期限等按照国务院的规定执行。 中国单位或者个人可以根据中华人民共和国参加的有关国际条约提出专利国际申请。申请人提出专利国际申请的，应当遵守前款规定。 国务院专利行政部门依照中华人民共和国参加的有关国际条约、本法和国务院有关规定处理专利国际申请。 对违反本条第一款规定向外国申请专利的发明或者实用新型，在中国申请专利的，不授予专利权。	**第十九条** 任何单位或者个人将在中国完成的发明或者实用新型向外国申请专利的，应当事先报经国务院专利行政部门进行保密审查。保密审查的程序、期限等按照国务院的规定执行。 中国单位或者个人可以根据中华人民共和国参加的有关国际条约提出专利国际申请。申请人提出专利国际申请的，应当遵守前款规定。 国务院专利行政部门依照中华人民共和国参加的有关国际条约、本法和国务院有关规定处理专利国际申请。 对违反本条第一款规定向外国申请专利的发明或者实用新型，在中国申请专利的，不授予专利权。

2008 年专利法	2020 年专利法
	第二十条　申请专利和行使专利权应当遵循诚实信用原则。不得滥用专利权损害公共利益或者他人合法权益。 **滥用专利权，排除或者限制竞争，构成垄断行为的，依照《中华人民共和国反垄断法》处理。**
第二十一条　国务院专利行政部门及其专利复审委员会应当按照客观、公正、准确、及时的要求，依法处理有关专利的申请和请求。 国务院专利行政部门应当完整、准确、及时发布专利信息，定期出版专利公报。 在专利申请公布或者公告前，国务院专利行政部门的工作人员及有关人员对其内容负有保密责任。	**第二十一条**　国务院专利行政部门应当按照客观、公正、准确、及时的要求，依法处理有关专利的申请和请求。 国务院专利行政部门应当**加强专利信息公共服务体系建设，**完整、准确、及时发布专利信息，**提供专利基础数据，**定期出版专利公报，**促进专利信息传播与利用。** 在专利申请公布或者公告前，国务院专利行政部门的工作人员及有关人员对其内容负有保密责任。
第二章　授予专利权的条件	**第二章　授予专利权的条件**
第二十二条　授予专利权的发明和实用新型，应当具备新颖性、创造性和实用性。 新颖性，是指该发明或者实用新型不属于现有技术；也没有任何单位或者个人就同样的发明或者实用新型在申请日以前向国务院专利行政部门提出过申请，并记载在申请日以后公布的专利申请文件或者公告的专利文件中。 创造性，是指与现有技术相比，该发明具有突出的实质性特点和显	**第二十二条**　授予专利权的发明和实用新型，应当具备新颖性、创造性和实用性。 新颖性，是指该发明或者实用新型不属于现有技术；也没有任何单位或者个人就同样的发明或者实用新型在申请日以前向国务院专利行政部门提出过申请，并记载在申请日以后公布的专利申请文件或者公告的专利文件中。 创造性，是指与现有技术相比，该发明具有突出的实质性特点和显

2008 年专利法	2020 年专利法
著的进步，该实用新型具有实质性特点和进步。 实用性，是指该发明或者实用新型能够制造或者使用，并且能够产生积极效果。 本法所称现有技术，是指申请日以前在国内外为公众所知的技术。	著的进步，该实用新型具有实质性特点和进步。 实用性，是指该发明或者实用新型能够制造或者使用，并且能够产生积极效果。 本法所称现有技术，是指申请日以前在国内外为公众所知的技术。
第二十三条 授予专利权的外观设计，应当不属于现有设计；也没有任何单位或者个人就同样的外观设计在申请日以前向国务院专利行政部门提出过申请，并记载在申请日以后公告的专利文件中。 授予专利权的外观设计与现有设计或者现有设计特征的组合相比，应当具有明显区别。 授予专利权的外观设计不得与他人在申请日以前已经取得的合法权利相冲突。 本法所称现有设计，是指申请日以前在国内外为公众所知的设计。	**第二十三条** 授予专利权的外观设计，应当不属于现有设计；也没有任何单位或者个人就同样的外观设计在申请日以前向国务院专利行政部门提出过申请，并记载在申请日以后公告的专利文件中。 授予专利权的外观设计与现有设计或者现有设计特征的组合相比，应当具有明显区别。 授予专利权的外观设计不得与他人在申请日以前已经取得的合法权利相冲突。 本法所称现有设计，是指申请日以前在国内外为公众所知的设计。
第二十四条 申请专利的发明创造在申请日以前六个月内，有下列情形之一的，不丧失新颖性： （一）在中国政府主办或者承认的国际展览会上首次展出的； （二）在规定的学术会议或者技术会议上首次发表的； （三）他人未经申请人同意而泄露其内容的。	**第二十四条** 申请专利的发明创造在申请日以前六个月内，有下列情形之一的，不丧失新颖性： **（一）在国家出现紧急状态或者非常情况时，为公共利益目的首次公开的；** **（二）**在中国政府主办或者承认的国际展览会上首次展出的； **（三）**在规定的学术会议或者技术会议上首次发表的； **（四）**他人未经申请人同意而泄露其内容的。

2008 年专利法	2020 年专利法
第二十五条 对下列各项，不授予专利权： （一）科学发现； （二）智力活动的规则和方法； （三）疾病的诊断和治疗方法； （四）动物和植物品种； （五）用原子核变换方法获得的物质； （六）对平面印刷品的图案、色彩或者二者的结合作出的主要起标识作用的设计。 对前款第（四）项所列产品的生产方法，可以依照本法规定授予专利权。	**第二十五条** 对下列各项，不授予专利权： （一）科学发现； （二）智力活动的规则和方法； （三）疾病的诊断和治疗方法； （四）动物和植物品种； （五）**原子核变换方法以及**用原子核变换方法获得的物质； （六）对平面印刷品的图案、色彩或者二者的结合作出的主要起标识作用的设计。 对前款第（四）项所列产品的生产方法，可以依照本法规定授予专利权。
第三章　专利的申请	**第三章　专利的申请**
第二十六条 申请发明或者实用新型专利的，应当提交请求书、说明书及其摘要和权利要求书等文件。 请求书应当写明发明或者实用新型的名称，发明人的姓名，申请人姓名或者名称、地址，以及其他事项。 说明书应当对发明或者实用新型作出清楚、完整的说明，以所属技术领域的技术人员能够实现为准；必要的时候，应当有附图。摘要应当简要说明发明或者实用新型的技术要点。 权利要求书应当以说明书为依据，清楚、简要地限定要求专利保护的范围。	**第二十六条** 申请发明或者实用新型专利的，应当提交请求书、说明书及其摘要和权利要求书等文件。 请求书应当写明发明或者实用新型的名称，发明人的姓名，申请人姓名或者名称、地址，以及其他事项。 说明书应当对发明或者实用新型作出清楚、完整的说明，以所属技术领域的技术人员能够实现为准；必要的时候，应当有附图。摘要应当简要说明发明或者实用新型的技术要点。 权利要求书应当以说明书为依据，清楚、简要地限定要求专利保护的范围。

2008 年专利法	2020 年专利法
依赖遗传资源完成的发明创造，申请人应当在专利申请文件中说明该遗传资源的直接来源和原始来源；申请人无法说明原始来源的，应当陈述理由。	依赖遗传资源完成的发明创造，申请人应当在专利申请文件中说明该遗传资源的直接来源和原始来源；申请人无法说明原始来源的，应当陈述理由。
第二十七条 申请外观设计专利的，应当提交请求书、该外观设计的图片或者照片以及对该外观设计的简要说明等文件。 申请人提交的有关图片或者照片应当清楚地显示要求专利保护的产品的外观设计。	**第二十七条** 申请外观设计专利的，应当提交请求书、该外观设计的图片或者照片以及对该外观设计的简要说明等文件。 申请人提交的有关图片或者照片应当清楚地显示要求专利保护的产品的外观设计。
第二十八条 国务院专利行政部门收到专利申请文件之日为申请日。如果申请文件是邮寄的，以寄出的邮戳日为申请日。	**第二十八条** 国务院专利行政部门收到专利申请文件之日为申请日。如果申请文件是邮寄的，以寄出的邮戳日为申请日。
第二十九条 申请人自发明或者实用新型在外国第一次提出专利申请之日起十二个月内，或者自外观设计在外国第一次提出专利申请之日起六个月内，又在中国就相同主题提出专利申请的，依照该外国同中国签订的协议或者共同参加的国际条约，或者依照相互承认优先权的原则，可以享有优先权。 申请人自发明或者实用新型在中国第一次提出专利申请之日起十二个月内，又向国务院专利行政部门就相同主题提出专利申请的，可以享有优先权。	**第二十九条** 申请人自发明或者实用新型在外国第一次提出专利申请之日起十二个月内，或者自外观设计在外国第一次提出专利申请之日起六个月内，又在中国就相同主题提出专利申请的，依照该外国同中国签订的协议或者共同参加的国际条约，或者依照相互承认优先权的原则，可以享有优先权。 申请人自发明或者实用新型在中国第一次提出专利申请之日起十二个月内，**或者自外观设计在中国第一次提出专利申请之日起六个月内，**又向国务院专利行政部门就相同主题提出专利申请的，可以享有优先权。

2008 年专利法	2020 年专利法
第三十条　申请人要求优先权的，应当在申请的时候提出书面声明，并且在三个月内提交第一次提出的专利申请文件的副本；未提出书面声明或者逾期未提交专利申请文件副本的，视为未要求优先权。	**第三十条**　申请人要求**发明、实用新型专利**优先权的，应当在申请的时候提出书面声明，并且在**第一次提出申请之日起十六**个月内，提交第一次提出的专利申请文件的副本。 **申请人要求外观设计专利优先权的，应当在申请的时候提出书面声明，并且在三个月内提交第一次提出的专利申请文件的副本。** 申请人未提出书面声明或者逾期未提交专利申请文件副本的，视为未要求优先权。
第三十一条　一件发明或者实用新型专利申请应当限于一项发明或者实用新型。属于一个总的发明构思的两项以上的发明或者实用新型，可以作为一件申请提出。 一件外观设计专利申请应当限于一项外观设计。同一产品两项以上的相似外观设计，或者用于同一类别并且成套出售或者使用的产品的两项以上外观设计，可以作为一件申请提出。	**第三十一条**　一件发明或者实用新型专利申请应当限于一项发明或者实用新型。属于一个总的发明构思的两项以上的发明或者实用新型，可以作为一件申请提出。 一件外观设计专利申请应当限于一项外观设计。同一产品两项以上的相似外观设计，或者用于同一类别并且成套出售或者使用的产品的两项以上外观设计，可以作为一件申请提出。
第三十二条　申请人可以在被授予专利权之前随时撤回其专利申请。	**第三十二条**　申请人可以在被授予专利权之前随时撤回其专利申请。
第三十三条　申请人可以对其专利申请文件进行修改，但是，对发明和实用新型专利申请文件的修改不得超出原说明书和权利要求书记载的范围，对外观设计专利申请文件的修改不得超出原图片或者照片表示的范围。	**第三十三条**　申请人可以对其专利申请文件进行修改，但是，对发明和实用新型专利申请文件的修改不得超出原说明书和权利要求书记载的范围，对外观设计专利申请文件的修改不得超出原图片或者照片表示的范围。

2008 年专利法	2020 年专利法
第四章　专利申请的审查和批准	**第四章　专利申请的审查和批准**
第三十四条　国务院专利行政部门收到发明专利申请后，经初步审查认为符合本法要求的，自申请日起满十八个月，即行公布。国务院专利行政部门可以根据申请人的请求早日公布其申请。	**第三十四条**　国务院专利行政部门收到发明专利申请后，经初步审查认为符合本法要求的，自申请日起满十八个月，即行公布。国务院专利行政部门可以根据申请人的请求早日公布其申请。
第三十五条　发明专利申请自申请日起三年内，国务院专利行政部门可以根据申请人随时提出的请求，对其申请进行实质审查；申请人无正当理由逾期不请求实质审查的，该申请即被视为撤回。 国务院专利行政部门认为必要的时候，可以自行对发明专利申请进行实质审查。	**第三十五条**　发明专利申请自申请日起三年内，国务院专利行政部门可以根据申请人随时提出的请求，对其申请进行实质审查；申请人无正当理由逾期不请求实质审查的，该申请即被视为撤回。 国务院专利行政部门认为必要的时候，可以自行对发明专利申请进行实质审查。
第三十六条　发明专利的申请人请求实质审查的时候，应当提交在申请日前与其发明有关的参考资料。 发明专利已经在外国提出过申请的，国务院专利行政部门可以要求申请人在指定期限内提交该国为审查其申请进行检索的资料或者审查结果的资料；无正当理由逾期不提交的，该申请即被视为撤回。	**第三十六条**　发明专利的申请人请求实质审查的时候，应当提交在申请日前与其发明有关的参考资料。 发明专利已经在外国提出过申请的，国务院专利行政部门可以要求申请人在指定期限内提交该国为审查其申请进行检索的资料或者审查结果的资料；无正当理由逾期不提交的，该申请即被视为撤回。
第三十七条　国务院专利行政部门对发明专利申请进行实质审查后，认为不符合本法规定的，应当通知申请人，要求其在指定的期限内陈述意见，或者对其申请进行修改；无正当理由逾期不答复的，该申请即被视为撤回。	**第三十七条**　国务院专利行政部门对发明专利申请进行实质审查后，认为不符合本法规定的，应当通知申请人，要求其在指定的期限内陈述意见，或者对其申请进行修改；无正当理由逾期不答复的，该申请即被视为撤回。

2008 年专利法	2020 年专利法
第三十八条 发明专利申请经申请人陈述意见或者进行修改后，国务院专利行政部门仍然认为不符合本法规定的，应当予以驳回。	**第三十八条** 发明专利申请经申请人陈述意见或者进行修改后，国务院专利行政部门仍然认为不符合本法规定的，应当予以驳回。
第三十九条 发明专利申请经实质审查没有发现驳回理由的，由国务院专利行政部门作出授予发明专利权的决定，发给发明专利证书，同时予以登记和公告。发明专利权自公告之日起生效。	**第三十九条** 发明专利申请经实质审查没有发现驳回理由的，由国务院专利行政部门作出授予发明专利权的决定，发给发明专利证书，同时予以登记和公告。发明专利权自公告之日起生效。
第四十条 实用新型和外观设计专利申请经初步审查没有发现驳回理由的，由国务院专利行政部门作出授予实用新型专利权或者外观设计专利权的决定，发给相应的专利证书，同时予以登记和公告。实用新型专利权和外观设计专利权自公告之日起生效。	**第四十条** 实用新型和外观设计专利申请经初步审查没有发现驳回理由的，由国务院专利行政部门作出授予实用新型专利权或者外观设计专利权的决定，发给相应的专利证书，同时予以登记和公告。实用新型专利权和外观设计专利权自公告之日起生效。
第四十一条 国务院专利行政部门设立专利复审委员会。专利申请人对国务院专利行政部门驳回申请的决定不服的，可以自收到通知之日起三个月内，向专利复审委员会请求复审。专利复审委员会复审后，作出决定，并通知专利申请人。 专利申请人对专利复审委员会的复审决定不服的，可以自收到通知之日起三个月内向人民法院起诉。	**第四十一条** 专利申请人对国务院专利行政部门驳回申请的决定不服的，可以自收到通知之日起三个月内向**国务院专利行政部门**请求复审。**国务院专利行政部门**复审后，作出决定，并通知专利申请人。 专利申请人对**国务院专利行政部门**的复审决定不服的，可以自收到通知之日起三个月内向人民法院起诉。

2008 年专利法	2020 年专利法
第五章　专利权的期限、终止和无效	**第五章　专利权的期限、终止和无效**
第四十二条　发明专利权的期限为二十年，实用新型专利权和外观设计专利权的期限为十年，均自申请日起计算。	**第四十二条**　发明专利权的期限为二十年，实用新型专利权**的期限为十年**，外观设计专利权的期限为十五年，均自申请日起计算。 **自发明专利申请日起满四年，且自实质审查请求之日起满三年后授予发明专利权的，国务院专利行政部门应专利权人的请求，就发明专利在授权过程中的不合理延迟给予专利权期限补偿，但由申请人引起的不合理延迟除外。** **为补偿新药上市审评审批占用的时间，对在中国获得上市许可的新药相关发明专利，国务院专利行政部门应专利权人的请求给予专利权期限补偿。补偿期限不超过五年，新药批准上市后总有效专利权期限不超过十四年。**
第四十三条　专利权人应当自被授予专利权的当年开始缴纳年费。	**第四十三条**　专利权人应当自被授予专利权的当年开始缴纳年费。
第四十四条　有下列情形之一的，专利权在期限届满前终止： （一）没有按照规定缴纳年费的； （二）专利权人以书面声明放弃其专利权的。 专利权在期限届满前终止的，由国务院专利行政部门登记和公告。	**第四十四条**　有下列情形之一的，专利权在期限届满前终止： （一）没有按照规定缴纳年费的； （二）专利权人以书面声明放弃其专利权的。 专利权在期限届满前终止的，由国务院专利行政部门登记和公告。

2008 年专利法	2020 年专利法
第四十五条　自国务院专利行政部门公告授予专利权之日起，任何单位或者个人认为该专利权的授予不符合本法有关规定的，可以请求专利复审委员会宣告该专利权无效。	**第四十五条**　自国务院专利行政部门公告授予专利权之日起，任何单位或者个人认为该专利权的授予不符合本法有关规定的，可以请求**国务院专利行政部门**宣告该专利权无效。
第四十六条　专利复审委员会对宣告专利权无效的请求应当及时审查和作出决定，并通知请求人和专利权人。宣告专利权无效的决定，由国务院专利行政部门登记和公告。 对专利复审委员会宣告专利权无效或者维持专利权的决定不服的，可以自收到通知之日起三个月内向人民法院起诉。人民法院应当通知无效宣告请求程序的对方当事人作为第三人参加诉讼。	**第四十六条　国务院专利行政部门**对宣告专利权无效的请求应当及时审查和作出决定，并通知请求人和专利权人。宣告专利权无效的决定，由国务院专利行政部门登记和公告。 对**国务院专利行政部门**宣告专利权无效或者维持专利权的决定不服的，可以自收到通知之日起三个月内向人民法院起诉。人民法院应当通知无效宣告请求程序的对方当事人作为第三人参加诉讼。
第四十七条　宣告无效的专利权视为自始即不存在。 宣告专利权无效的决定，对在宣告专利权无效前人民法院作出并已执行的专利侵权的判决、调解书，已经履行或者强制执行的专利侵权纠纷处理决定，以及已经履行的专利实施许可合同和专利权转让合同，不具有追溯力。但是因专利权人的恶意给他人造成的损失，应当给予赔偿。 依照前款规定不返还专利侵权赔偿金、专利使用费、专利权转让费，明显违反公平原则的，应当全部或者部分返还。	**第四十七条**　宣告无效的专利权视为自始即不存在。 宣告专利权无效的决定，对在宣告专利权无效前人民法院作出并已执行的专利侵权的判决、调解书，已经履行或者强制执行的专利侵权纠纷处理决定，以及已经履行的专利实施许可合同和专利权转让合同，不具有追溯力。但是因专利权人的恶意给他人造成的损失，应当给予赔偿。 依照前款规定不返还专利侵权赔偿金、专利使用费、专利权转让费，明显违反公平原则的，应当全部或者部分返还。

2008 年专利法	2020 年专利法
第六章　专利实施的强制许可	**第六章　专利实施的特别许可**
	第四十八条　国务院专利行政部门、地方人民政府管理专利工作的部门应当会同同级相关部门采取措施，加强专利公共服务，促进专利实施和运用。
第十四条　国有企业事业单位的发明专利，对国家利益或者公共利益具有重大意义的，国务院有关主管部门和省、自治区、直辖市人民政府报经国务院批准，可以决定在批准的范围内推广应用，允许指定的单位实施，由实施单位按照国家规定向专利权人支付使用费。	**第四十九条**　国有企业事业单位的发明专利，对国家利益或者公共利益具有重大意义的，国务院有关主管部门和省、自治区、直辖市人民政府报经国务院批准，可以决定在批准的范围内推广应用，允许指定的单位实施，由实施单位按照国家规定向专利权人支付使用费。
	第五十条　专利权人自愿以书面方式向国务院专利行政部门声明愿意许可任何单位或者个人实施其专利，并明确许可使用费支付方式、标准的，由国务院专利行政部门予以公告，实行开放许可。就实用新型、外观设计专利提出开放许可声明的，应当提供专利权评价报告。 **专利权人撤回开放许可声明的，应当以书面方式提出，并由国务院专利行政部门予以公告。开放许可声明被公告撤回的，不影响在先给予的开放许可的效力。**
	第五十一条　任何单位或者个人有意愿实施开放许可的专利的，以书面方式通知专利权人，并依照公告的许可使用费支付方式、标准支付许可使用费后，即获得专利实施许可。

2008 年专利法	2020 年专利法
	开放许可实施期间，对专利权人缴纳专利年费相应给予减免。 **实行开放许可的专利权人可以与被许可人就许可使用费进行协商后给予普通许可，但不得就该专利给予独占或者排他许可。**
	第五十二条　当事人就实施开放许可发生纠纷的，由当事人协商解决；不愿协商或者协商不成的，可以请求国务院专利行政部门进行调解，也可以向人民法院起诉。
第四十八条　有下列情形之一的，国务院专利行政部门根据具备实施条件的单位或者个人的申请，可以给予实施发明专利或者实用新型专利的强制许可： （一）专利权人自专利权被授予之日起满三年，且自提出专利申请之日起满四年，无正当理由未实施或者未充分实施其专利的； （二）专利权人行使专利权的行为被依法认定为垄断行为，为消除或者减少该行为对竞争产生的不利影响的。	**第五十三条**　有下列情形之一的，国务院专利行政部门根据具备实施条件的单位或者个人的申请，可以给予实施发明专利或者实用新型专利的强制许可： （一）专利权人自专利权被授予之日起满三年，且自提出专利申请之日起满四年，无正当理由未实施或者未充分实施其专利的； （二）专利权人行使专利权的行为被依法认定为垄断行为，为消除或者减少该行为对竞争产生的不利影响的。
第四十九条　在国家出现紧急状态或者非常情况时，或者为了公共利益的目的，国务院专利行政部门可以给予实施发明专利或者实用新型专利的强制许可。	**第五十四条**　在国家出现紧急状态或者非常情况时，或者为了公共利益的目的，国务院专利行政部门可以给予实施发明专利或者实用新型专利的强制许可。

2008 年专利法	2020 年专利法
第五十条 为了公共健康目的，对取得专利权的药品，国务院专利行政部门可以给予制造并将其出口到符合中华人民共和国参加的有关国际条约规定的国家或者地区的强制许可。	**第五十五条** 为了公共健康目的，对取得专利权的药品，国务院专利行政部门可以给予制造并将其出口到符合中华人民共和国参加的有关国际条约规定的国家或者地区的强制许可。
第五十一条 一项取得专利权的发明或者实用新型比前已经取得专利权的发明或者实用新型具有显著经济意义的重大技术进步，其实施又有赖于前一发明或者实用新型的实施的，国务院专利行政部门根据后一专利权人的申请，可以给予实施前一发明或者实用新型的强制许可。 在依照前款规定给予实施强制许可的情形下，国务院专利行政部门根据前一专利权人的申请，也可以给予实施后一发明或者实用新型的强制许可。	**第五十六条** 一项取得专利权的发明或者实用新型比前已经取得专利权的发明或者实用新型具有显著经济意义的重大技术进步，其实施又有赖于前一发明或者实用新型的实施的，国务院专利行政部门根据后一专利权人的申请，可以给予实施前一发明或者实用新型的强制许可。 在依照前款规定给予实施强制许可的情形下，国务院专利行政部门根据前一专利权人的申请，也可以给予实施后一发明或者实用新型的强制许可。
第五十二条 强制许可涉及的发明创造为半导体技术的，其实施限于公共利益的目的和本法第四十八条第（二）项规定的情形。	**第五十七条** 强制许可涉及的发明创造为半导体技术的，其实施限于公共利益的目的和本法第**五十三条**第（二）项规定的情形。
第五十三条 除依照本法第四十八条第（二）项、第五十条规定给予的强制许可外，强制许可的实施应当主要为了供应国内市场。	**第五十八条** 除依照本法第**五十三条**第（二）项、第**五十五条**规定给予的强制许可外，强制许可的实施应当主要为了供应国内市场。

2008 年专利法	2020 年专利法
第五十四条　依照本法第四十八条第（一）项、第五十一条规定申请强制许可的单位或者个人应当提供证据，证明其以合理的条件请求专利权人许可其实施专利，但未能在合理的时间内获得许可。	**第五十九条**　依照本法第**五十三条**第（一）项、第五十**六**条规定申请强制许可的单位或者个人应当提供证据，证明其以合理的条件请求专利权人许可其实施专利，但未能在合理的时间内获得许可。
第五十五条　国务院专利行政部门作出的给予实施强制许可的决定，应当及时通知专利权人，并予以登记和公告。 给予实施强制许可的决定，应当根据强制许可的理由规定实施的范围和时间。强制许可的理由消除并不再发生时，国务院专利行政部门应当根据专利权人的请求，经审查后作出终止实施强制许可的决定。	**第六十条**　国务院专利行政部门作出的给予实施强制许可的决定，应当及时通知专利权人，并予以登记和公告。 给予实施强制许可的决定，应当根据强制许可的理由规定实施的范围和时间。强制许可的理由消除并不再发生时，国务院专利行政部门应当根据专利权人的请求，经审查后作出终止实施强制许可的决定。
第五十六条　取得实施强制许可的单位或者个人不享有独占的实施权，并且无权允许他人实施。	**第六十一条**　取得实施强制许可的单位或者个人不享有独占的实施权，并且无权允许他人实施。
第五十七条　取得实施强制许可的单位或者个人应当付给专利权人合理的使用费，或者依照中华人民共和国参加的有关国际条约的规定处理使用费问题。付给使用费的，其数额由双方协商；双方不能达成协议的，由国务院专利行政部门裁决。	**第六十二条**　取得实施强制许可的单位或者个人应当付给专利权人合理的使用费，或者依照中华人民共和国参加的有关国际条约的规定处理使用费问题。付给使用费的，其数额由双方协商；双方不能达成协议的，由国务院专利行政部门裁决。
第五十八条　专利权人对国务院专利行政部门关于实施强制许可的决定不服的，专利权人和取得实施强制许可的单位或者个人对国务院专利行政部门关于实施强制许可的使用费的裁决不服的，可以自收到通知之日起三个月内向人民法院起诉。	**第六十三条**　专利权人对国务院专利行政部门关于实施强制许可的决定不服的，专利权人和取得实施强制许可的单位或者个人对国务院专利行政部门关于实施强制许可的使用费的裁决不服的，可以自收到通知之日起三个月内向人民法院起诉。

2008 年专利法	2020 年专利法
第七章　专利权的保护	**第七章　专利权的保护**
第五十九条　发明或者实用新型专利权的保护范围以其权利要求的内容为准，说明书及附图可以用于解释权利要求的内容。 外观设计专利权的保护范围以表示在图片或者照片中的该产品的外观设计为准，简要说明可以用于解释图片或者照片所表示的该产品的外观设计。	**第六十四条**　发明或者实用新型专利权的保护范围以其权利要求的内容为准，说明书及附图可以用于解释权利要求的内容。 外观设计专利权的保护范围以表示在图片或者照片中的该产品的外观设计为准，简要说明可以用于解释图片或者照片所表示的该产品的外观设计。
第六十条　未经专利权人许可，实施其专利，即侵犯其专利权，引起纠纷的，由当事人协商解决；不愿协商或者协商不成的，专利权人或者利害关系人可以向人民法院起诉，也可以请求管理专利工作的部门处理。管理专利工作的部门处理时，认定侵权行为成立的，可以责令侵权人立即停止侵权行为，当事人不服的，可以自收到处理通知之日起十五日内依照《中华人民共和国行政诉讼法》向人民法院起诉；侵权人期满不起诉又不停止侵权行为的，管理专利工作的部门可以申请人民法院强制执行。进行处理的管理专利工作的部门应当事人的请求，可以就侵犯专利权的赔偿数额进行调解；调解不成的，当事人可以依照《中华人民共和国民事诉讼法》向人民法院起诉。	**第六十五条**　未经专利权人许可，实施其专利，即侵犯其专利权，引起纠纷的，由当事人协商解决；不愿协商或者协商不成的，专利权人或者利害关系人可以向人民法院起诉，也可以请求管理专利工作的部门处理。管理专利工作的部门处理时，认定侵权行为成立的，可以责令侵权人立即停止侵权行为，当事人不服的，可以自收到处理通知之日起十五日内依照《中华人民共和国行政诉讼法》向人民法院起诉；侵权人期满不起诉又不停止侵权行为的，管理专利工作的部门可以申请人民法院强制执行。进行处理的管理专利工作的部门应当事人的请求，可以就侵犯专利权的赔偿数额进行调解；调解不成的，当事人可以依照《中华人民共和国民事诉讼法》向人民法院起诉。

2008 年专利法	2020 年专利法
第六十一条 专利侵权纠纷涉及新产品制造方法的发明专利的，制造同样产品的单位或者个人应当提供其产品制造方法不同于专利方法的证明。 专利侵权纠纷涉及实用新型专利或者外观设计专利的，人民法院或者管理专利工作的部门可以要求专利权人或者利害关系人出具由国务院专利行政部门对相关实用新型或者外观设计进行检索、分析和评价后作出的专利权评价报告，作为审理、处理专利侵权纠纷的证据。	**第六十六条** 专利侵权纠纷涉及新产品制造方法的发明专利的，制造同样产品的单位或者个人应当提供其产品制造方法不同于专利方法的证明。 专利侵权纠纷涉及实用新型专利或者外观设计专利的，人民法院或者管理专利工作的部门可以要求专利权人或者利害关系人出具由国务院专利行政部门对相关实用新型或者外观设计进行检索、分析和评价后作出的专利权评价报告，作为审理、处理专利侵权纠纷的证据；**专利权人、利害关系人或者被控侵权人也可以主动出具专利权评价报告。**
第六十二条 在专利侵权纠纷中，被控侵权人有证据证明其实施的技术或者设计属于现有技术或者现有设计的，不构成侵犯专利权。	**第六十七条** 在专利侵权纠纷中，被控侵权人有证据证明其实施的技术或者设计属于现有技术或者现有设计的，不构成侵犯专利权。
第六十三条 假冒专利的，除依法承担民事责任外，由管理专利工作的部门责令改正并予公告，没收违法所得，可以并处违法所得四倍以下的罚款；没有违法所得的，可以处二十万元以下的罚款；构成犯罪的，依法追究刑事责任。	**第六十八条** 假冒专利的，除依法承担民事责任外，由**负责专利执法**的部门责令改正并予公告，没收违法所得，可以处违法所得**五倍**以下的罚款；没有违法所得**或者违法所得在五万元以下**的，可以处二十五万元以下的罚款；构成犯罪的，依法追究刑事责任。

2008 年专利法	2020 年专利法
第六十四条 管理专利工作的部门根据已经取得的证据，对涉嫌假冒专利行为进行查处时，可以询问有关当事人，调查与涉嫌违法行为有关的情况；对当事人涉嫌违法行为的场所实施现场检查；查阅、复制与涉嫌违法行为有关的合同、发票、账簿以及其他有关资料；检查与涉嫌违法行为有关的产品，对有证据证明是假冒专利的产品，可以查封或者扣押。 管理专利工作的部门依法行使前款规定的职权时，当事人应当予以协助、配合，不得拒绝、阻挠。	**第六十九条 负责专利执法的部门根据已经取得的证据，对涉嫌假冒专利行为进行查处时，有权采取下列措施： （一）询问有关当事人，调查与涉嫌违法行为有关的情况； （二）对当事人涉嫌违法行为的场所实施现场检查； （三）查阅、复制与涉嫌违法行为有关的合同、发票、账簿以及其他有关资料； （四）检查与涉嫌违法行为有关的产品； （五）对有证据证明是假冒专利的产品，可以查封或者扣押。 管理专利工作的部门应专利权人或者利害关系人的请求处理专利侵权纠纷时，可以采取前款第（一）项、第（二）项、第（四）项所列措施。 负责专利执法的部门、**管理专利工作的部门依法行使前**两款**规定的职权时，当事人应当予以协助、配合，不得拒绝、阻挠。
	第七十条 国务院专利行政部门可以应专利权人或者利害关系人的请求处理在全国有重大影响的专利侵权纠纷。 地方人民政府管理专利工作的部门应专利权人或者利害关系人请求处理专利侵权纠纷，对在本行政区域内侵犯其同一专利权的案件可以合并处理；对跨区域侵犯其同一专利权的案件可以请求上级地方人民政府管理专利工作的部门处理。

2008 年专利法	2020 年专利法
第六十五条 侵犯专利权的赔偿数额按照权利人因被侵权所受到的实际损失确定；实际损失难以确定的，可以按照侵权人因侵权所获得的利益确定。权利人的损失或者侵权人获得的利益难以确定的，参照该专利许可使用费的倍数合理确定。赔偿数额还应当包括权利人为制止侵权行为所支付的合理开支。 权利人的损失、侵权人获得的利益和专利许可使用费均难以确定的，人民法院可以根据专利权的类型、侵权行为的性质和情节等因素，确定给予一万元以上一百万元以下的赔偿。	**第七十一条** 侵犯专利权的赔偿数额按照权利人因被侵权所受到的实际损失**或者**侵权人因侵权所获得的利益确定；权利人的损失或者侵权人获得的利益难以确定的，参照该专利许可使用费的倍数合理确定。**对故意侵犯专利权，情节严重的，可以在按照上述方法确定数额的一倍以上五倍以下确定**赔偿数额。 权利人的损失、侵权人获得的利益和专利许可使用费均难以确定的，人民法院可以根据专利权的类型、侵权行为的性质和情节等因素，确定给予**三**万元以上**五**百万元以下的赔偿。 **赔偿数额还应当包括权利人为制止侵权行为所支付的合理开支。** **人民法院为确定赔偿数额，在权利人已经尽力举证，而与侵权行为相关的账簿、资料主要由侵权人掌握的情况下，可以责令侵权人提供与侵权行为相关的账簿、资料；侵权人不提供或者提供虚假的账簿、资料的，人民法院可以参考权利人的主张和提供的证据判定赔偿数额。**
第六十六条 专利权人或者利害关系人有证据证明他人正在实施或者即将实施侵犯专利权的行为，如不及时制止将会使其合法权益受到难以弥补的损害的，可以在起诉前向人民法院申请采取责令停止有关行为的措施。 申请人提出申请时，应当提供担	**第七十二条** 专利权人或者利害关系人有证据证明他人正在实施或者即将实施侵犯专利权、**妨碍其实现权利**的行为，如不及时制止将会使其合法权益受到难以弥补的损害的，可以在起诉前**依法**向人民法院申请采取**财产保全、责令作出一定**行为或者禁止作出一定行为的措施。

2008 年专利法	2020 年专利法
保；不提供担保的，驳回申请。 人民法院应当自接受申请之时起四十八小时内作出裁定；有特殊情况需要延长的，可以延长四十八小时。裁定责令停止有关行为的，应当立即执行。当事人对裁定不服的，可以申请复议一次；复议期间不停止裁定的执行。 申请人自人民法院采取责令停止有关行为的措施之日起十五日内不起诉的，人民法院应当解除该措施。 申请有错误的，申请人应当赔偿被申请人因停止有关行为所遭受的损失。	
第六十七条　为了制止专利侵权行为，在证据可能灭失或者以后难以取得的情况下，专利权人或者利害关系人可以在起诉前向人民法院申请保全证据。 人民法院采取保全措施，可以责令申请人提供担保；申请人不提供担保的，驳回申请。 人民法院应当自接受申请之时起四十八小时内作出裁定；裁定采取保全措施的，应当立即执行。 申请人自人民法院采取保全措施之日起十五日内不起诉的，人民法院应当解除该措施。	**第七十三条**　为了制止专利侵权行为，在证据可能灭失或者以后难以取得的情况下，专利权人或者利害关系人可以在起诉前**依法**向人民法院申请保全证据。
第六十八条　侵犯专利权的诉讼时效为二年，自专利权人或者利害关系人得知或者应当得知侵权行为之日起计算。	**第七十四条**　侵犯专利权的诉讼时效为**三**年，自专利权人或者利害关系人知**道**或者应当知**道**侵权行为**以及侵权人**之日起计算。

2008 年专利法	2020 年专利法
发明专利申请公布后至专利权授予前使用该发明未支付适当使用费的，专利权人要求支付使用费的诉讼时效为二年，自专利权人得知或者应当得知他人使用其发明之日起计算，但是，专利权人于专利权授予之日前即已得知或者应当得知的，自专利权授予之日起计算。	发明专利申请公布后至专利权授予前使用该发明未支付适当使用费的，专利权人要求支付使用费的诉讼时效为**三**年，自专利权人知**道**或者应当知**道**他人使用其发明之日起计算，但是，专利权人于专利权授予之日前即已知**道**或者应当知**道**的，自专利权授予之日起计算。
第六十九条 有下列情形之一的，不视为侵犯专利权： （一）专利产品或者依照专利方法直接获得的产品，由专利权人或者经其许可的单位、个人售出后，使用、许诺销售、销售、进口该产品的； （二）在专利申请日前已经制造相同产品、使用相同方法或者已经作好制造、使用的必要准备，并且仅在原有范围内继续制造、使用的； （三）临时通过中国领陆、领水、领空的外国运输工具，依照其所属国同中国签订的协议或者共同参加的国际条约，或者依照互惠原则，为运输工具自身需要而在其装置和设备中使用有关专利的； （四）专为科学研究和实验而使用有关专利的； （五）为提供行政审批所需要的信息，制造、使用、进口专利药品或者专利医疗器械的，以及专门为其制造、进口专利药品或者专利医疗器械的。	**第七十五条** 有下列情形之一的，不视为侵犯专利权： （一）专利产品或者依照专利方法直接获得的产品，由专利权人或者经其许可的单位、个人售出后，使用、许诺销售、销售、进口该产品的； （二）在专利申请日前已经制造相同产品、使用相同方法或者已经作好制造、使用的必要准备，并且仅在原有范围内继续制造、使用的； （三）临时通过中国领陆、领水、领空的外国运输工具，依照其所属国同中国签订的协议或者共同参加的国际条约，或者依照互惠原则，为运输工具自身需要而在其装置和设备中使用有关专利的； （四）专为科学研究和实验而使用有关专利的； （五）为提供行政审批所需要的信息，制造、使用、进口专利药品或者专利医疗器械的，以及专门为其制造、进口专利药品或者专利医疗器械的。

2008 年专利法	2020 年专利法
	第七十六条　药品上市审评审批过程中，药品上市许可申请人与有关专利权人或者利害关系人，因申请注册的药品相关的专利权产生纠纷的，相关当事人可以向人民法院起诉，请求就申请注册的药品相关技术方案是否落入他人药品专利权保护范围作出判决。国务院药品监督管理部门在规定的期限内，可以根据人民法院生效裁判作出是否暂停批准相关药品上市的决定。 **药品上市许可申请人与有关专利权人或者利害关系人也可以就申请注册的药品相关的专利权纠纷，向国务院专利行政部门请求行政裁决。** **国务院药品监督管理部门会同国务院专利行政部门制定药品上市许可审批与药品上市许可申请阶段专利权纠纷解决的具体衔接办法，报国务院同意后实施。**
第七十条　为生产经营目的使用、许诺销售或者销售不知道是未经专利权人许可而制造并售出的专利侵权产品，能证明该产品合法来源的，不承担赔偿责任。	**第七十七条**　为生产经营目的使用、许诺销售或者销售不知道是未经专利权人许可而制造并售出的专利侵权产品，能证明该产品合法来源的，不承担赔偿责任。
第七十一条　违反本法第二十条规定向外国申请专利，泄露国家秘密的，由所在单位或者上级主管机关给予行政处分；构成犯罪的，依法追究刑事责任。	**第七十八条**　违反本法第十九条规定向外国申请专利，泄露国家秘密的，由所在单位或者上级主管机关给予行政处分；构成犯罪的，依法追究刑事责任。

2008 年专利法	2020 年专利法
第七十二条 侵夺发明人或者设计人的非职务发明创造专利申请权和本法规定的其他权益的，由所在单位或者上级主管机关给予行政处分。	（删除）
第七十三条 管理专利工作的部门不得参与向社会推荐专利产品等经营活动。 管理专利工作的部门违反前款规定的，由其上级机关或者监察机关责令改正，消除影响，有违法收入的予以没收；情节严重的，对直接负责的主管人员和其他直接责任人员依法给予行政处分。	**第七十九条** 管理专利工作的部门不得参与向社会推荐专利产品等经营活动。 管理专利工作的部门违反前款规定的，由其上级机关或者监察机关责令改正，消除影响，有违法收入的予以没收；情节严重的，对直接负责的主管人员和其他直接责任人员依法给予处分。
第七十四条 从事专利管理工作的国家机关工作人员以及其他有关国家机关工作人员玩忽职守、滥用职权、徇私舞弊，构成犯罪的，依法追究刑事责任；尚不构成犯罪的，依法给予行政处分。	**第八十条** 从事专利管理工作的国家机关工作人员以及其他有关国家机关工作人员玩忽职守、滥用职权、徇私舞弊，构成犯罪的，依法追究刑事责任；尚不构成犯罪的，依法给予处分。
第八章 附 则	**第八章 附 则**
第七十五条 向国务院专利行政部门申请专利和办理其他手续，应当按照规定缴纳费用。	**第八十一条** 向国务院专利行政部门申请专利和办理其他手续，应当按照规定缴纳费用。
第七十六条 本法自 1985 年 4 月 1 日起施行。	**第八十二条** 本法自 1985 年 4 月 1 日起施行。

关于《中华人民共和国专利法修正案（草案）》的说明

——2018年12月23日在第十三届全国人民代表大会常务委员会第七次会议上

国家知识产权局局长　申长雨

委员长、各位副委员长、秘书长、各位委员：

我受国务院委托，现对《中华人民共和国专利法修正案（草案）》作说明。

一、修改的必要性

党中央、国务院高度重视知识产权保护。习近平总书记指出，要加强知识产权保护，完善执法力量，加大执法力度，把违法成本显著提上去，把法律威慑作用充分发挥出来。李克强总理强调，保护知识产权就是保护创新，要加强知识产权保护和运用，依法严厉打击侵犯知识产权和制假售假行为。当前，我国经济正处在转变发展方式、优化经济结构、转换增长动力的攻关期，创新是引领发展的第一动力，加强知识产权保护、提高自主创新能力，已经成为加快转变经济发展方式、实施创新驱动发展战略的内在需要。我国现行专利法于1985年施行，曾分别于1992年、2000年、2008年进行过三次修正，对鼓励和保护发明创造、促进科技进步和创新发挥了重要作用。随着形势发展，专利领域出现了一些新情况、新问题：专利权保护效果与专利权人的期待有差距，专利维权存在举证难、成本高、赔偿低等问题，跨区域侵权、网络侵权现象增多，滥用专利权现象时有发生；专利技术转化率不高，专利许可供需信息不对称，转化服务不足；适应加入相关国际条约和给发明人、设计人取得专利权提供更多便利的需要，专利授权制度也有待进一步完善。为了进一步贯彻落实党中央、国务院部署要求，解决实践中存在的问题，有必要修改现行专利法。

2015 年 7 月，国家知识产权局报请国务院审议《中华人民共和国专利法修订草案（送审稿)》。原国务院法制办收到此件后，深入调查研究，先后两次征求有关部门、地方政府和有关团体意见，并向社会公开征求意见，反复研究、修改完善。今年以来，司法部又会同国家知识产权局等部门根据新形势新要求，反复研究、协调、修改，形成了《中华人民共和国专利法修正案(草案)》(以下简称草案)。草案已经国务院第 33 次常务会议讨论通过。

二、草案主要内容

草案在总体思路上主要把握了以下三点：一是加强对专利权人合法权益的保护。加大对专利侵权行为的惩治力度，在充分发挥司法保护主导作用的同时，完善行政执法，提升专利保护效果和效率。二是促进专利实施和运用。完善对发明人、设计人激励机制以及专利授权制度，加强专利公共服务，为专利权的取得和实施提供更多便利，激发创新积极性，促进发明创造。三是将实践证明成熟的做法上升为法律规范。

（一）加强对专利权人合法权益的保护

一是加大对侵犯专利权的赔偿力度。规定：对故意侵犯专利权，情节严重的，可以在按照权利人受到的损失、侵权人获得的利益或者专利许可使用费倍数计算的数额一到五倍内确定赔偿数额；并将在难以计算赔偿数额的情况下法院可以酌情确定的赔偿额，从现行专利法规定的一万元到一百万元提高为十万元到五百万元。

二是完善举证责任。增加规定：人民法院为确定赔偿数额，在权利人已经尽力举证，而与侵权行为相关的账簿、资料主要由侵权人掌握的情况下，可以责令侵权人提供与侵权行为相关的账簿、资料，侵权人不提供或者提供虚假的账簿、资料的，人民法院可以参考权利人的主张和提供的证据判定赔偿数额。

三是完善专利行政执法。增加规定：国务院专利行政部门可以应专利权人或者利害关系人的请求处理在全国有重大影响的专利侵权纠纷；管理专利工作的部门应专利权人或者利害关系人的请求处理专利侵权纠纷，对在本行政区域内侵犯其同一专利权的案件可以合并处理；对跨区域侵犯其同一专利权的案件可以请求上级人民政府管理专利工作的部门处理。

四是明确网络服务提供者对网络侵权的连带责任。增加规定：专利权人或者利害关系人可以依据人民法院生效的判决书、裁定书、调解书，或者管理专利工作的部门作出的责令停止侵权的决定，通知网络服务提供者采取删除、屏蔽、断开侵权产品链接等必要措施，网络服务提供者未及时采取必要措施的，要承担连带责任。

五是明确诚实信用和禁止权利滥用原则。增加规定：申请专利和行使专利权应当遵循诚实信用原则，不得滥用专利权损害公共利益和他人合法权益或者排除、限制竞争。

（二）促进专利实施和运用

一是明确单位对职务发明创造的处置权。增加规定：单位对职务发明创造申请专利的权利和专利权可以依法处置，实行产权激励，采取股权、期权、分红等方式，使发明人或者设计人合理分享创新收益，促进相关发明创造的实施和运用。

二是加强专利转化服务。规定：国务院专利行政部门应当加强专利信息公共服务体系建设，提供专利信息基础数据，促进专利信息传播与利用；国务院专利行政部门、地方人民政府管理专利工作的部门应当会同同级相关部门采取措施，加强专利公共服务，促进专利实施和运用。

三是新设专利开放许可制度。增加规定：专利权人以书面方式向国务院专利行政部门声明愿意许可任何人实施其专利，并明确许可使用费支付方式、标准的，由国务院专利行政部门予以公告，实行开放许可；任何人有意愿实施开放许可的专利的，以书面方式通知专利权人，并依照公告的方式、标准支付许可使用费后，即获得专利实施许可。

（三）完善专利授权制度

一是新设外观设计专利申请国内优先权制度。规定：申请人自外观设计在国内第一次提出专利申请之日起六个月内，又就相同主题在国内提出专利申请的，可以享有优先权。

二是优化要求优先权程序。放宽专利申请人提交第一次专利申请文件副本的时限。

三是延长外观设计专利权保护期。适应我国加入关于外观设计保护的《海牙协定》需要，将外观设计专利权的保护期由现行专利法规定的十年延长至十五年。

草案和以上说明是否妥当，请审议。

全国人民代表大会宪法和法律委员会关于《中华人民共和国专利法修正案（草案）》修改情况的汇报

全国人民代表大会常务委员会：

常委会第七次会议对专利法修正案（草案）进行了初次审议。会后，法制工作委员会将草案印发各省、自治区、直辖市、基层立法联系点和中央有关部门以及部分高等院校、研究机构征求意见，在中国人大网全文公布草案征求社会公众意见。宪法和法律委员会、教育科学文化卫生委员会、法制工作委员会联合召开座谈会，听取中央有关部门、全国人大代表、协会、企业以及专家学者对草案的意见。宪法和法律委员会、法制工作委员会还到湖北、重庆进行调研，听取意见；并就草案的有关问题与有关部门交换意见，共同研究。宪法和法律委员会于2019年5月30日、2020年6月12日召开会议，根据常委会组成人员的审议意见和各方面意见，对修正案草案进行了逐条审议。教育科学文化卫生委员会、司法部、国家知识产权局和国家药品监督管理局的负责同志列席了会议。6月23日，宪法和法律委员会召开会议，再次进行了审议。现就专利法修正案（草案）主要问题的修改情况汇报如下：

一、有的地方、部门、单位和专家提出，现行专利法只对产品的整体外观设计给予专利保护，对于产品的局部设计创新未明确给予保护，不利于鼓励设计人积极从事外观设计专利创新，建议增加相关规定。宪法和法律委员会经研究，为鼓励设计行业创新，参照国际通行做法，建议对现行专利法第二条第四款关于外观设计定义的规定进行修改，增加对产品“局部的”外观设计给予专利保护的规定。

二、草案第一条在规定单位可以依法处置其职务发明创造专利的申请权和专利权的基础上，增加规定，单位实行产权激励，采取股权、期权、分红等方式，使发明人或者设计人合理分享创新收益，促进相关发明创造的实施和运用。有的常委会组成人员和地方、部门、专家提出，对于职务发明，单位是否进行产权激励，如何进行产权激励，属于单位自主决策的范围，法律不宜“一刀切”地提出要求。宪法和法律委员会经研究，建议将这些激励性规定作为倡导性规定，对现行专利法第十六条作出修改：国家鼓励被授予专利权的单位实行产权激励，采取股权、期权、分红等方式，使发明人或者设计人合理分享创新收益。

三、有的部门、单位和专家提出，反垄断法对排除、限制竞争的垄断行为，已作了明确规定，滥用专利权排除、限制竞争，构成垄断行为的，应当依据反垄断法进行处理。宪法和法律委员会经研究，建议将草案第二条修改为：滥用专利权，排除或者限制竞争，构成垄断行为的，依照反垄断法处理。

四、有的意见提出，新一轮机构改革后，专利复审委员会已被取消，专利复审申请、宣告专利权无效请求等，改由国家知识产权局作出审查决定，建议对专利法关于专利复审委员会的规定作出修改。宪法和法律委员会经研究，建议删除现行专利法第四十一条中“国务院专利行政部门设立专利复审委员会”的规定，同时将相关条款中的“专利复审委员会”删除，或者修改为“国务院专利行政部门”。

五、有的常委会组成人员和地方、部门提出，专利开放许可期间，专利权人也可以在开放许可之外，通过个别协商的方式作出普通许可，建议在法律中对相关内容予以明确；有的提出，专利权属于民事权利，当事人就实施开放许可发生纠纷的，除依法请求国务院专利行政部门调解外，也可以通过协商、诉讼等方式解决。宪法和法律委员会经研究，建议对草案的相关规定作如下修改：一是增加规定，开放许可期间，“专利权人也可以与被许可人就许可使用费进行协商后给予普通许可”；二是增加规定：当事人就实施开放许可发生纠纷的，“由当事人协商解决”；不愿协商或者协商不成的，可以请求国务院专利行政部门进行调解，“也可以向人民法院起诉”。

六、草案第十七条增加规定了网络专利侵权的处理和网络服务提供者的责任。有的常委委员和地方、部门提出，电子商务法对网络知识产权侵权通知删除规则和相关各方的责任作了详尽的规定，民法典侵权责任编对此也有规定，网络专利侵权处理，可以直接适用上述相关规定，专利法不必再作规定。宪法和法律委员会经研究，建议删去草案第十七条。

七、草案第十八条中规定，专利侵权法定赔偿数额的下限为十万元。有的常委会组成人员和地方、部门、专家提出，实践中相当比例的专利（主要是实用新型和外观设计）市场价值较低，十万元的赔偿数额偏高，对当事人责任过重，建议下调或者取消；有的提出，商标法对商标侵权的法定赔偿没有规定下限，建议衔接。宪法和法律委员会经研究，建议取消专利侵权法定赔偿十万元的下限。

八、落实有关经贸协议，涉及在专利法中对专利保护期补偿和药品专利纠纷早期解决机制问题作出规定。根据国家知识产权局关于专利保护期补偿问题的修改建议，国家药监局关于药品专利纠纷早期解决机制问题的修改建议，以及国家知识产权局关于专利新颖性问题的修改建议，在草案中分别增加了相应规定。

此外，还对草案作了一些文字修改。

修正案草案二次审议稿已按上述意见作了修改，宪法和法律委员会建议提请本次常委会会议继续审议。

修正案草案二次审议稿和以上汇报是否妥当，请审议。

全国人民代表大会宪法和法律委员会
2020 年 6 月 28 日

全国人民代表大会宪法和法律委员会关于《中华人民共和国专利法修正案（草案）》审议结果的报告

全国人民代表大会常务委员会：

常委会第二十次会议对专利法修正案草案进行了再次审议。会后，法制工作委员会在中国人大网全文公布草案二次审议稿征求社会公众意见。宪法和法律委员会、法制工作委员会就草案的有关问题与有关部门交换意见，共同研究。宪法和法律委员会于9月11日召开会议，根据常委会组成人员的审议意见和各方面意见，对草案进行了逐条审议。教科文卫委员会、司法部、国家知识产权局、国家药品监督管理局的有关负责同志列席了会议。9月29日，宪法和法律委员会召开会议，再次进行了审议。宪法和法律委员会认为，为保护专利权人合法权益，促进专利实施和运用，充分激发全社会的创新活力，针对实践中出现的新情况、新问题，对专利法进行修改是必要的；修正案草案经过两次审议修改，已经比较成熟。同时，提出以下主要修改意见：

一、有的常委会组成人员、社会公众提出，为鼓励专利权人自愿实行开放许可，促进专利实施和运用，建议增加关于激励措施的规定，开放许可实施期间，对专利权人缴纳专利年费相应给予减免。宪法和法律委员会经研究，建议采纳这一意见。

二、草案二次审议稿第二十二条规定，国务院专利行政部门可以处理在全国有重大影响的专利侵权案件；对跨区域侵犯同一专利权的案件，可以请求上级管理专利工作的部门处理。有的意见提出，实践中跨省域的专利侵权案件很多，都由国务院专利行政部门处理，能否做得到，建议研究；有的意见提出，国务院专利行政部门作为专利授权确权部门，不宜过多地直接处理具体案件，具体范围限定在“在全国有重大影响的案件”即可。宪法和法律委员会经研究，建议将相关规定修改为：对跨区域侵犯其同一专利权的案件可以请求上级“地方”人民政府管理专利工作的部门处理。

三、有的意见提出，为保护我国专利权相关当事人的合法权益，建议对现行专利法关于保全措施的规定进行完善，明确对于他人实施的妨碍专利权人、利害关系人实现权利的行为，专利权人、利害关系人可以在起诉前申请人民法院采取责令作出一定行为或者禁止作出一定行为的措施。宪法和法律委员会经研究，建议采纳这一意见。

四、为落实有关经贸协议，草案二次审议稿增加了关于药品专利纠纷早期解决机制的相关规定。有些常委会组成人员、社会公众建议，在平衡药品专利权人和仿制药申请人利益的基础上，对相关规定再作研究；有的建议对相关具体规定，如仿制药申请人的通知义务、等待期的设置、生物药是否适用等，进一步予以细化和完善；有的提出，部分规定属于药品审批的内容，不宜在专利法中规定。宪法和法律委员会经研究认为，药品专利纠纷早期解决机制属于新确立的制度机制，涉及药品专利权人和仿制药申请人利益平衡，应当稳妥推进；对于其中涉及专利的法律问题，专利法宜作原则规定、提供必要的法律依据，具体内容可由有关主管部门、司法机关依法予以细化并在实践中不断完善。据此，建议将相关规定整合修改后单列一条，规定：“药品上市审评审批过程中，药品上市许可申请人与有关专利权人或者利害关系人，因申请注册的药品相关的专利权产生纠纷的，相关当事人可以向人民法院起诉，请求就申请注册的药品相关技术方案是否落入他人药品专利权保护范围作出判决。国务院药品监督管理部门在规定的期限内，可以根据人民法院生效裁判作出是否暂停批准相关药品上市的决定。”“药品上市许可申请人与有关专利权人或者利害关系人也可以就申请注册的药品相关的专利权纠纷，向国务院专利行政部门请求行政裁决。”“国务院药品监督管理部门会同国务院专利行政部门制定药品上市许可审批与药品上市许可申请阶段专利纠纷解决的具体衔接办法，报国务院同意后实施。”

此外，还对草案二次审议稿作了一些文字修改。

9 月 23 日，法制工作委员会召开会议，邀请专家学者、企业、中介机构以及管理专利工作的部门、法院等方面的代表，就修正案草案中主要制度规范的可行性、法律出台时机、法律实施的社会效果和可能出现的问题等进行评估。总的评价是：专利法修正案草案坚持问题导向，针对实践中存在的突出问题，在专利权人合法权益保护、促进专利实施和运用以及完善专利授权确权等方面对相关制度进行了修改完善，符合社会各方面期待，能够较好地满足强化知识产权保护、激励科技创新的需要，总体是可行的。目前法律出台的时机已经成熟，建议尽快审议通过、颁布实施。有的会议代表还对修正案草案提出了一些具体修改意见，宪法和法律委员会进行了认真研究，建议结合常委会审议情况一并考虑。

宪法和法律委员会已按上述意见提出了全国人民代表大会常务委员会关于修改《中华人民共和国专利法》的决定（草案），建议提请本次常委会会议审议通过。

修改决定草案和以上报告是否妥当，请审议。

全国人民代表大会宪法和法律委员会
2020 年 10 月 13 日

全国人民代表大会宪法和法律委员会关于《全国人民代表大会常务委员会关于修改〈中华人民共和国专利法〉的决定（草案）》修改意见的报告

全国人民代表大会常务委员会：

本次常委会会议于10月13日下午对关于修改专利法的决定草案进行了分组审议。普遍认为，草案已经比较成熟，建议进一步修改后，提请本次常委会会议表决通过。同时，有些常委会组成人员还提出了一些修改意见。宪法和法律委员会于10月14日上午召开会议，逐条研究了常委会组成人员的审议意见，对草案进行了审议。教育科学文化卫生委员会、司法部、国家知识产权局、国家药品监督管理局的有关负责同志列席了会议。宪法和法律委员会认为，草案是可行的，同时，提出以下修改意见：

有的常委会组成人员建议，取消或者降低修改决定草案第二十三条规定的法定赔偿数额五万元的下限。宪法和法律委员会经研究认为，一方面规定法定赔偿数额下限有利于强化对专利权人合法权益的保护，另一方面也要考虑到实践中相当比例专利市场价值较低、侵权人生产经营规模较小的实际情况，经商有关方面，建议将法定赔偿数额的下限调整为三万元。

经与有关部门研究，建议将本决定的施行时间确定为2021年6月1日。

此外，根据常委会组成人员的审议意见，还对修改决定草案作了个别文字修改。

修改决定草案建议表决稿已按上述意见作了修改，宪法和法律委员会建议本次常委会会议审议通过。

修改决定草案建议表决稿和以上报告是否妥当，请审议。

全国人民代表大会宪法和法律委员会
2020年10月16日

附录二

宪法法律委、教科文卫委、法工委座谈会对专利法修正案草案的意见

5月9日，宪法法律委、教科文卫委、法工委联合召开座谈会，听取中央有关部门、人大代表、协会、企业及专家学者对专利法修正案草案（以下简称草案）的意见。普遍认为，为进一步保护创新者合法权益，促进专利实施和运用，针对实践中专利领域出现的新情况、新问题，对现行专利法进行修改是必要的，草案内容总体可行。同时，提出以下主要修改意见和建议：

一、关于职务发明

草案第一条对现行专利法第六条关于职务发明的规定作了修改，增加规定：单位对职务发明创造申请专利的权利和专利权可以依法处置，实行产权激励，采取股权、期权、分红等方式，使发明人或者设计人合理分享创新收益，促进相关发明创造的实施和运用。

1. 有的部门、代表和学者提出，单位作为职务发明创造申请专利的权利和专利权的所有人，如何处置其专利申请权或专利权，应属于单位自主决定的事情；同时，相关规则应区分国有单位和非国有单位而有所不同。实践中，正在就相关问题进行改革探索，尚未形成统一意见。建议在草案中暂不对这一问题作出

规定。

2. 有的单位和学者建议删除草案新增的关于对发明人进行产权激励的内容或在现行专利法第十六条中作出规定。

有的部门、单位和学者建议在权益分配和激励机制方面给予单位更多自主权，允许通过章程、规章制度规定或者合同约定。

3. 有的部门提出，高校和科研院所受事业单位国有资产管理相关规定的限制，他们持有的专利属于国有资产，是否拥有完全的所有权，是否可以自主处分，建议予以明确。

二、关于诚实信用和禁止权利滥用原则

草案第二条增加规定，申请专利和行使专利权应当遵循诚实信用原则。不得滥用专利权损害公共利益和他人合法权益或者排除、限制竞争。

1. 有的代表、单位和学者提出，民法总则对诚信原则已作明确规定，专利法中可不作重复规定，建议删除。

有的学者建议，对于违反诚实信用原则，以复制现有技术、编造使用等方式形成专利的，应承担刑事责任。

2. 有的部门、代表、单位和学者提出，对于滥用专利权的行为，通过反不正当竞争法或者反垄断法等法律规制即可，本法没必要重复规定，建议删除相关规定或作衔接性规定。

有的单位建议删除“他人合法权益或者排除、限制竞争”的表述，仅保留“不得滥用专利权损害公共利益”。

3. 有的部门建议增加规定，对被依法列为失信联合惩戒对象的，在专利申请时从严审核。

三、关于外观设计

1. 草案第七条第一款将外观设计专利权的保护期限由现行

的十年延长至十五年。

有的单位建议参考《工业品外观设计国际注册海牙协定（日内瓦文本）》的规定，建立外观设计专利保护期续展制度，明确外观设计专利权可以以每五年为期进行续展。

有的单位建议修改为，外观设计专利保护期为十年，根据专利权人的申请可以再延长五年。

2. 有的代表、部门、单位和学者建议增加局部外观设计保护的规定，对权利人和设计行业创新主体形成更有力的保障。

四、关于药品专利

1. 为补偿创新药品上市审评审批时间，草案第七条第二款规定了药品专利期限补偿制度，即对在中国境内与境外同步申请上市的创新药品发明专利，国务院可以决定延长专利权期限，延长期限不超过五年，创新药上市后总有效专利权期限不超过十四年。

有的单位提出，“同步”申请的含义不明确，建议修改为“在境外提交上市申请一年内”；同时建议明确“创新药品”的认定标准。有的代表建议配套出台药品专利延长制度的细化规定，明确创新药品的概念、境外的范围、国内外同步上市的期限、补偿期限计算等内容。

有的单位和学者建议将这一条规定的适用条件修改为“在中国境内首先申请上市以及先在中国境内申请上市并同步在国外申请上市的创新药品”。有的学者建议明确，只有审批时间不合理或者造成延误的才能提出申请，有正当理由的才可以延期。

有的单位和学者建议规定，当事人对药品专利权保护期限延长决定不服，有权提起行政复议或行政诉讼。

2. 有的单位建议增加药品专利链接制度的规定。

五、关于专利开放许可

草案第十条、第十一条、第十二条增加了专利开放许可的规定。

有的单位提出，开放许可制度有效运行的基础在于拥有大批高质量专利，我国现阶段是否有必要建立相关制度，建议再慎重研究。有的单位提出，是否给予专利许可，应由专利权人自主决定，法律似不宜干涉，建议删除开放许可的规定。

有的学者建议删除专利权人应当事先明确许可使用费支付方式、标准的规定；许可使用费应由双方协商，协商不成的，由专利权人确定。

有的单位和学者建议对实施开放许可的专利给予专利年费减免的优惠。

有的部门建议在草案第十二条中增加规定，当事人就开放许可发生纠纷的，可以向人民法院提起诉讼。

六、关于专利行政保护

1. 有的部门、单位和学者提出，1984 年专利法所确定的知识产权行政保护和司法保护并行的“双轨制”模式，在专利权保护方面发挥了积极作用。随着司法保护体系的日趋成熟，当前应充分发挥司法保护的主导作用，合理处理司法保护和行政执法之间的关系。

有的学者提出，目前知识产权保护的趋势是统一裁判标准，强化司法保护。去年，全国人大常委会还专门通过了关于专利等知识产权案件诉讼程序若干问题的决定，明确由最高人民法院审理专利等技术性较强的知识产权民事、行政上诉案件。在这种形势下，专利行政执法应当适当削弱，而不是加强。有的学者提出，假冒专利涉及行政管理，进行行政执法是可以的；专利侵权，主要是当事人之间的民事权利纠纷，利用行政资源进行处理，有无必要，是否合适，应再作慎重研究。有的学者提出，专利行政管理部门处理的专利案件主要集中在少数省份，即使保留专利行政执法，也应提高层级，限定在省级机构。

2. 草案第十四条对现行专利法第六十三条作了修改，规定了假冒专利的，除依法承担民事责任外，由负责专利执法的部门给予责令改正并予公告、没收违法所得、罚款等处罚。

有的部门建议增加规定，对假冒专利的可以责令停止销售。

3. 草案第十五条对现行专利法第六十四条作了修改，第一款规定了管理专利工作的部门、负责专利执法的部门根据已经取得的证据，对涉嫌侵犯专利权、假冒专利行为进行处理和查处的职权。

有的单位建议删除“管理专利工作的部门”以及第一款中的“侵犯专利权”；同时，建议将“负责专利执法的部门”限定为“国务院负责专利执法的部门，以及省、自治区、直辖市人民政府负责专利执法的部门”。

4. 草案第十六条规定，国务院专利行政部门、地方人民政府管理专利工作的部门可以应专利权人或者利害关系人请求处理专利权纠纷。

有的单位提出，本条与专利法历次修改所坚持的“强化司法保护、弱化行政执法”的方向不符，且专利侵权属于民事纠纷，行政权力不宜过多介入，建议删除本条。

有的学者提出，专利的授权和确权都在国务院专利行政部门，如果侵权处理还是在同一部门，从法理上“一条龙”的操作是否公正、公平、合理，建议认真研究。

七、关于网络专利侵权

草案第十七条第一款中规定，专利权人或者利害关系人可以依据人民法院生效的判决书、裁定书、调解书，或者管理专利工作的部门作出的责令停止侵权的决定，通知网络服务提供者采取删除、屏蔽、断开侵权产品链接等必要措施。

有的单位和代表提出，草案的规定和电子商务法的相关规定不一致，专利法有无必要对相关内容予以规定，建议再作研究或者做好两部法律的衔接。

有的单位建议明确，权利人有他人侵犯专利权的初步证据，就可以通知网络服务提供者采取必要措施。

八、关于专利司法保护

1. 草案第十八条增加了专利侵权惩罚性赔偿的规定，即对故意侵犯专利权，情节严重的，可以在按照上述方法确定数额的一倍以上五倍以下确定赔偿数额。

有的单位提出，草案规定的惩罚性赔偿的上限“五倍”过高，可能激励威胁性诉讼或引发“商业维权”，建议改为“三倍”。

有的部门提出，“情节严重的”不应作为适用惩罚性赔偿的要件，仅应作为确定惩罚性赔偿具体倍数的考量因素，建议删去“情节严重的”，即只要是故意侵犯专利权的，均可按一倍以上五倍以下确定赔偿数额。

2. 草案第十八条第二款将专利侵权的法定赔偿额由现行专利法规定的一万元以上一百万元以下，提高到十万元以上五百万元以下。

有的单位、代表和学者提出，目前被诉专利侵权的往往是小微企业，法定赔偿下限过高不仅难以执行，也容易催生滥用诉权的问题，且商标法、著作权法均未设法定赔偿下限，建议取消或者适当调低法定赔偿的下限。

有的单位提出，确定法定赔偿额的下限应当有依据，过高或过低都不好，建议以专利平均交易价格作为测算标准参考确定下限。

有的部门建议进一步适当提高法定赔偿额。

九、其他意见

1. 有的单位建议将主张外观设计国内优先权的当事人提交申请文件副本的期限，从提出专利申请之日起“三个月内”改为“四个月内”。

2. 有的代表建议对出具专利权评价报告的时间和条件做出规定。

有的单位建议明确专利权评价报告是否可以作为法定证据；同时，建议增加当事人可以对专利权评价报告提出更正请求的规定，并明确出具虚假专利权评价报告的法律责任。

有的学者提出，专利权人对专利权评价报告结论不服，应如何救济，建议明确。

3. 有的单位建议按照机构改革方案，对现行专利法中专利复审委员会的相关表述进行修改。

4. 有的单位建议明确，在专利权无效案件中，人民法院可以直接对专利权效力作出判定。

5. 有的学者提出，我国专利申请和授予专利权数量均居世界第一，现在需要解决如何提高授权专利质量的问题，建议将实用新型和发明专利合并，不再单设实用新型专利。

有的单位建议对实用新型和外观设计进行实质审查。

6. 有的单位建议增加专利代理行业管理的相关内容，对行业组织的法律地位和职能作出规定。

专利法修正案草案通过前评估情况

9月23日，法工委召开专利法修正案草案通过前评估会，邀请专家学者、企业、中介机构以及管理专利工作的部门、法院等方面的代表，就草案中主要制度规范的可行性、法律出台时机、法律实施的社会效果和可能出现的问题等进行评估。司法部、国家知识产权局的有关同志列席会议。现将有关情况简报如下：

一、关于主要制度规范的可行性和法律实施的社会效果

与会同志普遍认为，专利法修正案草案贯彻落实党中央决策部署，坚持问题导向，针对实践中存在的突出问题，充分吸收社会各方面意见，重点加强对专利权人合法权益的保护、促进专利实施和运用、完善外观设计专利制度，能够较好地满足加强知识产权保护、营造良好营商环境的需要和激励科技创新、建设创新型国家的需要，主要制度安排是可行的，已基本成熟，具备出台条件。同时，与会同志对修正案草案的各项制度分别进行了评价：

1. 关于外观设计专利。有的表示，修正案草案新增局部外观专利制度，符合国际通行做法、在华企业企盼以及学术界、业界共识，有利于引导企业更加重视产品设计创新，符合我国产业未来发展趋势。有的表示，这一制度有利于从根本上解决图形用

户界面（用图形方式显示的计算机操作用户界面）的保护依据问题，激励相关产业创新发展。有的表示，修正案草案将外观设计专利保护期延长至 15 年，为我国加入海牙协定作好了立法准备。对于国际外观设计保护体系建设，中国不能缺席，这一修改很有必要。有的表示，外观设计对创意产业发展日益重要，修正案草案对外观设计专利进行了系统修改完善，有利于企业更加灵活地运用专利制度，整合专利策略，实现快速、健康发展。

2. 关于职务发明。有的表示，修正案草案关于单位可以依法处置其职务发明专利权的规定，既有利于调动科研人员的积极性，促进科技成果的转化，又尊重了单位在职务发明中的正当权益，相较于直接在法律中规定科研人员的共有权，更为符合国际立法趋势和我国企业职务发明工作实际。有的表示，这一规定可以避免企业与员工之间发生不必要的专利权权属纠纷，有利于企业放心加大研发投入。

3. 关于禁止滥用专利权。有的表示，修正案草案将民法典中的诚实信用原则和禁止权利滥用原则引入专利法，具有重要意义，符合《与贸易有关的知识产权协定》精神。在中美经贸冲突的背景下，表明禁止权利滥用的法律立场是必要的。有的表示，修正案草案关于遵循诚实信用原则、不得滥用专利权的规定，有利于促进专利领域诚信建设，防止恶意诉讼，非常必要。

4. 关于药品专利权期限补偿和药品专利纠纷早期解决机制。有的表示，修正案草案借鉴国外专利立法先进经验，新增药品专利权期限补偿制度，对于医药行业是重大利好。有的表示，这一制度必将对北京市生物医药产业创新发展形成重要制度激励。有的表示，我国制药企业已经处于世界第二梯队，在创新药研发方面日益活跃，这一制度有利于激励企业进一步加大研发投入。有的提出，修正案草案新增药品专利纠纷早期解决机制，有利于在仿制药全面进入市场前确认专利权有效性，避免发生不必要的侵权，有利于促进我国医药行业发展，也顺应了国际发展潮流。有的表示，修正案草案对药品专利纠纷早期解决机制作出简化规定，是合适的。

5. 关于专利开放许可。有的表示，修正案草案借鉴发达国家做法，新增专利开放许可制度，非常必要，对于减少许可交易成本、促进专利技术应用，将起到积极的作用，整个制度设计合理且可行。有的表示，这一制度有利于专利权人找到更多潜在合作伙伴，促进专利权的广泛实施。有的表示，这一制度有利于企业和科研机构在更加充分的信息基础上对专利价值达成共识、在更加公允的条件下开展研发合作，有利于降低谈判难度、促进技术流动。有的表示，修正案草案规定对实行开放许可的专利权给予年费减免，有利于进一步激励专利权人开放许可其专利，扩大高质量专利技术供给，加快专利技术向现实生产力的转化。有的表示，为防止企业一方面享受专利年费减免，另一方面通过设定过高许可条件使开放许可落空，修正案草案强调“开放许可实施期间”，对专利权人缴纳专利年费相应给予减免，是必要且合理的。

6. 关于侵权损害赔偿。有的表示，修正案草案取消了计算侵权损害赔偿时，必须先计算实际损失再计算侵权所得的顺序要求，是符合实际、科学合理的。有的表示，修正案草案新增惩罚性赔偿制度，并提高法定赔偿额上限，有利于解决实践中侵权损害赔偿数额偏低问题，加大对专利权人的保护力度，对侵权人形成有力震慑。有的表示，专利侵权案件中举证难是个突出问题，修正案草案新增了举证妨碍制度的规定，有利于查明案件事实，更好计算侵权损害赔偿数额，有效弥补专利权人损失。

7. 关于诉前行为保全。有的表示，修正案草案将现行法单一的诉前禁令制度拓展至全面的行为保全制度，符合我国司法实践的现实需求。有的表示，这一修改，为法院颁布禁诉令和反禁诉令提供了依据，有利于在我国企业遭受国外不公正待遇时提供必要的保护，为我国企业开展涉外专利业务提供底气和竞争力。

二、关于法律出台时机

与会同志普遍认为，专利法修改受到全社会的高度关注，修正案草案主要制度符合社会、市场各方面的共识和预期，企业、中介机构、执法机构普遍期望专利法早日通过并颁布实施，现在出台是必要的、适时的。

有的表示，新冠肺炎疫情导致全球产业链格局发生重大变化，中美经贸纠纷凸显了激励科技创新的重要性，修正案草案的有关规定有利于加强专利权的保护、激励企业创新发展，应当早日出台，以便于企业抓住机会、化危为机，用好用足制度红利。

有的建议，新专利法颁布施行后，要及时制定配套法规，使新制度更好落地实施；在确定实施日期时，要为专利法实施细则等配套法规的修订留出必要时间；要做好法律的宣传贯彻工作，让社会、企业充分了解我国专利制度的最新进展。

三、对修正案草案的主要修改意见和建议

1. 有的建议，进一步明确局部外观设计侵权认定标准。

2. 有的建议，进一步明确“新药”的定义，并以是否在中国开展临床试验为标准，对专利权保护期限补偿制度作出差别规定。

3. 有的提出，专利行政部门应当细化专利开放许可相关制度设计，积极主动提供相关服务，如建立数据库，提供合同模板、操作指南等；应当明确实行开放许可的专利权有效性是否需要经过审查，开放许可人需要披露哪些信息，许可费率是否可以随着技术的发展而调整，专利权人撤回开放许可是否通过谈判终止已经给予的开放许可；应当引导专利开放许可市场形成公允价格，降低谈判成本，提高许可效率。

4. 有的建议，对专利行政执法限定启动条件，严格程序规范，强调客观中立。

5. 有的提出，实践中有许多价值不大的专利、情节轻微的专利侵权行为，无论是侵权获利还是给专利权人造成的实际损失，均远远达不到一万元，修正案草案有关法定赔偿五万元下限的规定过高。

专利法修正案草案向社会公众征求意见的情况

2019 年 1 月 4 日至 2 月 3 日，专利法修正案草案在中国人大网公布，征求社会公众意见，其间收到 208 位社会公众提出的 491 条意见，还收到部分单位和个人的来信 25 封。现将主要意见简报如下：

一、关于职务发明

草案第一条对现行专利法第六条第一款作了修改，增加规定，单位对职务发明创造申请专利的权利和专利权可以依法处置，实行产权激励，采取股权、期权、分红等方式，使发明人或者设计人合理分享创新收益。

有的提出，单位对职务发明的发明人或者设计人进行激励，应遵循意思自治的原则，由单位与发明人或者设计人依照合同约定进行；直接规定“产权激励”的方式，限制了单位对职务发明的发明人或者设计人的激励方式，同时可能会对单位申请专利的积极性和生产经营产生不利影响，建议删去产权激励的内容。

有的建议增加一款：“军队系统科研单位对职务发明创造申请专利的权利和专利权依照本法处置，具体处置方式和对发明人或者设计人实施创新收益分享的方式由军队专利管理部门作出规定。”

有的提出，对职务发明的发明人或者设计人给予奖励、报酬，现行专利法第十六条已经作了规定，可在该条中对相关内容进行完善。

二、关于诚实信用原则

草案第二条增加规定，申请专利和行使专利权应当遵循诚实信用原则。不得滥用专利权损害公共利益和他人合法权益或者排除、限制竞争。

有的提出，民法总则等相关法律已将诚实信用作为民商事行为的基本原则，无须再行规定，建议删去本条。

有的建议删去“不得滥用专利权损害公共利益和他人合法权益或者排除、限制竞争”的规定，主要理由是：专利权的本质在于垄断，目的是排除、限制他人的竞争，将诚实信用原则与不得滥用专利权放在一起，容易造成误解；滥用专利权的行为难以界定，不易把握。有的建议删去上述规定中的“他人合法权益”。

有的建议增加不得滥用专利申请权的规定。

三、关于创新药品专利权延期

草案第七条第二款增加规定，为补偿创新药品上市审评审批时间，对在中国境内与境外同步申请上市的创新药品发明专利，国务院可以决定延长专利权期限，延长期限不超过五年，创新药上市后总有效专利权期限不超过十四年。

1. 有的建议与现行药品管理法等有关法律、实际审批规则相衔接，将“创新药品”“创新药”改为“新药”，将“上市审评审批时间”改为“注册审评审批时间”“因临床试验和审评审批延误上市的时间”。

2. 有的建议删除同步申请上市的要求，或者将“在中国境内与境外同步申请上市”改为“首先在中国境内获准上市或在中国境内与境外同步注册申请并获准在中国境内上市”。

3. 有的建议延长创新药品专利权延长的期限和总期限；对延长专利权期限的计算方法进行明确或者授权国务院专利行政主管部门确定。有的建议授权国务院制定药品专利期限补偿管理办法，并明确适用补偿的范围、申请条件、期限计算方法、申请程序和资料等内容。

4. 有的建议增加农药专利权延期的规定。

四、关于专利开放许可

草案第十条、第十一条、第十二条增加了专利开放许可的规定。

1. 草案第十二条规定，当事人就实施开放许可发生纠纷的，可以请求国务院专利行政部门进行调解。

有的提出，实施专利开放许可中的纠纷，应优先按照合同约定解决，再申请国务院专利行政部门调解、提起诉讼。有的建议增加“开放许可其他权利人”请求国务院专利行政部门进行调解的内容。

2. 有的建议增加对开放许可减免年费、撤回开放许可的相关规定。

3. 有的提出，开放许可与强制许可性质不同，不应在同一章中规定。

4. 有的提出，从其他国家的实践经验看，开放许可制度在鼓励创新、促进科技成果运用方面实际作用不大，建议删去开放许可的相关条款。

五、关于网络专利侵权

草案第十七条规定，专利权人或者利害关系人可以依据人民法院生效的判决书、裁定书、调解书，或者管理专利工作的部门作出的责令停止侵权的决定，通知网络服务提供者采取删除、屏蔽、断开侵权产品链接等必要措施。

1. 有的提出，电子商务法规定，知识产权权利人具有其权利受到损害的初步证据，就可以通知电子商务平台采取删除、屏蔽、断开侵权产品链接等必要措施。草案的规定与电子商务法的规定不一致，建议作出修改。

2. 有的建议增加未采取必要措施的网络服务提供者承担相应法律责任的规定，增加惩罚性赔偿的规定。

3. 有的提出，草案这一规定对网络服务提供者施加的负担过重，建议删去。

六、关于专利行政保护

1. 草案第十三条将原专利法第六十一条改为第六十六条，并在第二款中增加规定："双方当事人也可以主动出具专利权评价报告"。

有的建议将"可以主动出具"改为"应当主动出具"；或改为"由国务院专利行政部门出具"。有的建议将"专利权评价报告"改为"专利权实质审查报告"。

有的提出，草案增加的内容是举证策略问题，写入草案没有实际意义，建议删去。

2. 草案第十五条对现行专利法第六十四条作了修改，第一款规定了管理专利工作的部门、负责专利执法的部门根据已经取得的证据，对涉嫌侵犯专利权、假冒专利行为进行处理和查处的职权。

有的提出，行政机关对涉嫌侵犯专利权、假冒专利的行为判断能力不足，建议限制行政机关的权力，或者将管理专利工作的部门、负责专利执法的部门限定在省级以上；有的建议明确规定管理专利工作的部门、负责专利执法的部门的级别和对应权限。有的建议明确，专利行政部门只有在应当事人申请处理专利纠纷时，才有权采取相应措施。

3. 草案第十六条规定，国务院专利行政部门、地方人民政府管理专利工作的部门可以应专利权人或者利害关系人请求处理专利侵权纠纷。

有的提出，专利侵权属于民事纠纷范畴，应当由人民法院进行审理，建议删去草案这一规定。

七、关于专利司法保护

1. 草案第十八条第一款、第二款对专利侵权赔偿数额的确定作了规定，将专利侵权的法定赔偿数额明确为十万元以上五百万元以下；同时，增加了专利侵权惩罚性赔偿的规定，即对故意侵犯专利权，情节严重的，可以在按照上述方法确定数额的一倍以上五倍以下确定赔偿数额。

有的建议将法定赔偿数额由“十万元以上五百万元以下”改为“五百万元以下”“一万元以上”，将惩罚性赔偿由“一倍以上五倍以下”修改为“两倍以上五倍以下”。

2. 草案第二十一条将侵犯专利权、要求支付使用费的诉讼时效由二年改为三年。

有的建议保留诉讼时效二年的规定；有的建议将诉讼时效延

长至四年。

八、关于专利审查和专利无效

1. 现行专利法第四十六条规定，对专利复审委员会宣告专利权无效或者维持专利权的决定不服的，可以自收到通知之日起三个月内向人民法院起诉。人民法院应当通知无效宣告请求程序的对方当事人作为第三人参加诉讼。

有的提出，专利无效诉讼实质上解决平等民事主体之间关于专利有效性的争端，现行程序下专利复审委员会为唯一被告，限制了民事主体之间和解、撤诉的权利，建议对相关制度进行完善。有的建议明确，在专利无效诉讼中，将对方当事人作为被告，专利复审委员会作为第三人参加诉讼。

有的提出，为解决专利授权确权程序中循环诉讼问题，建议在这一条中明确规定，人民法院可以直接对专利权效力问题作出判决。

2. 有的建议对实用新型和外观设计专利的审查由目前的形式审查改为实质审查。

九、其他意见

1. 草案第三条将现行专利法第二十一条第二款进行修改，规定国家专利行政部门定期出版专利公报，完整、准确、及时发布专利信息，提供专利信息基础数据。

有的建议对“专利信息基础数据”进行界定，有的建议改为“专利信息数据”；明确规定专利信息基础数据免费向公众提供。

2. 有的建议在草案中增加专利间接侵权的规定。

3. 有的建议增加对商业模式等新形态创新成果的保护；对

以科学方法培养出的植物品种授予专利。

4. 有的建议完善外观设计制度，延长外观设计国内优先权的期限；有的建议将局部外观设计纳入专利法的保护范围；有的建议将“包含图形用户界面的产品”（即软件）纳入外观设计保护范围。

5. 有的建议增加药品专利链接制度的相关规定，明确就落入他人专利保护范围的药品向药品监督管理部门提交药品上市申请的，视为侵犯专利权。

6. 有的建议规定，“中央军委专利行政管理部门负责管理军队系统专利工作”。

专利法修正案草案二次审议稿向社会公众征求意见的情况

2020年7月3日至8月16日，专利法修正案草案二次审议稿在中国人大网公布，向社会公开征求意见。共收到592位社会公众提出的1057条意见，还收到来信26封。现将主要意见简报如下：

一、关于局部外观设计

草案二次审议稿第一条增加了对产品的局部外观设计给予专利保护的规定。

1. 有的意见提出，现行专利法并未明确排除对局部外观设计的保护，本条可以不作修改。

2. 有的意见提出，现行外观设计专利无须实质审查，存在大量垃圾专利。在此情况下，若仅增加局部保护而无更完善的配套审查制度，可能会导致外观设计市场混乱度增加，建议作好后续配套制度设计。

二、关于专利新颖性

1. 现行专利法第二十二条第二款规定，新颖性，是指该发明或者实用新型不属于现有技术；也没有“任何单位或者个人”就同样的发明或者实用新型在申请日以前向国务院专利行政部门提出过申请，并记载在申请日以后公布的专利申请文件或者公告的专利文件中（即不存在抵触申请）。

有的意见提出，抵触申请应当限于他人的在先申请，不包括申请人本人的在先申请，否则，研发团队拟提出多项相关专利申请的，必须等到相关专利申请都撰写完成后同日提交，以免自己的在先申请成为自己在后申请的障碍。建议将“任何单位或者个人”修改为“他人”。

2. 根据草案二次审议稿第七条的规定，申请专利的发明创造在申请日以前六个月内，在国家出现紧急状态或者非常情况时，为公共利益目的首次公开的，不丧失新颖性。

有的意见建议，将公开的主体限定为“国务院或省级政府”。

三、关于职务发明

1. 草案二次审议稿第二条规定，单位可以依法处置其职务发明创造申请专利的权利和专利权，促进相关发明创造的实施和运用。

有的意见提出，“依法处置其职务发明创造申请专利的权利和专利权”是专利权的应有之义，建议删除。

有的意见提出，“申请专利的权利”和“专利申请权”不同，前者指发明创造的初始权利归属、可以转让，后者指启动专利申请程序的权利，建议对二者作出区分。

2. 草案二次审议稿第四条第二款规定，国家鼓励被授予专利权的单位实行产权激励，采取股权、期权、分红等方式，使发明人或者设计人合理分享创新收益。

有的意见提出，单位与职务发明人或设计人之间的利益分配，属于双方意思自治的范围，本款规定有限制单位与发明人或者设计人自由约定、协商的嫌疑，建议删除。

有的意见提出，“产权激励”的内涵、外延不明确，建议修改为“专利权运用收益激励措施”。

有的意见建议修改为，国家鼓励被授予专利权的“科研机构、高等院校下放专利的使用权、收益权、处分权”，采取股权、期权、分红等方式，使发明人、设计人“或者在推广运用中作出贡献的人员”合理分享“职务发明创造转化”的收益。

3. 现行专利法第六条第三款规定，利用本单位的物质技术条件所完成的发明创造，单位与发明人或者设计人订有合同，对申请专利的权利和专利权的归属作出约定的，从其约定。

有的意见建议删去“订有合同”。

有的意见建议进一步明确规定，没有约定的，申请专利的权利属于发明人或者设计人。

四、关于诚实信用和禁止权利滥用原则

草案二次审议稿第五条第二款规定，滥用专利权，排除或者限制竞争，构成垄断行为的，依照《中华人民共和国反垄断法》处理。

1. 有的意见提出，上述规定与加大专利权保护的导向不符，建议删除；有的意见则认为，上述规定克服了草案有关规定在法律适用上的模糊性与不确定性，有利于实现专利法与反垄断法的有效衔接，表示赞同。

2. 有的意见提出，滥用专利权，除构成垄断行为外，还存在多种情形，如“专利流氓”“放水养鱼”等。建议仅作原则规定，不得滥用专利权排除、限制竞争。

3. 有的意见建议明确规定滥用专利权应当承担的法律责任。

五、关于专利权期限补偿

1\. 草案二次审议稿第十二条第二款规定，自发明专利申请日起满四年，且自实质审查请求之日起满三年后授予发明专利权的，专利权人可以就发明专利在授权过程中的不合理延迟请求补偿专利有效期，但由申请人引起的不合理延迟除外。

有的意见提出，因专利审查迟延给予专利期补偿，是美国特有制度，其他国家没有类似做法；中美经贸协议对此也没有提出要求，建议删除这一款。

有的意见建议，将专利保护期限的起算日由“申请日”改为“专利申请公布之日”。

有的意见建议增加关于国务院专利行政部门专利审查迟延的法律责任的规定。

2\. 草案二次审议稿第十二条第三款规定，为补偿新药上市审评审批占用时间，对在中国获得上市许可的新药发明专利，国务院专利行政部门可以应专利权人的请求给予期限补偿。补偿期限不超过五年，新药上市后总有效专利权期限不超过十四年。

有的意见提出，新药获批后不一定立即上市，建议将新药“上市后”总有效专利权期限不超过十四年，修改为“获批后”不超过十四年。

有的意见建议删除本款规定，或者对本款规定开展公共健康影响评估。理由是：第一，我国创新药的研究、开发、临床水平，与欧美发达国家相比还有很大差距，对新药补偿专利保护期，对我国本土制药企业的发展不利；第二，对新药补偿专利保护期，会推迟仿制药上市进而推迟市场竞争，造成药品价格居高不下，影响药物可及性，尤其是救命药的可负担性，给政府公共财政造成负担；第三，对于药品上市审批时间过长问题，可通过加快新药审评审批效率，开展新药国际多中心共同临床、审批等方式加以解决。

有的意见建议增加配套规定，以减轻这一制度可能带来的负面影响。如：明确规定在政府发布专利实施强制许可时，专利保护期延长自动中止；对于应对公共健康危机所需的药品或其他医疗物资的专利技术不适用专利期补偿制度，已经补偿的中止适用；缩小这一制度的适用范围，仅适用于药品的基础化合物专利；将 5 年补偿期缩短至 2 年；允许公众或第三方就是否给予专利期补偿提出异议。

六、关于专利开放许可

1. 草案二次审议稿第十六条对专利开放许可声明作了规定。

有的意见建议增加规定，专利权人提出开放许可声明时，应当保证该专利权不存在独占许可或者排他许可。

有的意见建议，对实行开放许可的专利权给予年费减免。

2. 草案二次审议稿第十八条规定，当事人就实施开放许可发生纠纷的，由当事人协商解决；不愿协商或者协商不成的，可以请求国务院专利行政部门进行调解，也可以向人民法院起诉。

有的意见建议增加规定，行政调解结果具有法律约束力，被许可人不执行又不起诉的，专利权人可以向法院申请强制执行。被许可人不支付使用费的，专利权人可以向法院申请禁止其实施专利技术。

有的意见建议增加规定，被许可人可以要求专利权人提起诉讼以制止侵权行为，被许可人提出要求后 2 个月内专利权人未起诉的，被许可人可以以自己的名义提出侵权诉讼。

七、关于药品专利纠纷早期解决机制

1. 草案二次审议稿第二十七条第一款规定，专利权人或者利害关系人认为申请上市药品的相关技术方案落入中国上市药品专利信息登记平台登载的相关专利权保护范围的，可以自国务院药品监督管理部门公示药品上市许可申请之日起三十日内向人民法院提起诉讼或者向国务院专利行政部门申请行政裁决。专利权人或者利害关系人逾期未提起诉讼或者请求行政裁决的，药品上市许可申请人可以请求人民法院或者国务院专利行政部门确认申请上市药品的相关技术方案不落入中国上市药品专利信息登记平台登载的相关专利权保护范围。

有的意见建议进一步明确药品专利纠纷早期解决机制的适用情形，即只有药品上市申请人就申请上市药品作出不侵犯他人专利权或认为他人相关专利权无效的声明，才需要启动这一机制；如果药品上市申请人仅作出等待专利期满再上市的声明的，则无须启动这一机制。

有的意见建议增加规定，药品上市许可申请人提出不侵权或专利无效的声明后，应当通知专利权人或者利害关系人，并且充分说明事实和理由，例如提供相关数据、申报信息和样品等，以减轻专利权人、利害关系人防范侵权的负担。

有的意见提出，要求专利权人等自公示之日起“三十日内”起诉或申请行政裁决，对于外国当事人准备时间太短，建议延长至“三个月内”；或者将“自公示之日起”三十日内起诉或申请行政裁决，修改为“收到国务院药品监督管理部门通知之日起”三十日内。

有的意见提出，如果专利权人就仿制药的相关技术方案是否落入专利权保护范围向国务院专利行政部门申请行政裁决，同时仿制药企业向国务院专利行政部门申请宣告专利权无效，国务院专利行政部门是合并审查一并作出裁决，还是分别审查、前者等待后者的审查结果，建议明确。

有的意见建议明确，新药品上市许可审批前专利权人或者利害关系人逾期未提起诉讼或者请求行政裁决的，可以在争议药品上市许可审批后寻求侵权救济。

2. 有的意见提出，草案二次审议稿第二十七条第二款要求人民法院或者国务院专利行政部门自专利权人或者利害关系人请求受理之日起九个月内作出生效裁判或者行政裁决，实践中很难做到，建议延长至十二个月、十八个月或者二十四个月。

3. 有的意见建议，对引入药品专利纠纷早期解决机制进行公共健康影响评估。理由是，这一机制超过了 TRIPS 协议设定的知识产权保护的最低要求，会影响现行专利法第六十九条第（五）项关于博拉例外的适用，并可能推迟仿制药的上市，进而推迟市场竞争，对社会公共利益造成不良影响。有的意见建议明确，这一机制不影响博拉例外的适用，仿制药可以在原研药专利期满前提交注册申请，并且药品监管部门对仿制药注册申请的审评工作不受专利有效性的影响。

4. 有的意见建议，生物制品、中药药品也适用药品专利纠纷早期解决机制。

5. 有的意见提出，药品专利纠纷早期解决机制的内容已超出专利法的范畴；这一机制在我国未有实践，争议较大。建议专利法仅作原则规定，并授权国务院或相关部门制定具体办法。

八、关于专利侵权行为的认定

1. 有的意见建议增加关于“不责令停止侵权”的规定：人民法院经审理认为或管理专利工作的部门经审查认为，责令停止侵权会造成当事人之间的重大利益失衡，或者有悖社会公共利益，或者实际上无法执行，可以根据案件具体情况进行利益衡量的，可以不责令停止侵权，但应给予专利权人充分的赔偿或经济补偿。专利权人长期放任侵权、怠于维权，在其请求停止侵害时，倘若判令或责令停止有关行为会在当事人之间造成较大的利益不平衡，可以不责令停止侵权行为，但不影响依法给予专利权人合理的赔偿。

2. 现行专利法第七十条规定，为生产经营目的使用、许诺销售或者销售不知道是未经专利权人许可而制造并售出的专利侵权产品，能证明该产品合法来源的，不承担赔偿责任。

有的意见提出，实践中存在销售商或批发商委托、引诱生产企业大量制造侵权产品的情况，建议加大委托人、引诱人的赔偿责任，减轻不知道所生产的是侵权产品的受委托、被引诱的生产企业的赔偿责任。

有的意见提出，目前我国对诱导他人实施专利的间接侵权案件往往通过认定共同侵权来处罚，建议明确将其作为独立的侵权行为。

3. 有的意见建议增加规定，受到专利侵权指控威胁的民事权利主体认为其行为不构成专利侵权的，可以向人民法院提起确认不侵犯专利权之诉。

九、关于专利行政保护

1. 草案二次审议稿第二十一条第二款对管理专利工作的部

门应请求处理专利侵权纠纷时可以采取的措施作了规定。

有的意见提出，专利权本质是私权，公权力不宜介入，且各地行政执法水平、力度不一，建议删除本款规定。

2. 草案二次审议稿第二十二条规定，国务院专利行政部门可以应专利权人或者利害关系人的请求处理在全国有重大影响的专利侵权纠纷；对跨区域侵犯其同一专利权的案件可以请求上级人民政府管理专利工作的部门处理。

有的意见提出，在互联网环境下，跨省专利侵权纠纷很多，都集中到国家知识产权局处理不现实，建议修改为，除重大案件由国家知识产权局管辖，侵权纠纷由侵权人所在地或者侵权行为地地方人民政府管理专利工作的部门管辖。

有的意见提出，专利行政部门不宜处理专利侵权纠纷，建议删除本条规定。

3. 现行专利法第六十条规定，专利侵权纠纷可以请求管理专利工作的部门处理；当事人不服的，可以提起行政诉讼；管理专利工作的部门应当事人的请求，可以就侵犯专利权的赔偿数额进行调解。

有的意见建议就不服管理专利工作的部门处理结果提起的诉讼，由行政诉讼改为民事诉讼；并增加对管理专利工作的部门的调解结果予以司法确认的规定。

4. 有的意见建议，针对反复侵权问题加大处罚力度，如吊销营业执照、列入黑名单、追究刑事责任等。

十、关于专利司法保护

1. 草案二次审议稿将专利侵权法定赔偿数额由“十万元以上五百万元以下”修改为“五百万元以下”。

有的意见建议进一步提高法定赔偿数额的上限至三千万元。

有的意见提出，法定赔偿数额的下限不宜取消。

2. 草案二次审议稿第十九条规定，专利侵权纠纷涉及实用新型专利或者外观设计专利的，人民法院或者管理专利工作的部门可以要求专利权人或者利害关系人出具由国务院专利行政部门作出的专利权评价报告作为证据；专利权人、利害关系人或者被控侵权人也可以主动出具专利权评价报告。

有的意见建议进一步明确专利权评价报告对专利侵权纠纷的效力，即专利权评价报告中明确涉案专利缺乏新颖性和创造性的，人民法院或者管理专利工作的部门可以驳回权利人的请求。

有的意见提出，有的地方法院对没有专利权评价报告的侵权案件不给立案；如果专利权评价报告错误，专利权人很难纠正，且无法复议和诉讼，缺乏有效救济途径，建议研究解决。

3. 草案二次审议稿第二十六条规定，侵犯专利权的诉讼时效为三年，自专利权人或者利害关系人得知或者应当得知侵权行为以及侵权人之日起计算。

有的意见建议，将侵犯专利权的诉讼时效改为二年。有的意见建议增加关于最长诉讼时效的规定，即自专利权受到损害之日起超过二十年的，人民法院不予保护；有特殊情况的，人民法院可以根据权利人的申请决定延长。

4. 有的意见建议，在专利侵权诉讼中引入专利无效抗辩制度，赋予法院对专利权有效性进行审查的权力，以提高处理专利侵权纠纷的效率。

5. 有的意见建议增加关于抵触申请抗辩的规定，即在专利侵权纠纷中，被控侵权人有证据证明有其他任何人就同样的发明、实用新型或外观设计在申请日以前向国务院专利行政部门提出过申请，并记载在申请日以后公布的专利申请文件或者公告的专利文件中的，不构成侵犯专利权。

6. 有的意见建议增加规定，在后专利与在先专利技术特征相同或等同，在后专利权人未经在先专利权人同意或许可实施在先专利的，应当承担侵权责任。

十一、其他意见

1. 现行专利法第二十二条第五款规定，本法所称现有技术，是指申请日以前在国内外为公众所知的技术。

有的意见提出，“申请日以前”包含申请日，但认定现有技术时不应包括申请日当天，建议修改为“申请日前”。

2. 现行专利法第二十五条第一款规定，“疾病的诊断和治疗方法”不授予专利权。

有的意见建议，对“全部以计算机程序实现的人工智能辅助诊断方法”，可以授予专利权。

3. 现行专利法第二十五条第二款规定，动物和植物品种的生产方法，可以依照本法规定授予专利权。

有的意见提出，动物和植物品种的生物学生产方法不宜授予专利权，建议修改为，动物和植物品种的“非生物学”生产方法，可以授予专利权。

4. 现行专利法第三十一条规定，同一产品两项以上的相似外观设计，或者用于同一类别并且成套出售或者使用的产品的两项以上外观设计，可以作为一件申请提出。

有的意见建议增加规定，属于一个总的设计构思的同一类别不成套出售或使用的产品的多项相似外观设计，可以作为一件申请提出。

5. 有的意见建议增加规定，专利授权后，专利权人可以向国家知识产权局申请缩小专利权保护范围，以维持其专利权的有效性。

6. 有的意见建议增加规定，专利代理机构和专利代理人不得以自己的名义请求宣告专利权无效。

有的意见建议增加规定，专利被宣告无效的，专利权人应承担无效宣告的必要费用。

7. 有的意见建议增加规定，对标准必要专利、事实上的标准必要专利、实施专利不得不使用的在先专利，由国家知识产权局作出认定并实施强制许可。

8. 有的意见提出，专利权属于私权，而非行政特许权，其设立的公示形式应当是登记，设立前的审查程序属于对发明创造“可专利性（新颖性、创造性、实用性等）”的行政确认程序，建议修改草案二次审议稿中有关“批准”专利申请、“授予”专利权等具有行政许可性质的表述。

9. 有的意见提出，草案二次审议稿中同时使用“专利行政部门”“管理专利工作的部门”和“负责专利执法的部门”的表述，三者的指向、关系不够清晰，建议修改完善。

专利法修正案草案湖北调研简报

近日，宪法法律委副主任委员江必新与经济法室的有关同志赴湖北，就专利法修正案草案（以下简称草案）进行调研。其间，召开座谈会听取了湖北省有关部门、专家学者以及部分科研机构、企业的意见，并到中科院武汉分院实地调研。现将有关情况简报如下：

一、湖北省专利申请、授权和审判的有关情况

2018年，湖北省专利申请13.0万件，授权6.4万件，同比增长17.8%和38.3%；其中发明专利申请5.5万件，授权1.1万件，同比增长6.5%和4.7%；实用新型专利申请6.4万件，授权4.4万件，同比增长28.2%和53.6%；外观设计专利申请1.1万件，授权8363件，同比增长24.7%和26.3%。

2018年，湖北省法院系统专利民事一审案件560件，占全部知识产权民事一审案件的5.82%。主要特点是：第一，绝对数量不大，但增长较快，2016年至2018年的案件数分别为141件、313件、560件。第二，以实用新型专利和外观设计专利纠纷为主，发明专利纠纷较少。第三，专利侵权案件中，专利权人起诉销售商、终端用户的案件（60%）远多于起诉生产商、批发商的案件；判决侵权成立的，绝大多数适用法定赔偿；判决侵权不成立的，举证难是主要原因。

二、湖北省有关部门、专家学者以及部分科研机构、企业对草案的意见

普遍认为，为实施创新驱动发展战略，加强知识产权保护、提高自主创新能力，加快经济发展方式转变，对现行专利法进行修改，非常必要。草案针对当前专利领域的新情况、新问题进行修改、完善，有利于加强对专利权人合法权益的保护，有利于促进专利实施和运用。

（一）关于职务发明

草案第一条对现行专利法第六条关于职务发明的规定作了修改，增加规定：单位对职务发明创造申请专利的权利和专利权可以依法处置，实行产权激励，采取股权、期权、分红等方式，使发明人或者设计人合理分享创新收益，促进相关发明创造的实施和运用。

1. 有的单位提出，这一规定有利于进一步调动发明人的积极性，促进发明专利的实施和运用，表示赞同。有的单位建议进一步细化相关规定，以提高可操作性。

2. 有的部门和单位建议规定，高等院校、科研机构可以与发明人或者设计人依法约定专利权属，共有专利权。有的单位提出，现行专利法关于“主要是利用本单位的物质技术条件所完成的发明创造为职务发明”的规定不利于鼓励自主研发，建议修改为，没有约定的，作为非职务发明，权属归发明人、设计人。

有的部门建议增加规定，高等院校、科研机构的职务发明创造获得专利授权之后，未自行实施也未许可他人实施的，发明人、设计人可以与单位订立协议，实施专利并分享收益。

3. 有的部门、专家和单位建议删除“实行产权激励，采取股权、期权、分红等方式”的规定。理由是：（1）职务发明属于单位资产，单位（特别是企业）如何激励发明人、设计人，应由单位自主决定，法律不宜过多干预。（2）现行专利法第十六条、促进科技成果转化法、专利法实施细则已经对职务发明及其转化的奖励、报酬问题作了明确规定；实践中，很多单位都根据自身特点制定了奖励、报酬办法，如在形成成果、申请专利、获得授权等阶段给予奖励，评选单位优秀专利奖，在专利转化形成效益时给予提成，将发明创造纳入岗位绩效要求、薪酬体系等，都取得了较好的效果；现行制度在实践中没有问题，增加实行产权激励的规定，可能引发发明人、设计人与单位之间的纠纷。（3）专利种类很多，有的基础研究专利并不能直接转化为经济效益，有的防御性专利虽不转化但对企业也很重要，实行产权激励对这些发明人不公平；专利转化为经济效益，是技术研发人员、转化运用人员、市场推广人员、经营管理人员等共同努力的结果，只规定对发明人、设计人实行产权激励对其他人员不公平。

有的单位建议将本条新增内容并入现行专利法第十六条。

（二）关于药品专利保护期

草案第七条第一款规定，发明专利权的期限为二十年。第二款规定，为补偿创新药品上市审评审批时间，对在中国境内与境外同步申请上市的创新药品发明专利，国务院可以决定延长专利权期限，延长期限不超过五年，创新药上市后总有效专利权期限不超过十四年。

1. 有的部门提出，湖北省制药企业以仿制药为主，近 10 年只有 1 个一类新药（即本条所称创新药品）。建议对延长药品专利保护期制度的影响再作审慎评估。

2. 有的部门和单位提出，国内制药企业的创新药品往往首先在中国境内申请上市，而非在中国境内与境外同步申请上市，建议增加规定，在中国境内首先上市的创新药品，也可以延长专利保护期。

3. 有的单位提出，本条第一款关于“发明专利权的期限为二十年”的规定和第二款关于“创新药上市后总有效专利权期限不超过十四年”的规定，逻辑关系不清晰，建议完善有关表述。

4. 有的单位建议引入药品专利链接制度，提前排除仿制药企业的侵权风险。

（三）关于网络专利侵权

草案第十七条第一款规定，专利权人或者利害关系人可以依据人民法院生效的判决书、裁定书、调解书，或者管理专利工作的部门作出的责令停止侵权的决定，通知网络服务提供者采取删除、屏蔽、断开侵权产品链接等必要措施。

1. 有的专家建议在“生效的判决书、裁定书、调解书”后增加“仲裁裁决”。

2. 有的部门建议规定，人民法院作出生效的判决书、裁定书、调解书，或者管理专利工作的部门作出责令停止侵权的决定的，应当直接通知网络服务提供者采取相应措施。

3. 有的部门提出，司法诉讼程序较长，等法院作出生效裁判文书后再制止网络侵权行为，不利于保护专利权人的合法权益。建议参照电子商务法引入“通知—删除”规则，即专利权人具有“构成侵权的初步证据”的，就可以通知电子商务平台经营者采取删除、屏蔽、断开链接等必要措施。有的单位建议对外观设计专利适用“通知—删除”规则。

4. 有的单位提出，本条对网络服务提供者规定的义务过重，建议删除。

（四）关于侵权损害赔偿

1. 草案第十八条第一款规定，侵犯专利权的赔偿数额按照权利人因被侵权所受到的实际损失确定；实际损失难以确定的，可以按照侵权人因侵权所获得的利益确定。权利人的损失或者侵权人获得的利益难以确定的，参照该专利许可使用费的倍数合理确定。对故意侵犯专利权，情节严重的，可以在按照上述方法确定数额的一倍以上五倍以下确定赔偿数额。

有的专家建议取消侵权损害赔偿计算方法的适用顺序要求，由权利人自由选择适用权利人因被侵权所受到的实际损失、侵权人因侵权所获得的利益或者专利许可使用费的倍数。

有的单位建议删除“情节严重的”才适用惩罚性赔偿的限制条件。有的单位提出，惩罚性赔偿可能造成专利权人不当得利，不利于维护市场公平竞争，建议再作斟酌。

2. 草案第十八条第二款将专利侵权的法定赔偿额由现行专利法规定的一万元以上一百万元以下，提高到十万元以上五百万元以下。

有的单位提出，法定赔偿幅度过大，建议细化适用标准。

有的单位提出，部分外观设计专利、实用新型专利价值不高（如一件玩具售价才十几元），如将法定赔偿下限提高到10万元，将对部分侵权人（如小零售商）不公平，且可能诱发职业维权案件。有的专家建议取消法定赔偿下限。

（五）对草案的其他意见

1. 有的专家提出，反垄断法对不得滥用专利权已有明确规定，建议删除草案第二条关于“不得滥用专利权损害公共利益和他人合法权益或者排除、限制竞争”规定。

2. 有的部门和单位提出，根据草案第六条的规定，同样是要求优先权，发明专利、实用新型专利提交第一次专利申请文件副本的时间为第一次提出申请之日起16个月，外观设计专利为3个月，二者不平衡，建议统筹研究。

3. 有的单位建议对草案第九条关于“加强专利公共服务”的规定予以细化，如建立健全专利综合服务信息平台，提供专利政策咨询、专利信息检索、专利交易、专利运营、专利导航、专利预警等。

4. 有的单位建议明确专利开放许可的适用条件。

5. 草案第十六条中规定，地方人民政府管理专利工作的部门应专利权人或者利害关系人请求处理专利侵权纠纷。

有的部门提出，专利侵权纠纷专业性强，专利行政执法权不宜泛化。建议规定，地方层面只允许由省级政府管理专利工作的部门处理专利侵权纠纷。

6. 有的单位建议明确“管理专利工作的部门”和“负责专利执法的部门”的法律地位、工作职责和相互关系。

有的部门提出，按照国家知识产权局“三定”方案，国家知识产权局已不再设立专门的专利复审委员会，建议对草案有关表述再作斟酌。

7. 有的部门和单位提出，实用新型专利数量大、质量不高，建议取消实用新型专利制度，对其统一按照发明专利标准进行实质审查。

8. 有的部门建议增加关于标准必要专利的规定；建议建立专利纠纷诉前调解工作机制，并增加规定，对于专利侵权纠纷的行政调解协议可以申请司法确认。有的单位建议增加规定，将侵犯专利权、假冒专利等违法行为纳入社会信用信息系统；建议增加有关军民融合的规定。

9. 有的单位提出，实践中存在科研项目结题了相关专利却未及时获得授权的问题，建议加快专利审查速度，或者提供优先审查通道。

专利法修正案草案重庆调研简报

近日，法工委副主任刘俊臣与经济法室的有关同志赴重庆，就专利法修正案草案（以下简称草案）的有关问题进行调研。其间，召开座谈会听取了重庆有关部门、科研机构、企业以及专家学者对草案的意见，并到部分企业实地调研。现将有关情况简报如下：

一、重庆专利申请、授权和审判工作的有关情况

2018年，重庆市专利申请72121件，授权45688件，同比分别增长11.56%和31.36%。其中，发明专利申请22686件，授权6570件；实用新型申请40958件，授权31261件；外观设计申请8477件，授权7857件。

2016—2018年，重庆全市法院受理专利案件总数分别为173件、206件、554件，呈持续增长态势。2018年受理的554件专利案件中，专利侵权纠纷520件，其中涉及发明专利23件，实用新型专利358件，外观设计专利139件；专利权属纠纷26件，专利合同纠纷8件。

2018年，重庆市、县两级知识产权局共处理专利侵权纠纷案件472件。其中，重庆市知识产权局处理侵权纠纷案件为282件，江北区、九龙坡区、万盛区、渝北区、江津区、垫江县和忠县知识产权局分别处理侵权纠纷案件20—50件不等。

二、重庆有关部门、科研机构、企业以及专家学者对草案的意见

普遍认为，为加强知识产权保护、提高自主创新能力，解决专利领域实践中出现的新情况、新问题，对现行专利法进行修改完善，非常必要。草案从加强专利权人合法权益保护、促进专利实施和运用角度出发，对相关规定进行了修改完善，内容总体可行。同时，提出以下主要意见和建议：

（一）关于职务发明

草案第一条对现行专利法第六条关于职务发明的规定作出修改，增加规定：单位对职务发明创造申请专利的权利和专利权可以依法处置，实行产权激励，采取股权、期权、分红等方式，使发明人或者设计人合理分享创新收益，促进相关发明创造的实施和运用。

1. 有的部门和单位提出，草案新增规定对于激励国有企业、科研院所相关发明创造的实施与运用、促进科技成果转化具有积极作用，但对于非国有企业也一体适用，可能产生不利影响，相关问题属于单位自主决策范畴，法律不宜作出强制性的规定；或者对相关表述进行修改后移至现行专利法第十六条关于奖励职务发明人的规定中。

2. 有的部门提出，为激励创新，提高职务发明人的积极性，建议将职务发明的范围限定为“执行本单位的任务”完成的发明创造，并允许单位与发明人或者设计人对权属进行约定；对于“主要是利用本单位的物质技术条件”完成的发明创造，不再作为职务发明。

3. 有的部门建议明确第三款“利用单位物质技术条件”完成的发明创造，允许当事人约定权利归属的规定，是否适用于第一款职务发明中“主要是利用单位物质技术条件”完成的发明创造。

4. 有的专家提出，实践中职务发明人相对于单位处于弱势地位，建议强化对职务发明人权益的保障。有的部门建议对职务发明人的收益分配机制进一步明确、细化。有的部门建议对职务发明人可获得的权益作进一步细化规定。

（二）关于药品专利

草案第七条第二款规定了药品专利期限延长制度，即为补偿创新药品上市审评审批时间，对在中国境内与境外同步申请上市的创新药品发明专利，国务院可以决定延长专利权期限，延长期限不超过五年，创新药上市后总有效专利权期限不超过十四年。

1. 有的部门建议明确“创新药品”的认定标准是“全球新”还是“中国新”。有的部门同时建议明确“同步申请上市”的具体标准。有的专家建议明确“国务院可以决定延长专利权期限”的具体程序。

2. 有的部门提出，草案要求创新药品在境内外同步上市，没有考虑到我国自行研发的创新药品主要用于国内上市的情况，不利于对我国创新药品的保护，建议再作研究。

3. 有的部门提出，草案关于延长“五年”保护期、上市后专利总有效期不超过“十四年”的规定，主要是借鉴美国的规定，不一定符合我国药品上市审批实际，建议根据我国的具体实际情况作进一步实证分析。有的专家则建议适当缩短五年的专利延长期限。

4. 有的部门和单位提出，药品专利期限补偿制度有利于鼓励创新药品首先在我国境内上市，但同时也会给国内仿制药企业带来不利影响，我国现阶段是否有必要规定该制度，建议再作研究。

（三）关于专利开放许可

1. 草案第十二条规定，当事人就实施开放许可发生纠纷的，可以请求国务院专利行政部门进行调解。

有的专家提出，对于实施开放许可发生纠纷的，除可以请求专利行政部门进行调解外，建议明确当事人还可以直接提起诉讼。

2. 有的单位提出，目前只有少数发达国家建立了开放许可制度，其有效运行的基础在于拥有大批高质量专利，我国现阶段是否有必要建立该制度，建议再作研究。

3. 有的专家提出，为鼓励开放许可，建议规定对实施开放许可的专利进行年费减免的制度。

（四）关于专利侵权赔偿

1. 草案第十八条第一款增加规定，对故意侵犯专利权，情节严重的，可以给予一倍以上五倍以下的惩罚性赔偿。

有的单位提出，关于知识产权领域的惩罚性赔偿，美国和台湾地区最高是三倍，草案规定为五倍，是否过高，建议进一步论证；有的单位和专家建议改为"一倍以上三倍以下"。

2. 草案第十八条第二款将专利侵权的法定赔偿额由现行专利法规定的一万元以上一百万元以下，提高到十万元以上五百万元以下。

有的部门提出，实践中很多实用新型和外观设计专利，市场价值较低，十万元的下限偏高，对当事人责任过重，建议取消法定赔偿额的下限。有的单位和专家建议适当降低下限。有的单位建议维持现行法“一万元”的下限。

3. 现行专利法第六十五条对专利侵权赔偿数额确定方法的顺序作了规定。

有的单位提出，赔偿数额确定方法的顺序，实际并不利于对权利人进行有效保护，也不便于法院实际操作，建议取消相关顺序限制。

（五）其他意见

1. 草案第二条对滥用专利权损害公共利益和他人合法权益或者排除、限制竞争作了禁止性规定。

有的部门和单位提出，民法总则、反垄断法对上述内容都作了规定，草案不必再作重复，建议删除或者改为衔接性规定。

2. 草案第六条规定：申请人要求优先权的，应当在申请的时候提出书面声明，并且在第一次提出发明、实用新型专利申请之日起十六个月内或者在提出外观设计专利申请之日起三个月内，提交第一次提出的专利申请文件的副本。

有的单位提出，发明、实用新型专利申请，与外观设计专利申请提交文件的时间起算点是否一致并不清楚，草案的规定在表述上容易产生歧义，建议研究修改。

3. 草案第十六条中规定，地方人民政府管理专利工作的部门应专利权人或者利害关系人请求处理专利侵权纠纷。

有的单位提出，专利侵权纠纷专业性、技术性较强，基层专利部门不具备相应的人员和技术条件，为规范和统一专利行政保护标准，建议对处理专利侵权纠纷的行政部门的层级作出适当限定。

4. 草案第十七条第一款对于网络专利侵权处理和网络服务提供者的责任作了规定。

有的单位提出，草案规定专利权人或者利害关系人依据法院生效“判决书、裁定书、调解书”通知网络服务提供者采取相关措施，其中“裁定书”不涉及当事人实体权利，“调解书”也不宜作为进行强制处理的依据，建议对草案的规定再作研究。有的单位提出，网络侵权并不是专利领域的特有问题，侵权责任法、电子商务法已对相关问题的处理和责任划分作了明确、具体的规定，专利领域网络侵权可直接适用相关规定；草案的规定与上述法律规定也不衔接，建议删除。

5. 有的部门建议增加关于局部外观设计专利保护的规定。

6. 有的单位建议增加关于专利间接侵权的规定。

7. 有的专家建议增加关于标准必要专利的相关规定。

关于职务发明制度

现行专利法第六条规定，执行本单位的任务或者主要是利用本单位的物质技术条件所完成的发明创造，为职务发明创造。从目前主要国家专利授权的情况看，相对于非职务发明，职务发明专利在质量上、数量上都占据主导地位。2017 年我国国内发明专利中，职务发明占比高达 93%。职务发明制度，是关于职务发明创造的专利权属在发明人（雇员）和单位（雇主）之间如何分配及奖励的制度，其制度设计，对于平衡单位和发明人的利益关系，调动单位和发明人创新积极性、促进发明成果转化运用，推进创新发展，都具有重要意义。

一、部分国家和地区的职务发明制度

各国对职务发明的规定各有不同，但目的都是通过对职务创新成果权利归属的划分和利益分配，来平衡发明人和所在单位的利益，促进专利创新和成果转化运用的积极性。

（一）关于职务发明的范围

各国普遍将雇员在雇佣合同规定的正常工作中完成的或受雇主委托完成的发明界定为职务发明。如日本规定，在性质上属于雇主业务范围并且属于履行雇主工作的发明，为职务发明。英国规定，雇员完成本职工作的发明，或在本职工作外完成雇主所指派工作的发明，属于职务发明。

同时，也有一些国家，还将雇员利用雇主的经验、设施、技术等条件完成的发明，也界定为职务发明。如法国规定，劳动合同明确规定雇员的本职工作、研究或开发任务的发明，或者在知悉或使用企业的技术、特殊设备、数据等作出的发明，属于职务发明。德国规定，职务发明是指雇员在受雇期间为完成本职工作所作的发明，或主要产生于雇主之经验或业务的发明。美国相关判例，将受雇任务为发明的雇员作出的与受雇任务相关的发明，以及与雇员职务或雇主业务相联系或使用雇主设备等资源的发明，确定为职务发明。

（二）关于职务发明专利权利归属

对于职务发明相关专利权利（包括专利申请权和专利权）的原始归属，分为两种情况：

一种实行"发明人优先"，即职务发明专利权属于发明人，雇主享有普通实施权，如美国、德国、日本等。在这一原则下，相关国家还通过不同的制度设计，对雇主从职务发明专利权人处获得相关权利的情形专门作出规定。如美国规定，受雇任务为发明的雇员作出的与受雇任务相关的发明，雇员有义务将相关权利转让给雇主；对其他职务发明，允许当事人在职务发明作出前约定权利归属，如发明人与雇主事前约定职务发明的相关权利属于雇主，则发明完成后，雇主获得职务发明申请专利的权利和专利权。日本规定，雇主与发明人可以在职务发明作出前约定权利归属，使雇主获得职务发明专利权利。德国规定了职务发明的报告制度，职务发明做出后，雇员有义务立即向雇主报告；雇主在支付报酬的情况下有权取得该发明的相关权利，雇员不得保留除人格权以外的其他权利。

另一种实行“雇主优先”，即职务发明专利权属于单位，发明人享有署名权和获得报酬的权利，如英国、法国。

此外，对于职务发明做出后，各国普遍允许当事人依法转让其专利申请权或者专利权。

(三) 关于职务发明人的报酬或补偿

各国专利法普遍规定了雇主取得职务发明专利权时，应当给予发明人报酬或者补偿：

日本规定，雇主取得职务发明专利权利的，发明人有权获得相应报酬及其他经济利益，并授权经济产业大臣制定规章，明确发明人获得相应报酬及其他经济利益的具体办法。

法国规定，发明人的报酬由劳动合同约定，同时雇员可根据集体合同、企业协定等要求得到额外报酬。

德国规定，雇主取得职务发明专利权的，雇员有权获得合理补偿；在确定补偿时，应当妥善考虑职务发明的商业适用性，雇员在企业中的职责，以及企业对发明的贡献等因素。

英国规定，雇主获得职务发明专利权后，雇员可以向法院或者专利局申请补偿；法院或者专利局认定该职务发明对雇主产生显著利益的，可以根据雇主事业的规模和性质等，要求雇主对发明人进行补偿。

二、我国的职务发明制度

(一) 专利法关于职务发明制度的规定

我国专利法自制定以来，对于职务发明，一直坚持“雇主优先”原则。

1984 年制定的专利法，对职务发明制度作出了规定：一是在第六条中规定了职务发明的范围，即“执行本单位的任务或者主要是利用本单位的物质条件所完成的发明创造”为职务发明创造。二是在第六条中规定了职务发明的权利归属，明确：职务发明创造申请专利的权利属于单位；申请被批准后，全民所有制单位申请的，专利权归该单位持有；集体所有制单位申请的，专利权归该单位所有。同时规定，在中国境内的外资企业和中外合资经营企业的工作人员完成的职务发明创造，申请专利的权利属于该企业。三是在第十六条中规定了对职务发明人给予奖励，规定：专利权的所有单位或者持有单位应当对职务发明创造的发明人或者设计人给予奖励；发明创造专利实施后，根据其推广应用的范围和取得的经济效益，对发明人或者设计人给予奖励。

1992 年第一次修改专利法时，未对职务发明制度作出调整。

2000 年第二次修改专利法时，对职务发明制度作出调整，根据国务院关于草案的说明和法律委关于草案的相关报告，作出的主要修改及考虑是：一是根据党的十四届三中全会、十五届四中全会关于国有企业改革的相关精神，不再按不同的所有制，规定国有单位对其专利权只是“持有人”（容易引起它没有处置权的歧义），其他单位对其专利权才是“所有人”，据此，将第六条中的相关规定统一为：“职务发明创造申请专利的权利属于该单位；申请被批准后，该单位为专利权人”。二是考虑到对主要利用本单位物质条件完成的发明创造，应区别不同的情况处理，例如，发明人或设计人主要利用了本单位的设备、器材等物质条件，但按照事先与单位的约定支付了使用费的，也可以不作为职务发明创造。这有利于鼓励个人发明创造的积极性，也有利于避免单位物质条件的闲置。据此，在第六条中增加一款规定：“利用本单位的物质技术条件所完成的发明创造，单位与发明人或者设计人订有合同，对申请专利的权利和专利权的归属作出约定的，从其约定。”三是将第十六条发明创造专利实施后单位对发明人或设计人“给予奖励”的规定，修改为“给予合理的报酬”。

2008 年第四次修改专利法时，对上述规定未作修改。

（二）有关法律、法规关于职务发明人奖励和报酬的规定

1992 年经国务院批准的专利法实施细则，对职务发明创造的发明人或者设计人的奖励作了专章规定。现行的专利法实施细则于 2010 年修订，对职务发明人奖励和报酬的规定主要是：一是被授予专利权的单位可以与发明人、设计人约定或者在其依法制定的规章制度中规定专利法第十六条规定的奖励、报酬的方式和数额。二是对于未作相关约定的，应当自专利权公告之日起 3 个月内发给发明人或者设计人奖金：一项发明专利的奖金最低不少于 3000 元；一项实用新型专利或者外观设计专利的奖金最低不少于 1000 元。三是对于未作出相关约定的，在专利权有效期限内，实施发明创造专利后，每年应当从实施该项发明或者实用新型专利的营业利润中提取不低于 2% 或者从实施该项外观设计专利的营业利润中提取不低于 0.2% 作为报酬给予发明人或者设计人，或者参照上述比例，给予发明人或者设计人一次性报酬；被授予专利权的单位许可其他单位或者个人实施其专利的，应当从收取的使用费中提取不低于 10% 作为报酬给予发明人或者设计人。

此外，2015 年修改的促进科技成果转化法第四十五条，对职务科技成果（包括职务发明和其他成果）重要贡献人员的奖励作出规定，即科技成果完成单位未规定、也未与科技人员约定

奖励和报酬的方式和数额的，按照下列标准对完成、转化职务科技成果做出重要贡献的人员给予奖励和报酬：（一）将该项职务科技成果转让、许可给他人实施的，从该项科技成果转让净收入或者许可净收入中提取不低于50%的比例；（二）利用该项职务科技成果作价投资的，从该项科技成果形成的股份或者出资比例中提取不低于50%的比例；（三）将该项职务科技成果自行实施或者与他人合作实施的，应当在实施转化成功投产后连续三至五年，每年从实施该项科技成果的营业利润中提取不低于5%的比例。同时规定，国家设立的研究开发机构、高等院校规定或者与科技人员约定奖励和报酬的方式和数额应当符合第一项至第三项规定的标准。

三、专利法修正案草案的相关规定

国务院提请审议的专利法修正案草案，在现行专利法关于职务发明制度规定的基础上，增加一项规定：单位对职务发明创造申请专利的权利和专利权可以依法处置，实行产权激励，采取股权、期权、分红等方式，使发明人或设计人合理分享创新收益，促进相关发明创造的实施和运用。

据了解，草案相关规定提出的背景是：近年来我国科技成果转化相关改革不断推进，国有单位、科研院所等单位能否与发明人共同享有职务发明专利权，成为较为突出的问题之一。2016年1月，西南交通大学出台专利管理规定，提出：学校可以与职务发明人就专利权的归属和申请专利的权利签订奖励协议，按3:7的比例共享专利权。中央财办、国家发改委认为，这一做法有利于激励科研人员创新的积极性，建议根据上述改革实践修改调整专利法关于职务发明“雇主优先”的规定：对执行本单位任务的职务发明创造，允许当事人事先约定专利权归属；对主要利用本单位物质技术条件完成的职务发明创造，规定专利权属于发明人。财政部、国务院国资委、教育部、科技部认为，按照上述规定对国有企业、单位职务发明专利的权属进行调整，可能造成国有资产流失，影响国家使用该项专利，建议再作研究论证。

从国务院草案的规定看，没有改变现行专利法“雇主优先”的制度安排，职务发明创造的专利权利仍然归属于单位；单位获得专利权利后，对专利申请权和专利依法处置，实行产权激励，采取股权、期权、分红等方式，使发明人或设计人合理分享创新收益，属于依法行使权利的行为。

关于外观设计国内优先权

一、专利优先权制度

专利优先权制度，是专利申请程序中的一项重要制度，是指专利申请人就其发明创造第一次提出专利申请后，在一定期限内，就相同主题的发明创造再次提出专利申请时，允许其将第一次的申请日作为在后专利申请的申请日，以该申请日作为判断该发明创造是否具有新颖性、创造性的界限。根据第一次专利申请是在国外还是在本国提出，优先权可分为外国优先权和本国优先权。申请人基于在国外提出的专利申请，又就相同主题的发明创造在本国申请专利的，可以主张外国优先权；申请人基于在本国提出的专利申请，又就相同主题的发明创造在本国申请专利的，可以主张本国优先权。

1883 年签订的《保护工业产权巴黎公约》（以下简称《巴黎公约》）对外国优先权制度作了规定，主要目的是解决在不同国家之间递交专利申请的时间延迟问题，保护申请人的利益。根据《巴黎公约》第四条的规定，已经在该联盟的一个国家正式提出申请专利、实用新型注册、外观设计注册或商标注册的任何人，或其权利继承人，在其他国家再次提出申请时，可以自在先申请提出之日起 12 个月（对发明专利和实用新型申请）或 6 个月

(对外观设计和商标申请) 内享有优先权。

随着各国专利制度的完善，为解决国外申请人可以主张优先权，但本国申请人不能相应主张优先权的不公平问题，平衡国外申请人与本国申请人之间的利益，各国普遍建立了本国优先权制度。本国优先权，对于发明和实用新型，限于先后两次发明创造属于相同主题的情况，申请人不能就同一发明创造主张优先权(申请人就同一发明创造先后两次在本国申请专利，没有实际意义)；对于外观设计，由于不涉及技术方案，本国优先权制度所保护的相同主题的外观设计，主要是指相似外观设计。

二、有关国家关于外观设计国内优先权的规定

从相关国家专利法的规定看，关于发明、实用新型专利本国优先权的规定基本一致，即参照《巴黎公约》的规定，给予发明、实用新型专利申请 12 个月的本国优先权；但在外观设计本国优先权问题上，有关国家的制度设计并不完全一致：

1. 欧盟《欧共体外观设计法》第四条规定：正式向保护工业产权巴黎公约或者向建立世界知识产权组织公约的成员国提交外观设计或者实用新型申请的人，或者其权利继承人，将同样的外观设计或者实用新型申请注册欧共体外观设计，将享有从首次申请之日起六个月的优先权。从上述规定看，欧盟未明确区分外国优先权与本国优先权，但根据欧盟知识产权局（EUIPO）关于优先权制度的相关实施办法，允许申请人就在先的欧盟外观设计申请取得优先权，即给予欧盟申请人六个月的优先权。

2. 美国、日本没有直接规定外观设计本国优先权制度，但通过其他相关制度设计，实现了对本国申请人在不同时间提出申请的相似外观设计的保护，取得了与外观设计本国优先权等同的效果：

美国专利法第一百二十条规定了“继续申请”制度。申请人提出外观设计申请后，根据“继续申请”制度，可以就相同主题下近似的外观设计再次提出申请，并可以享受在先申请的申请日。

日本外观设计法第十条规定了“关联外观设计”制度。申请人可以在提出外观设计申请后，就同一设计构思下的多个近似设计再次提出申请，在先申请不会影响在后相似外观设计申请的效力。

三、我国的外观设计优先权制度

我国1984年制定专利法时，在第二十九条规定了外国优先权制度，即“申请人自发明或者实用新型在外国第一次提出专利申请之日起十二个月内，或者自外观设计在外国第一次提出专利申请之日起六个月内，又在中国就相同主题提出专利申请的，依照该外国同中国签订的协议或者共同参加的国际条约，或者依照相互承认优先权的原则，可以享有优先权”。上述规定与《巴黎公约》的要求是一致的。1984年专利法没有规定本国优先权制度。1992年第一次修改专利法时，增设了发明和实用新型本国优先权制度，即“申请人自发明或者实用新型在中国第一次提出专利申请之日起十二个月内，又向专利局就相同主题提出专利申请的，可以享有优先权”，没有规定外观设计本国优先权。此后，2000年、2008年两次修改专利法，对上述优先权的规定，均未作出实质性修改。

2008年修改专利法时，在第三十一条中引入了“相似外观设计”制度，规定“同一产品两项以上的相似外观设计，可以作为一件申请提出”。在引入这一制度之前，对于申请人就相同主题下的相似外观设计申请，不论是国外申请人还是本国申请人，因在后申请与在先申请近似，不具有新颖性和创造性，均不能获得专利授权。引入这一制度后，国外申请人可以根据外国优先权制度，就相同主题的近似外观设计享有优先权；但由于缺乏外观设计本国优先权制度，本国申请人不能享有相应优先权，对本国申请人不公平。为此，国务院提请审议的专利法修正案草案增加了关于外观设计本国优先权的规定，即申请人自外观设计在中国第一次提出专利申请之日起六个月内，又向国务院专利行政部门就相同主题提出专利申请的，可以享有优先权。草案的相关规定，有利于解决前述国内外外观设计申请不公平待遇问题。

关于药品专利保护期补偿制度

药品涉及公众的身体健康和生命安全，其上市需要经过药品监督管理部门严格的审批。药品上市审批包括非临床安全性评价和临床试验等环节，时间往往很长。一种药品，获得专利授权后，在获得上市审批前，很长一段时间内无法实施其专利，客观上缩短了药品专利的保护期。药品专利保护期补偿，是指为补偿因原研药上市审批周期过长导致的专利保护期“损失”，而相应补偿其核心专利保护期的制度。药品专利保护期补偿制度起源于美国，此后日本、韩国、欧盟、加拿大等国家和地区先后建立了这一制度。

一、美　国

美国 1984 年制定的《药品价格竞争与专利期补偿法案》（Hatch – Waxman 法案）规定，在原研药被食品药品监督管理局（FDA）批准上市后，专利权人可以在 60 天内向专利商标局（USPTO）提出专利保护期补偿申请。专利商标局将该申请转送药品监督管理局，请其确定相关专利是否符合保护期补偿条件，并提供该药品审批期限方面的信息；专利商标局根据药品监督管理局提供的信息确定给予补偿的保护期，并作出补偿决定。药品专利补偿的期限，最多为 5 年；补偿后的总有效保护期从药品获得上市许可之日起不得超过 14 年。一个新批准上市的药品包含多个专利的，只能有一个专利享受保护期补偿。

药品专利保护期补偿制度的适用对象是原研药的核心专利，对于在已上市药物基础上进行改进形成的改良型新药，不给予专利保护期补偿。

二、欧 盟

欧洲共同体（欧盟前身）1992 年建立了药品专利补充保护证书（Supplementary Protection Certificates，SPC）制度，以补偿药品为通过上市许可审批程序所造成的药品有效专利期的损失，现行有效规定为欧盟第 469/2009 号条例和第 1901/2006 号条例。补充保护证书由各成员国专利局授予和管理，申请人须向各成员国专利局分别递交补充保护证书申请，获得的补充保护证书只在该成员国有效。提交补充保护证书申请的时间是在该成员国获得上市许可或获得专利授权之日（以较晚的日期为准）起 6 个月内。

补充保护证书的期限的计算方式是，自专利申请日至在成员国首次获得上市许可的时间减去 5 年（即 5 年内属于合理审批期限，不予补偿）。补充保护证书在专利到期之日起生效，最长不超过 5 年；同时，补偿后的总保护期，从药品第一次获得上市许可之日起最长不超过 15 年，儿科药的保护期可以再延长 6 个月。一个药品只能获得一次专利补充保护证书。

目前，欧盟正在通过立法引入补充保护证书的例外规则，以提高欧盟仿制药企业的全球竞争力。该例外规则草案包括：第一，允许仿制药企业在补充保护证书保护期限内生产仿制药并将其专门出口至原研药专利已经到期或者从未申请过专利的非欧盟国家；

第二，允许仿制药企业在补充保护证书保护期限的最后六个月内制造并储备仿制药，待补充保护证书保护期限届满后再上市销售。

三、日　本

日本1986年引入药品专利保护期补偿制度。按照现行《专利法》的规定，因确保安全性等目的（并未明确限于药品）等待行政审批，导致无法实施专利超过2年的，专利权人可以提出补偿专利权保护期的申请，补偿的期限以5年为限。为获得专利保护期补偿，专利权人应当在获得行政审批之日起3个月内向日本特许厅提出申请，并在专利保护期届满前6个月提出确切申请。是否给予药品专利保护期补偿，由日本特许厅审查员按照一般审查程序作出判断。

日本并没有对申请专利期补偿的次数作出限制，即如果一个药品包含多项专利，可以就每项专利获得保护期补偿；如果一项专利应用于多个药品，各个药品均可以获得保护期补偿。

四、韩　国

韩国专利保护期补偿制度始于1987年。根据韩国专利法的规定，为获得保护期补偿，专利权人应当在获得药品生产许可之日起3个月内向韩国知识产权局提出申请，韩国知识产权局作出是否补偿保护的决定，并在专利公报上公布。

韩国药品专利可以补偿的保护期是因药事法的规定造成的药品专利未实施时间，以五年为限。具体补偿期限根据药品临床实验是否在韩国国内进行而采取不同的计算方式：对于在韩国国内进行临床实验的药品，补偿期限包括临床实验和药品生产许可审批所耗费的时间之和；而对于在外国进行临床实验的药品，补偿期限仅包括药品生产许可审批所耗费的时间。

五、加拿大

加拿大 2017 年参照欧盟的做法，建立了药品专利补充保护证书制度，为符合条件的药品核心专利提供保护期补偿。只有首个药品上市许可申请是在加拿大提交的，或者在其他国家提交首个上市许可申请后的 12 个月内向加拿大提交上市许可申请的，才能够获得药品专利补充保护证书。

加拿大药品专利补充保护证书的期限的计算方法为，药品上市许可之日与专利申请日之差再减去 5 年；最长不超过 2 年。

六、我国的有关情况

我国现行专利法没有引入药品专利保护期补偿制度。2017 年 10 月，中办、国办印发的《关于深化审评审批制度改革鼓励药品医疗器械创新的意见》，提出要“开展药品专利期限补偿制度试点。选择部分新药开展试点，对因临床试验和审评审批延误上市的时间，给予适当专利期限补偿”。

国务院提请审议的专利法修正案草案增加了药品专利保护补偿的规定：为补偿创新药品上市审评审批时间，对在中国境内与境外同步申请上市的创新药品发明专利，国务院可以决定补偿专利期限，补偿期限不超过五年，创新药上市后总有效专利权期限不超过十四年。

药品专利链接制度简介

药品专利链接制度，是指将药品上市审批程序与药品专利侵权判断程序相衔接的制度，即原研药企业（专利权人）应当公开原研药涉及的专利信息；在仿制药上市审批过程中，专利权人认为正在申请上市审批的仿制药落入其专利权保护范围的，可以向法院提起诉讼，药品审批部门将中止审批直至法院作出终审判决或中止期届满。专利链接制度起源于美国，加拿大、韩国根据与美国的自贸协定也引入了这一制度；但欧盟、日本和印度等多数国家均未建立类似制度。

一、美国、加拿大、韩国的药品专利链接制度

（一）美　国

1984 年，为平衡药品领域原研药企业与仿制药企业的利益关系，美国国会通过了《药品价格竞争与专利期补偿法案》（Hatch - Waxman 法案）。该法案一方面通过建立药品专利链接制度、简略申请制度（即仿制药申请注册时，不需要像原研药一样提交证明药品安全性和有效性的数据，只需要证明仿制药与原研药具有相同的活性成分、生产规程、剂型、规格以及生物等效性等）和 Bolar 例外制度（即仿制药企业在药品专利到期前，为提供行政审批所需要的信息，制造、使用、进口专利药品，不视

为侵犯专利权）促进仿制药进入市场；另一方面，也给予原研药企业相应的保护，包括延长药品专利保护期（专利期补偿），给予药品试验数据独占保护等。

美国的专利链接制度主要包括两方面的内容：一是桔皮书制度，即原研药注册时需要提交覆盖该原研药的药品、使用方法的全部专利信息，并予以公开；仿制药注册过程中，只需要考虑是否侵犯这些记载于桔皮书中的专利。二是仿制药注册与原研药专利相衔接的制度。仿制药申请人应当提交该仿制药及其制造方法涉及的所有专利的专利号和专利到期时间，并针对桔皮书中列举的原研药专利作出声明。不同声明会导致不同结果：1. 仿制药申请人声明没有相关药品的专利登记信息、专利已经过期的，美国食品药品监督管理局（FDA）审查后立即批准仿制药上市。2. 仿制药申请人声明专利将在一定时间过期的，FDA 将等到专利过期后批准仿制药上市。3. 仿制药申请人声明专利无效或者仿制药不侵犯专利权的，构成“专利挑战”；仿制药申请人应当通知专利权人，专利权人可以向法院提出专利侵权诉讼，仿制药申请人也可以向法院反诉专利无效。FDA 将自动中止仿制药上市审批，直至法院作出判决，或者 30 个月中止期届满。首个成功挑战原研药专利并获得上市许可的仿制药申请人，将享有 180 天的市场独占期（在此期间，FDA 不会再批准其他仿制药企业的上市申请）。

需要说明的是，美国的药品专利链接制度只适用于化学药品，不适用于生物制品。生物仿制药涉及专利纠纷的，原研药企业和仿制药企业可以相互提供信息、协商解决；协商不成的，可以向法院起诉。专利侵权纠纷不影响 FDA 批准生物仿制药上市；

但是，专利权人可以以涉嫌侵权为由向法院申请诉前禁令阻止其上市。

（二）加拿大

加拿大于1993年根据北美自贸协定的要求建立药品专利链接制度，现行有效文本为2017年《专利药品（批准通知）条例》。

加拿大药品专利链接制度与美国类似，主要包括：建立药品专利登记簿制度（类似美国桔皮书制度）；仿制药企业申请仿制药上市的，应当针对药品专利登记簿中的专利提出是否侵犯专利权的声明；仿制药企业声明不侵犯登记簿中所列专利或这些专利无效的，原研药企业可以向联邦法院提起诉讼，并自动获得仿制药审批中止期。

同时，加拿大药品专利链接制度与美国存在以下区别：一是同时适用于化学药品和生物制品；二是审批中止期为24个月；三是首个成功挑战原研药专利并获得上市许可的仿制药申请人不享受市场独占期；四是专利权人起诉后可以自动获得中止期，也可以放弃中止期以避免因错误中止给仿制药企业造成损失而承担赔偿责任；五是在仿制药上市前，专利权人可以就未列入药品专利登记簿中的专利提起诉讼，但这些诉讼不能获得中止期。

（三）韩　国

韩国按照美韩自贸协议要求，对《韩国药事法》进行修改，于2012年开始实施专利清单制度（类似于美国桔皮书制度），并于2015年3月全面实施专利链接制度。

韩国药品专利链接制度与美国类似，主要包括：建立专利清单制度；仿制药企业提出仿制药上市申请时，应当针对列举在专利清单中的每一项专利作出声明；仿制药申请人在专利声明中提出专利挑战的，专利权人可以向法院起诉并申请中止期；第一个完成专利挑战的仿制药申请人，将获得市场独占期。

同时，韩国药品专利链接制度与美国存在以下区别：一是同时适用于化学药品和生物制品。二是对原研药企业提出的专利清单，韩国食品药品安全局会评估其专利有效性并删除未达到标准的专利，第三方（如仿制药企业）也可以对专利提出异议。三是中止期不是自动获得的，而是应当由专利权人提出申请，并由韩国食品药品安全局审查决定是否给予；中止期为自专利权人收到专利挑战通知之日起9个月，且中止期不能阻止仿制药获得上市审批，只能阻止仿制药销售。四是韩国首仿药市场独占期为9个月。

二、欧盟、日本、印度对药品专利链接制度的态度

（一）欧　盟

欧盟明确禁止药品专利链接制度。欧盟法规（EC）726/2004第81条和欧盟指令（EC）2001/83第126条规定，药品上市许可审批机构不得以未在该法规和指令中规定的其他理由拒绝、终止或撤回上市许可。由于原研药的专利状态并未规定在上述法规和指令中，因此在药品审评过程中不应予以考虑。欧盟委员会在其《制药行业调查报告》中指出："药品监管和上市批准机构的任务是核查医药产品是否安全、有效和符合质量要求……在评估药品的风险收益平衡时，不得考虑如产品专利状态等其他因素。有关专利等私权相关的事项，应当由法院根据专利法律予以解决。"此外，2012年，欧盟委员会还要求其成员国意大利删除国内法中的专利链接条款以与欧盟指令保持一致。

欧盟的药品专利权人多在仿制药上市前，通过请求法院发布"临时禁令"的方式阻止涉嫌侵权药品上市。

（二）日　本

日本没有建立类似于美国的药品专利链接制度。实践中，日本主要通过以下制度来解决药品审批期间可能存在的专利纠纷：一是对部分仿制药上市许可的限制。为了保证上市仿制药的稳定供给，日本厚生劳动省2009年规定，在原研药活性成分化合物专利期届满前，不授予仿制药上市许可。但对于原研药的效果、用法、用量相关的方法专利和用途专利，则不影响给予仿制药上市许可。二是"事前协商"制度。日本厚生劳动省2013年规定，在仿制药上市前，药品主管部门应当要求原研药企业和仿制药企业就仿制药是否侵犯原研药专利权进行"事前协商"，协商结果不影响仿制药上市。仿制药企业经过"事前协商"，如果觉得在后续侵权诉讼中获胜的可能性不大，就会主动撤回仿制药上市申请。

据日方专家介绍，日本虽然没有在法律中规定美国式的药品专利链接制度，但实践中通过行政部门协调的方式，同样也能解决药品专利纠纷问题。

（三）印　度

印度法律法规中没有规定药品链接制度。印度德里高等法院在2009年就拜尔公司与Cipla公司专利纠纷案件的判决中明确指出，印度现行药品法和专利法没有建立专利链接制度的依据。理由是：一是专利权属于私权，药品注册属于公权，将私权转化为公权利进行保护是不妥的；二是这一制度与Bolar例外制度相冲突；三是这一制度与世界贸易组织《与贸易有关的知识产权协定》第二十七条要求专利保护的提供不能存在技术领域的歧视的要求相违背。

三、我国的有关情况

我国现行法律中没有关于药品专利链接制度的规定。2017年10月，中办、国办印发《关于深化审评审批制度改革鼓励药品医疗器械创新的意见》，提出要“探索建立药品专利链接制度”。

关于《工业品外观设计国际注册海牙协定》

一、关于我国的专利国际申请

我国现行专利法第二十条中规定，中国单位或者个人可以根据中华人民共和国参加的有关国际条约提出专利国际申请。“有关国际条约”指的是我国已经加入的《专利合作条约》（PCT），“专利国际申请”指的是按照该条约提出的国际申请。根据 PCT 的规定，专利申请人可以通过 PCT 途径递交国际专利申请，向多个国家申请专利。PCT 中涉及的专利类型仅有发明和实用新型两种，不包含工业品外观设计。因此，目前我国的“专利国际申请”仅包括发明或实用新型的国际申请。

从国际经验看，外观设计专利在国外寻求保护有两种途径：一种是通过传统的《保护工业产权巴黎公约》途径，直接向希望获得保护的国家或地区主管局分别提交申请；另一种是通过《工业品外观设计国际注册海牙协定》（以下简称《海牙协定》）的途径，向世界知识产权组织（WIPO）国际局提交一份单一国际申请就可以在若干个成员国家或地区获得保护。其中，通过《海牙协定》可以简化外观设计国际注册程序，更加便捷、高效和经济。

随着我国企业“走出去”和“一带一路”倡议的实施，国内企业在境外获得外观设计保护的需求明显增加。但由于我国尚未加入《海牙协定》，国内企业大多只能通过传统途径向国外各国和地区逐一提出申请。只有少数有条件的企业能迂回地通过海牙途径获益，比如联想集团就以海外公司的身份向WIPO提交了多件申请。总体上，我国向国外申请外观设计的数量占我国同期外观设计专利申请总量的比例非常低。外观设计是我国企业参与国际市场竞争的重要手段，企业需要《海牙协定》这样低成本、高效率、易操作的途径来获得外观设计在国外的保护。

二、《海牙协定》的基本情况

《海牙协定》于1925年11月6日在荷兰海牙签订，1928年生效。此后经过三次修订，每次均通过一个新的文本：1934年伦敦文本、1960年海牙文本和1999年日内瓦文本。此外，1961年在摩纳哥签署了1934年伦敦文本的附加文本；1967年在斯德哥尔摩签署了《海牙协定》补充文本。1934年文本已于2010年1月1日起冻结，目前仅1999年文本和1960年文本有效。这两个文本的《共同实施细则》和《适用〈海牙协定〉的行政规程》(最新版本均于2019年1月1日生效)，共同构成海牙国际注册的行动指南。

1999年文本和1960年文本是完全独立的两个国际条约，可以选择成为其中一个或者两个文本的缔约方，既参加1999年文本又参加1960年文本的缔约方之间，只需适用1999年文本。WIPO鼓励潜在缔约方加入更具有优势的1999年文本。和1960年文本相比，1999年文本主要在申请人条件、延迟公布期限、驳回期限、续展等规定上有所差别，总体上更有利于申请人。

目前，《海牙协定》有70个缔约方，其中1999年文本有60

个缔约方，一些主要经济体都已经批准或加入该文本：欧盟2007年加入，韩国2014年加入，美国和日本2015年加入，英国2018年批准。目前，我国尚未加入《海牙协定》。

三、《海牙协定》的主要内容

（一）国际申请的基础条件

根据《海牙协定》，凡属于缔约方的国家或缔约方的政府间组织成员国的国民的人，或在缔约方领土内有住所、经常居所或真实有效的工商业营业所的人，均有权提交国际申请。需要说明的是，1960年文本不接受在缔约方领土内有“经常居所”的人的国际申请，但1999年文本则可以基于缔约方领土内的“经常居所”提交国际申请。

国际外观设计申请可以直接提交WIPO国际局，或者在缔约方法律允许或有此要求的情况下，通过该缔约方的主管局提交。实践中，几乎所有国际申请都是直接向国际局提交的。申请国际注册，不需要先在某个缔约方的主管局取得外观设计权利和进行外观设计的登记或提交外观设计图片或照片。国际申请必须以英文、法文或西班牙文（由申请人选择），通过WIPO网站以电子方式提交，或通过书面方式提交。一份国际申请可以包含最多100项外观设计，只要它们均属于工业品外观设计国际分类（洛迦诺分类）的同一类别。

国际申请必须包括一份或多份工业品外观设计的复制件，必须指定至少一个缔约方，即想要得到保护的成员国和地区。国际申请必须满足一些形式要求，并一次性缴纳规定的费用（瑞士法郎）。为了便于最不发达国家外观设计创作者使用海牙体系，他们的国际申请费被减至规定数额的10%。

（二）国际申请的审查

1. 国际局的形式审查和公布

WIPO 国际局收到国际申请后将审查其是否符合规定的形式要求，包括：使用规定的语言、国际注册申请的格式、申请人的信息、构成工业品外观设计的产品或将使用工业品外观设计的产品的说明、申请的项数、申请的工业品外观设计的复制件或样本的件数、被指定的缔约方、规定的费用以及其他规定的细节。

如果国际申请不符合上述形式要件，国际局将通知申请人在 3 个月内进行更正，否则国际申请将被视为放弃。国际申请符合规定的形式要求的，国际局将在国际注册簿上登记，并自国际注册日（即国际申请的申请日）起 6 个月内在《国际外观设计公报》上公布相应的注册，除非申请人在国际申请中要求立即公布或延迟公布。

申请人请求延迟公布的最长期限在 1960 年文本下为 12 个月，在 1999 年文本下为 30 个月，自国际注册日起计，或者在要求优先权的情况下自优先权日起计。公布的内容是与国际注册有关的所有数据，包括工业品外观设计的复制件。国际局应在公布前对每一件国际申请和国际注册保密。

2. 被指定缔约方依国内法审查

WIPO 国际局对符合形式要求的国际申请给予国际注册和公布并不意味着该国际申请就能在被指定缔约方获得保护，申请还必须经过被指定缔约方主管局的审查。国际注册在《国际外观设计公报》上公布即视为通知申请人指定的缔约方，同时，国际局会向每一个被指定缔约方的主管局寄送一份国际注册公布的副本。每个被指定缔约方主管局必须找出指定自己的国际注册，以便根据其国内法的规定进行相应审查，并决定是否对申请给予保护。

被指定缔约方可以在国际注册公布之日起6个月内（1960年文本）或12个月内（1999年文本），在国际注册的外观设计不符合其国内法给予保护的条件时，部分或全部驳回国际注册在其领土内的保护请求。驳回应由被指定缔约方主管局以驳回通知的形式告知国际局，并说明驳回所依据的全部理由。但驳回不得以不符合形式要求为理由，因为经过国际局审查后的申请即视为已经满足形式要求。被驳回的申请人可以根据该被指定缔约方的国内法规定寻求该国的救济，国际局不介入救济程序。驳回可以被全部或部分撤回。如果被指定缔约方在规定的时限内未发出驳回通知或者驳回通知随后被撤回，则国际注册的外观设计即在该缔约方获得保护。另外，被指定缔约方的主管局没有发现驳回理由时，可以在驳回期限届满前，发出给予保护的声明。

需要强调的是，《海牙协定》仅仅是国际程序方面的一个协定，任何关于外观设计保护的实质性问题完全是每个被指定缔约方国内法管辖的范围。

（三）海牙国际注册的保护期

海牙国际注册的保护期首期为5年，从国际注册日起计，可以以5年为期进行续展。注册人只需向WIPO国际局提出单一续展申请，即可在被指定缔约方完成续展。如果根据1999年文本续展，在每个被指定缔约方，国际注册的保护期至少为自国际注册日起15年（可以续展）。如果被指定缔约方的国内法给予外观设计更长的保护期，国际注册在该缔约方应当额外以5年为期进行续展，直至该缔约方法律规定的总保护期届满。

四、《海牙协定》的优势和我国相关情况

（一）《海牙协定》的主要优势

《海牙协定》的优势在于，为缔约方的申请人提供了一套简单、经济的国际注册程序，申请人只需向 WIPO 国际局提交一次国际申请、使用一种语言、使用一种货币、缴纳一次费用，便可在多个成员国或地区获得外观设计保护。此外，还大大简化了国际注册外观设计的后期管理，申请人可以通过在 WIPO 国际局进行简便程序登记后请求变更国际注册的所有权、注册人名称、地址或代理人，放弃、限定所有权等，有关变更适用于该国际注册的每一被指定缔约方。

（二）我国的相关情况

近年来，我国一直积极推进加入《海牙协定》的准备工作，国家知识产权局与 WIPO 已经进行了多轮工作层面的磋商。近期，国家知识产权局与 WIPO 就我国加入《海牙协定》的法律和技术等问题进行了深入讨论并已达成重要共识，争取早日实现预期目标。

我国加入《海牙协定》在专利法上的障碍主要是外观设计保护期限的问题。现行专利法第四十二条规定，外观设计专利权的期限为 10 年，不符合 1999 年文本要求缔约方必须提供不低于 15 年的保护期的最低要求。为适应我国未来加入《海牙协定》的需要，国务院提请审议的专利法修正案草案，已经将外观设计专利权的保护期延长至 15 年。

关于局部外观设计专利保护

局部外观设计又称部分外观设计（Partial Design），是指对产品局部的形状、图案、色彩或其组合及其在产品整体外观中的位置等作出的具有美感的新设计，如汽车前脸、茶杯把手等产品局部的外观设计。随着产业的发展，产品设计日趋精细化，成熟产品的整体外观设计越来越难以创新，局部外观设计逐渐成为外观设计创新的重要表现形式，创新设计者对保护局部外观设计的需求日益强烈。从国际实践看，一些知识产权制度相对发达的国家和地区均对局部外观设计给予专利保护，如美国、欧盟、日本、韩国等。

一、美　国

美国在1790年制定的专利法中并没有关于外观设计保护的规定，1842年修改专利法时才将外观设计纳入专利保护范围。美国专利法第一百七十一条规定了获取外观设计专利的条件是对制造品所作出的“任何新颖的、独创的和装饰性的”外观设计，并没有规定受保护的外观设计是否包括产品的局部外观设计。

20世纪80年代，美国在In re Zahn案件中，通过司法判例引入了局部外观设计保护制度。在这一案件中，Mr. Zahn提出的用虚实线绘制的钻头上段钻柄部分的外观设计专利申请，被美国专利商标局驳回，申请人提出复审，美国专利复审委员会维持了驳回决定。申请人继续上诉，随后美国关税及专利诉讼法院作出裁定，撤销了专利复审委员会的决定，对美国外观设计专利权的客体和载体作了界定，认为：美国专利法第一百七十一条规定的外观设计专利所保护的就是与产品相结合的，新的、原创的、装饰性设计，而不是产品本身。该裁定被认为是认可了局部外观设计保护制度。之后，美国专利商标局对《专利申请指南》作了修改，规定“外观设计是指包含于或应用于工业产品（或其部分）的外观设计，而非产品本身”；又在《专利审查手册》中进一步对“虚线”的运用作了规定，即“用于表示所申请保护的外观设计所处的环境并划定其保护范围”。

二、欧　盟

2001 年欧盟理事会通过了欧盟外观设计保护条例，旨在为外观设计在欧盟范围内提供统一的适用法规，给予同等的法律保护。后通过指令的形式，确认了局部外观设计专利。按照欧盟外观设计指令（98/71/EC）的规定，“外观设计”是指产品整体或部分的外观，包括因线条、轮廓、颜色、形状、纹理和/或材料以及装饰等特征而形成的外观。因此，欧盟是保护局部外观设计的。

三、日　本

日本 1899 年颁布的外观设计法最初并没有对局部外观设计进行保护。随着产业的发展，实践中外观设计专利只能保护产品整体设计的不足日益显现，有的第三方仅对产品具有独创性的部分外观设计进行模仿，导致产品的整体外观设计遭到侵害。为了解决这一问题，日本于 1998 年修改外观设计法，明确“产品”

包括“产品的构成部分”可以进行外观设计注册，从而将局部外观设计纳入专利保护范围。

相应地，日本特许厅也制定了新的审查指南，要求提交虚实线的图片中以实线表示出申请授权的部分。此外，日本外观设计法实施细则允许采用样品或者模型代替附图或者照片提出局部外观设计申请，只需将要求保护之外的部分涂黑，与要求保护的区域加以明确区分，并在请求书中说明即可。

日本对局部外观设计授权申请进行实质审查，除符合外观设计必须满足的一般条件外（如新颖性和创造性），申请授权的局部外观设计还必须符合下列条件：一是在物品整体形态中占一定范围的部分；二是可以和其他的外观设计进行比较的部分。日本近几年局部外观设计的申请量占整个外观设计申请总量的40%左右，呈现稳定趋势。

四、韩　国

韩国于1961年首次颁布外观设计保护法，此后对该法进行过多次修改，2001年修改时明确该法的保护对象“工业品外观设计”是“在产品（包括产品的一部分）中产生视觉美感的形状、图案或色彩，或者这些要素的组合”，从而将局部外观设计作为法律保护对象。在实际操作中，申请局部外观设计时，以实线表示申请授权的部分，产品的其余部分要用虚线绘制以作区分。

五、海牙协定

《工业品外观设计国际注册海牙协定》没有对“工业品外观设计”进行定义，也未对缔约方是否必须保护局部外观设计作出规定。但根据其《行政规程》第四百零三条的规定，申请人可以提出“不要求权利的说明”，即对国际申请所附的复制件中表示出的却不要求获得保护的物体部分，可以以虚线或着色标明。实际上是以放弃虚线和着色部分的外观设计保护的方式达到对局部外观设计进行保护的效果。

六、我国的有关情况

（一）立法及实践的现状

现行专利法第二条第四款定义的“外观设计”是指“对产品的形状、图案或者其结合以及色彩与形状、图案的结合所作出的富有美感并适于工业应用的新设计”，没有明确是否包括局部外观设计。

在实践中，国家知识产权局颁发的《专利审查指南》要求，局部外观设计只能融入整体外观设计提交申请和注册，而且作为外观设计专利申请文件的图片不得采用虚线等表示方法。这样，局部外观设计的创新点，就不能在提交的照片中表现，只能在简要说明里进行文字描述，而专利法又明确规定外观设计的保护范围是由其图片或照片决定的。上述规定，实际上将产品局部外观设计排除在专利保护范围之外。

（二）存在的问题

从实践情况看，缺乏局部外观设计专利保护，主要存在以下几个问题：

一是设计人难以获得充分的专利权保护。例如，设计人设计了一款非常独特的杯把，该杯把属于典型的局部外观设计，如果想获得专利保护，只能与杯体结合以杯子作为一个产品的整体申请外观设计；但是，杯体的形状多种多样，设计人不可能把所有款式的杯子都申请外观设计专利。

二是不利于与国际外观设计专利制度的衔接，影响外观设计的国际申请。《工业品外观设计国际注册海牙协定》以及日本、韩国、美国、欧盟等均给予局部外观设计专利保护，我国缺乏相应制度，无论是我国申请人在国外申请，还是外国申请人在我国申请，都存在制度衔接上的问题，影响当事人的权益。例如，许多国家如日本、韩国等都不允许以完整产品的外观设计作为局部外观设计的优先权基础，我国申请人在上述国家可以申请局部外观设计，但不能以国内整体外观设计专利申请作为主张优先权的基础，对我国申请人不利。

关于专利开放许可制度

专利权人获得专利授权后，既可以自己实施其专利，也可以许可他人实施其专利。按照专利权人意愿自由的程度划分，专利许可分为自愿许可（包括普通许可、独占许可和排他许可）、开放许可和强制许可。其中，开放许可在尊重权利人自主权的前提下，通过政府参与提供服务，鼓励专利权人向社会开放专利权，促进供需对接，可有效促进专利的转化实施。许多国家如英国、法国、德国、俄罗斯、波兰以及泰国、巴西等，都对专利开放许可制度作了规定。

一、专利开放许可制度概述

专利开放许可（License of Right），又称为专利当然许可，一般是指专利权人自愿向国家专利行政部门提出申请并经批准后，由国家专利行政部门进行公告，在专利开放许可期内，任何人均可在支付相应的许可使用费后，按照该开放许可的条件实施专利，专利权人不得以其他任何理由拒绝许可。

开放许可主要有以下两方面的优点：一是国家专利行政部门的介入，为专利权人和公众搭建平台，可有效降低与专利状态相关的法律风险；二是降低专利许可谈判难度，需求方可以便捷的方式获得专利许可，节约双方的交易成本，有利于进行更多专利商业化活动。但同时，开放许可也有弊端：一是在开放许可制度中，被许可人可以是任何人，这会使专利权人丧失选择被许可人的权利；二是权利人作出开放许可声明，就不能再实施排他许可或独占许可，可能影响其专利价值对第三方的吸引力。

二、一些国家关于专利开放许可制度的规定

（一）英　国

英国专利法第四十六条、第四十七条对开放许可制度作了规定。根据规定，专利权人可向专利局长提出开放许可请求，如果该请求与现存合同不冲突（主要是不存在独占或排他许可）则可批准并登记。批准登记后，任何人可获得该专利许可，具体许可条件由双方协商确定，协商不成的由专利局长决定。

为鼓励权利人实施开放许可，英国专利法规定，实施开放许可的，可享受专利年费减半的优惠。

专利权人在开放许可还未被实施，或者所有已实施该开放许可的被许可人均同意的前提下，可随时请求取消开放许可登记，但需补足少缴的专利年费。

此外，为提高开放许可实施的效率，除详尽的法律规定外，英国专利局还专门开发了一套开放许可数据库供公众检索，内容一般包括开放许可的开始日、申请开放许可的专利公布号和申请号以及专利权人、国际专利分类号等。

（二）法　国

按照法国知识产权法典的有关规定，任何专利，如果审查报告中没有明显影响专利性的现有技术，该专利也没有实施独占许可，并且专利权人愿意就使用专利公开报价，则应专利权人请求并经法国工业产权局局长同意，可适用开放许可制度。实施开放

许可的专利，减缴专利年费，但已经缴纳的除外。

其中，专利权人需要在开放许可声明中，同意任何公法或者私法法人在支付合理报酬后即可实施专利。专利权人与被许可人就合理报酬的具体数额协商不成的，由法院确定。

应专利权人请求，工业产权局局长可撤销该开放许可，但该撤销决定并不影响已获得或者正在申请中的专利许可证。

(三) 德　国

根据德国专利法第二十三条的规定，专利权人可以书面声明的方式告知德国专利局，声明愿意许可任何人通过支付合理的补偿费实施该专利，且专利登记簿上未记载该专利已授予独占许可的，在专利局收到声明后，实施开放许可，尚未缴纳的年费减半。该声明应当记载在专利登记簿并刊登在专利公报上。

在专利登记簿记载上述声明后，任何人希望实施该专利的，应当以挂号信函的方式通知专利权人或者其代表人。通知中应当包括如何实施该专利的陈述。发出通知后，被许可人即可以其陈述的方式实施该专利。被许可人有义务在每个季度向专利权人详细通报实施情况并支付补偿费。补偿费数额由专利局根据一方当事人的书面请求确定。被许可人未按时履行上述义务的，专利权人可以给予合理的宽限期；宽限期届满仍未履行的，专利权人有权禁止其再实施该专利。

如果没有人请求实施该专利，专利权人可以随时向专利局递交撤回开放许可的书面声明。该撤回于声明递交时生效。专利权人应当在撤回许可声明后 1 个月内，缴纳被减免的年费；未在规定期限内缴纳的，最迟应当在随后的 4 个月内，将被减免的年费连同滞纳金一并缴纳。

（四）俄罗斯

根据俄罗斯联邦民法典第一千三百六十八条的规定，专利权人在以公开许可条件的基础上，可向联邦政府知识产权局提交愿意实施开放许可的请求，由知识产权局决定并予以公布，专利年费从公布的次年起减半缴纳。自公布满两年未实施该专利的，专利权人可以撤回许可申请，但需补缴少缴的年费。

三、我国专利法修正案草案的相关规定

我国现行专利法并未规定开放许可制度。目前专利转化运用在实践中，主要有两方面问题：一是专利转化实施率不高，特别是高校和科研院所专利“沉睡”与“流失”现象并存；二是专利市场供需信息不对称，企业引进专利技术成本高。

为此，国务院提请审议的专利法修正案草案，新设开放许可制度，增加规定：专利权人以书面方式向国务院专利行政部门声明愿意许可任何人实施其专利，并明确许可使用费支付方式、标准的，由国务院专利行政部门予以公告，实行开放许可；任何人有意愿实施开放许可的专利的，以书面方式通知专利权人，并依照公告的方式、标准支付许可使用费后，即获得专利实施许可。

专利惩罚性赔偿制度的有关情况

惩罚性赔偿，是指当侵权人以故意实施侵权行为时，法院判决被告承担的超过权利人实际损失的赔偿，以对故意侵权人进行惩罚。

惩罚性赔偿的目的在于对侵权人施以惩罚，以阻止其重复实施恶意行为。惩罚性赔偿是损害赔偿的一种，以补偿性赔偿为基础，是超出补偿性赔偿的一种赔偿额计算方法。惩罚性赔偿不同于行政惩罚和刑事罚金，是基于对权利人的民事补偿而存在的一种特殊民事责任。

一、美国惩罚性赔偿的有关规定

惩罚性赔偿制度源于英美法系。美国产品责任法、知识产权法等多个领域都确立了这一制度。美国在专利、商标制度中均建立了“三倍赔偿”，而在其版权法中，虽然不存在“三倍赔偿”的规定，但联邦法院已经在其判例中明确说明，版权法中规定的法定赔偿既包含了补偿性部分，又包含了惩罚性部分。

在美国，惩罚性赔偿最早适用于诽谤、诬告等侵权人给受害人带来名誉损害或者较大精神损害的案件。随着工业的发展，惩罚性赔偿制度开始适用于产品责任等社会公共领域，美国国会1793 年通过的《专利法》正式将惩罚性赔偿纳入专利侵权领域，规定赔偿额“至少等于专利权人通常情况下将该专利售出或许可给他人的价格的三倍”，1836 年大规模修订专利法时，将“至少三倍”修改为对“故意”侵权人处以“最高三倍的损害赔偿”，专利侵权惩罚性赔偿的适用标准也越来越严格。

美国专利法第二百八十四条规定，专利侵权的损害赔偿分为一般侵权赔偿和惩罚性赔偿。一般侵权赔偿通过原告举证证明其实际损失，由陪审团认定赔偿数额，当陪审团不能认定时，由法院作出评估。但一般侵权的损害赔偿数额不能低于专利合理使用费、法院判决的利息和诉讼费的总和。

美国专利法的条文中没有规定惩罚性赔偿的适用条件，但从判例来看，主要考察的是侵权人的主观可归责性，即侵权人有没有构成故意。联邦巡回上诉法院在判例中列举了故意侵权的标准：侵权人是否调查专利保护范围，并相信自己的行为不构成侵权或相信专利无效；侵权行为持续时间；侵权人的动机；侵权人是否采取补救措施等。而惩罚性赔偿数额的计算方式以一般性侵权赔偿作为基数，再乘以倍数。基数以权利人因侵权所受的损害或者合理使用费来确定的，没有法定赔偿和侵权人获利这两种计算方式。

美国的惩罚性赔偿适用的范围广，次数多，但美国现在惩罚性赔偿的适用也逐渐趋向严格。

二、我国台湾地区惩罚性赔偿的有关规定

我国台湾地区在专利和著作权制度中均引入了惩罚性赔偿制度。1994 年，台湾地区“专利法”首次出现了惩罚性赔偿规定，规定故意侵权行为的赔偿额最高为损失的二倍；2001 年又将损害赔偿额的上限提高为损失的三倍。“专利法”规定，对于一般侵权按照权利人实际损害确定赔偿数额，对于故意侵权的侵权人，法院可以根据自由裁量权，通过对侵权情节的考量，判定实际损害三倍以内的惩罚性赔偿。惩罚性赔偿的计算方式是以实际损害作为基数，乘以倍数。

三、大陆法系国家对惩罚性赔偿的态度

大陆法系国家的立法遵从补偿性赔偿的填平原则，即权利人不能从赔偿中获利，赔偿以补偿损失为标准。作为大陆法系代表的德国、法国、日本等国，原来一直坚守侵权赔偿的补偿性原则，并以“公共秩序保留”为由拒绝承认和执行美国法院作出的惩罚性赔偿判决。近年来对此则有所放松。

四、我国立法中惩罚性赔偿的有关规定

1. *消费者权益保护法*

1993 年制定消费者权益保护法时，我国首次引入惩罚性赔偿。2013 年十二届全国人大常委会第五次会议对消费者权益保护法作出修改，在第五十五条第二款规定：“经营者明知商品或者服务存在缺陷，仍然向消费者提供，造成消费者或者其他受害人死亡或者健康严重损害的，受害人有权要求经营者依照本法第四十九条、第五十一条等法律规定赔偿损失，并有权要求所受损失二倍以下的惩罚性赔偿。”

2. *食品安全法*

2015 年制定的食品安全法第一百四十八条第二款规定：“生产不符合食品安全标准的食品或者经营明知是不符合食品安全标准的食品，消费者除要求赔偿损失外，还可以向生产者或者经营者要求支付价款十倍或者损失三倍的赔偿金；增加赔偿的金额不足一千元的，为一千元。但是，食品的标签、说明书存在不影响食品安全且不会对消费者造成误导的瑕疵的除外。”

3. 侵权责任法

2009年制定的侵权责任法针对产品质量侵权引入了惩罚性赔偿，同时确立了“惩罚性赔偿”这一法律术语。侵权责任法第四十七条规定：“明知产品存在缺陷仍然生产、销售，造成他人死亡或者健康严重损害的，被侵权人有权请求相应的惩罚性赔偿。”

4. 商标法

2013年商标法修正案，是我国首次在知识产权领域引入惩罚性赔偿，对恶意侵犯商标专用权，情节严重的，可以在依法确定数额的一倍以上三倍以下确定赔偿数额。2019年4月十三届全国人大常委会第十次会议对商标法进行修改，在第六十三条第一款规定，“侵犯商标专用权的赔偿数额，按照权利人因被侵权所受到的实际损失确定；实际损失难以确定的，可以按照侵权人因侵权所获得的利益确定；权利人的损失或者侵权人获得的利益难以确定的，参照该商标许可使用费的倍数合理确定。对恶意侵犯商标专用权，情节严重的，可以在按照上述方法确定数额的一倍以上五倍以下确定赔偿数额。赔偿数额应当包括权利人为制止侵权行为所支付的合理开支。”第三款规定，“权利人因被侵权所受到的实际损失、侵权人因侵权所获得的利益、注册商标许可使用费难以确定的，由人民法院根据侵权行为的情节判决给予五百万元以下的赔偿”。

2018年12月，国务院将专利法修正案草案提请第十三届全国人大常委会第七次会议进行初次审议。为加大对侵犯专利权的赔偿力度，草案第十八条第二款对现行专利法第六十五条进行修改，增加惩罚性赔偿的相关规定：“侵犯专利权的赔偿数额按照权利人因被侵权所受到的实际损失确定；实际损失难以确定的，可以按照侵权人因侵权所获得的利益确定。权利人的损失或者侵权人获得的利益难以确定的，参照该专利许可使用费的倍数合理确定。对故意侵犯专利权，情节严重的，可以在按照上述方法确定数额的一倍以上五倍以下确定赔偿数额。”

图书在版编目（CIP）数据

中华人民共和国专利法解读 / 王翔主编 . —北京：中国法制出版社，2021. 3

ISBN 978 – 7 – 5216 – 1704 – 7

Ⅰ. ①中… Ⅱ. ①王… Ⅲ. ①专利权法 – 法律解释 – 中国 Ⅳ. ①D923. 425

中国版本图书馆 CIP 数据核字（2021）第 046088 号

策划编辑：谢雯

责任编辑：谢雯　孙静　白天园　王紫晶　　封面设计：蒋怡

中华人民共和国专利法解读

ZHONGHUA RENMIN GONGHEGUO ZHUANLIFA JIEDU

主编/王翔

经销/新华书店

印刷/三河市紫恒印装有限公司

开本/880 毫米 ×1230 毫米　32 开　　印张 / 16　字数 / 280 千

版次/2021 年 3 月第 1 版　　2021 年 3 月第 1 次印刷

中国法制出版社出版

书号 ISBN 978 – 7 – 5216 – 1704 – 7　　定价：65. 00 元

北京西单横二条 2 号

邮政编码 100031　　传真：010 – 66031119

网址：http：//www. zgfzs. com　　**编辑部电话：010 – 66071862**

市场营销部电话：010 – 66033393　　**邮购部电话：010 – 66033288**

（如有印装质量问题，请与本社印务部联系调换。电话：010 – 66032926）